HILLARY RISING

问鼎白宫漫漫路

—— 希拉里和克林顿王朝 ——

[英] 詹姆斯·博伊斯 / 著

吴振泉 / 译

HILLARY RISING: THE POLITICS, PERSONA AND POLICIES OF A NEW AMERICAN DYNASTY

By JAMES D. BOYS

Copyright: © JAMES D. BOYS 2016

This edition arranged with SHEIL LAND ASSOCIATES

Through BIG APPLE AGENCY, INC., LABUAN, MALAYSIA.

Simplified Chinese edition copyright:

2016 SDX JOINT PUBLISHING CO. LTD.

All rights reserved.

图书在版编目 (CIP) 数据

　　问鼎白宫漫漫路：希拉里和克林顿王朝 / (英) 詹姆斯·博伊斯著；吴振泉译. — 北京：生活·读书·新知三联书店，2016.10
　　ISBN 978-7-108-05821-8

　　Ⅰ . ①问… Ⅱ . ①詹… ②吴… Ⅲ . ①克林顿 (Clinton, Hillary) – 生平事迹 Ⅳ . ① K837.127=6

　　中国版本图书馆 CIP 数据核字 (2016) 第 227984 号

责任编辑　孙　玮　叶　彤
装帧设计　张　红　朱丽娜
责任校对　张国荣
责任印制　肖洁茹
出版发行　生活·讀書·新知 三联书店（北京市东城区美术馆东街22号）
邮　　编　100010
网　　址　www.sdxjpc.com
经　　销　新华书店
排版制作　北京红方众文科技咨询有限责任公司
印　　刷　北京隆昌伟业印刷有限公司
版　　次　2016年10月北京第 1 版
　　　　　2016年10月北京第 1 次印刷
开　　本　635毫米×965毫米　1/16　印张19.5
字　　数　190千字
印　　数　00,001—20,000册
定　　价　42.00 元

（印装查询：010-64002715；邮购查询：010-84010542）

Contents

目　录

书中人物表

2016 年总统大选民主党候选人

希拉里·罗德姆·克林顿（Hillary Rodham Clinton）　　美国国务卿（2009—2013）

林肯·查菲（Lincoln Chafee）　　罗得岛州州长（2011—2015）

马丁·奥马利（Martin O'Malley）　　马里兰州州长（2007—2015）

伯尼·桑德斯（Bernie Sanders）　　佛蒙特州参议员（2007—　）

吉姆·韦布（Jim Webb）　　弗吉尼亚州参议员（2007—2013）

2016 年总统大选共和党候选人

杰布·布什（Jeb Bush）　　佛罗里达州州长（1999—2007）

本·卡森（Ben Carson）　　约翰·霍普金斯大学医院儿科

神经外科主任（1984—2013）

克里斯·克里斯蒂（Chris Christie）　　新泽西州州长（2010—　）

特德·克鲁兹（Ted Cruz）　　得克萨斯州参议员（2013—　）

卡莉·菲奥里纳（Carly Fiorina）　　惠普公司首席执行官（1999—2005）

吉姆·吉尔摩（Jim Gilmore）	弗吉尼亚州州长（1998—2002）
林赛·格雷厄姆（Lindsey Graham）	南卡罗来纳州参议员（2003— ）
迈克·赫卡比（Mike Huckabee）	阿肯色州州长（1996—2007）
鲍比·金达尔（Bobby Jindal）	路易斯安那州州长（2008— ）
约翰·卡西奇（John Kasich）	俄亥俄州州长（2011— ）
乔治·帕塔基（George Pataki）	纽约州州长（1995—2006）
兰德·保罗（Rand Paul）	肯塔基州参议员（2011— ）
马可·鲁比奥（Marco Rubio）	佛罗里达州参议员（2011— ）
里克·桑托勒姆（Rick Santorum）	宾夕法尼亚州参议员（1995—2007）
唐纳德·特朗普（Donald Trump）	特朗普集团首席执行官（1971— ）
斯科特·沃克（Scott Walker）	威斯康星州州长（2011— ）

希拉里班底成员（除非另有说明皆为 2016 年竞选班底）

胡玛·阿贝丁（Huma Abedin）	竞选副主席
约翰·安扎隆（John Anzalone）	民意调查员
查理·贝克三世（Charlie Baker III）	首席行政官
约尔·本尼森（Joel Benenson）	首席战略和民调官
黛安·布莱尔（Diane Blair）	希拉里最好的朋友（d.2002）
詹姆斯·布莱尔（James Blair）	黛安·布莱尔丈夫
内莎·布兰丁（Neisha Blandin）	基层参与副主任
安德鲁·布勒克尔（Andrew Bleeker）	数字营销顾问
戴维·宾德（David Binder）	民调官
戴维·布洛克（David Brock）	美国桥牌超级政治行动委员会创办人
托尼·卡尔科（Tony Carrk）	研究主管

盖伊·塞西尔（Guy Cecil）	政治部主任
	希拉里 2008 年竞选总统时在任
丹尼斯·郑（Dennis Cheng，译音）	财务主管
布林纳·克雷格（Brynne Craig）	政治副主任
凯蒂·多德（Katie Dowd）	数字战略总监
帕蒂·索利斯·多伊尔（Patti Solis Doyle）	竞选经理
	希拉里 2008 年竞选总统时在任
马克·埃利亚斯（Marc Elias）	总法律顾问
布莱恩·法伦（Brian Fallon）	国家新闻秘书
杰西·弗格森（Jesse Ferguson）	每日新闻秘书
卡伦·芬尼（Karen Finney）	战略传播顾问 / 高级发言人
伊桑·盖尔伯（Ethan Gelber）	政治研究顾问
加里·根斯勒（Gary Gensler）	首席财务官
特迪·戈夫（Teddy Goff）	高级数字战略顾问
曼迪·格伦沃尔德（Mandy Grunwald）	高级通信顾问
斯蒂芬妮·汉农（Stephanie Hannon）	首席技术官
玛雅·哈里斯（Maya Harris）	高级政策顾问
迈克·亨利（Mike Henry）	竞选副经理
	希拉里 2008 年竞选总统时在任
贝丝·琼斯（Beth Jones）	首席运营官
唐·琼斯（Don Jones）	希拉里的牧师和导师
埃朗·克里格尔（Elan Kriegel）	主任分析员
杰西·雷利奇（Jesse Lehrich）	快速响应发言人
戴维·莱文（David Levine）	副首席运营官

特蕾西·刘易斯（Tracey Lewis）　　　　初选州主任

珍娜·洛温斯坦（Jenna Lowenstein）　　副数字主任

吉姆·马戈利斯（Jim Margolis）　　　　媒体顾问

马龙·马歇尔（Marlon Marshall）　　　全国竞选和政治参与主任

尼克·梅里尔（Nick Merrill）　　　　　旅行新闻秘书

吉姆·梅西纳（Jim Messina）　　　　　优先美国行动超级政治行动委员会联席主任

谢丽尔·米尔斯（Cheryl Mills）　　　　高级顾问

罗比·穆克（Robby Mook）　　　　　　广告经理

安·奥利里（Ann O' Leary）　　　　　高级政策顾问

詹妮弗·帕尔米耶里（Jennifer Palmieri）　通讯主任

亚当·帕克霍曼克（Adam Parkhomenko）　基层参与主任

马克·佩恩（Mark Penn）　　　　　　　首席战略师

　　　　　　　　　　　　　　　　　　希拉里 2008 年竞选总统时在任

约翰·波德斯塔（John Podesta）　　　　竞选主席

阿曼达·伦特里亚（Amanda Renteria）　政治部主任

伊恩·萨姆斯（Ian Sams）　　　　　　快速响应发言人

克里斯蒂娜·舍克（Kristina Schake）　　副通讯主管

丹·什未林（Dan Schwerin）　　　　　演讲撰稿人

乔希·什未林（Josh Schwerin）　　　　快速响应发言人

杰克·沙利文（Jake Sullivan）　　　　高级政策顾问

尼拉·坦登（Neera Tanden）　　　　　美国进步中心主席

巴菲·威克斯（Buffy Wicks）　　　　　优先美国行动超级政治行动委员会联席主任

玛吉·威廉斯（Maggie Williams）　　　竞选经理

　　　　　　　　　　　　　　　　　　希拉里 2008 年竞选总统时在任

霍华德·沃尔夫森（Howard Wolfson）　　　　通信主任

希拉里 2008 年竞选总统时在任

英国人

阿拉斯泰尔·坎贝尔（Alastair Campbell）　　唐宁街新闻秘书（1997—2000）

唐宁街通讯主管（2000—2003）

威廉·黑格（William Hague）　　　　　　英国外交大臣（2010—2014）

戴维·米利班德（David Miliband）　　　　英国外交秘书（2007—2010）

哈罗德·麦克米伦（Harold Macmillan）　　英国首相（1957—1963）

埃德·米利班德（Ed Miliband）　　　　　英国工党领袖（2010—2015）

乔纳森·鲍威尔（Jonathan Powell）　　　　托尼·布莱尔的幕僚长

（1997—2007）

肖恩·伍德沃德（Shaun Woodward）　　　北爱尔兰外长（2007—2010）

在任美国官员

塞缪尔·阿利托（Samuel Alito）　　　　　美国最高法院法官（2006—　）

杰里·布朗（Jerry Brown）　　　　　　加利福尼亚州州长

（1975—1983，2011—　）

山姆·布朗巴克（Sam Brownback）　　　　堪萨斯州州长（2011—　）

堪萨斯州参议员（1996—2011）

吉姆·库珀（Jim Cooper）　　　　　　　田纳西州众议员

（1983—1995，2003—　）

比尔·德·布拉西奥，即白思豪（Bill de Blasio）　纽约市市长（2014—　）

罗恩·约翰逊（Ron Johnson）　　　　　　威斯康星州参议员（2011—　）

希拉·杰克逊·李（Sheila Jackson Lee）	得克萨斯州的众议员（1995— ）
约翰·麦凯恩（John McCain）	亚利桑那州参议员（1987— ）
	共和党总统候选人（2008）
克莱尔·麦卡斯基尔（Claire McCaskill）	密苏里州参议员（2007— ）
哈里·里德（Harry Reid）	内华达州参议员（1987— ）
	参议院多数党领袖（2007—2015）
约翰·罗伯茨（John Roberts）	美国首席大法官（2005— ）
查尔斯·舒默（Charles Schumer）	美国纽约州参议员（1999— ）
伊丽莎白·沃伦（Elizabeth Warren）	马萨诸塞州参议员（2013— ）

离任美国官员

迪安·艾奇逊（Dean Acheson）	美国国务卿（1949—1953）
詹姆斯·贝克（James Baker）	美国国务卿（1989—1992）
爱德华·布鲁克（Edward Brooke）	马萨诸塞州参议员（1967—1979）
兹比格涅夫·布热津斯基（Zbigniew Brzezinski）	国家安全顾问（1977—1981）
帕特·布坎南（Pat Buchanan）	白宫通讯主任（1985—1987）
戴尔·邦珀斯（Dale Bumpers）	阿肯色州参议员（1975—1999）
	阿肯色州州长（1971—1975）
普雷斯科特·布什（Prescott Bush）	康涅狄格州参议员（1952—1963）
霍华德·迪安（Howard Dean）	佛蒙特州州长（1991—2003）
鲍勃·多尔（Bob Dole）	堪萨斯州参议员（1969—1996）
	共和党总统候选人（1996）
迈克尔·杜卡基斯（Michael Dukakis）	马萨诸塞州州长 （1975—1979，1983—1991）

	民主党总统候选人（1988）
约翰·爱德华兹（John Edwards）	北卡罗来纳州参议员（1999—2005）
	民主党副总统候选人（2004）
威廉·富布赖特（William Fulbright）	美国阿肯色州参议员（1945—1974）
鲁迪·朱利亚尼（Rudy Giuliani）	纽约市市长（1994—2001）
巴里·戈德华特（Barry Goldwater）	亚利桑那州参议员
	（1953—1965，1969—1987）
	共和党总统候选人（1964）
爱德华·肯尼迪（Edward Kennedy）	马萨诸塞州参议员（1962—2009）
老约瑟夫·P. 肯尼迪（Joseph P. Kennedy, Sr）	美国驻英国大使（1938—1940）
罗伯特·F. 肯尼迪（Robert F. Kennedy）	美国纽约参议员（1965—1968）
	美国司法部长（1961—1964）
亨利·基辛格（Henry Kissinger）	美国国务卿（1973—1977）
梅尔文·莱尔德（Melvin Laird）	美国国防部长（1969—1973）
里克·拉齐奥（Rick Lazio）	纽约州国会议员（1993—2001）
乔·利伯曼（Joe Lieberman）	康涅狄格州参议员（1989—2013）
	民主党副总统候选人（2000）
尤金·麦卡锡（Eugene McCarthy）	明尼苏达州参议员（1959—1971）
乔·麦卡锡（Joe McCarthy）	威斯康星州参议员（1947—1957）
乔治·麦戈文（George McGovern）	南达科他州参议员（1963—1981）
	民主党总统候选人（1972）
沃尔特·蒙代尔（Walter Mondale）	美国副总统（1977—1981）
	明尼苏达州参议员（1964—1976）
丹尼尔·帕特里克·莫伊尼汉（Daniel Patrick Moynihan）	纽约州参议员（1977—2011）

桑德拉·戴·奥康纳（Sandra Day O'Connor）　　美国最高法院陪审法官（1981—2006）

鲍勃·帕克伍德（Bob Packwood）　　俄勒冈州参议员（1969—1995）

萨拉·佩林（Sarah Palin）　　阿拉斯加州州长（2006—2009）

共和党副总统候选人（2008）

里克·佩里（Rick Perry）　　得克萨斯州州长（2000—2015）

纳尔逊·洛克菲勒（Nelson Rockefeller）　　美国副总统（1974—1977）

纽约州州长（1959—1973）

米特·罗姆尼（Mitt Romney）　　共和党总统候选人（2012）

马萨诸塞州州长（2003—2007）

布伦特·斯考克罗夫特（Brent Scowcroft）　　美国国家安全顾问

（1975—1977，1989—1993）

约翰·斯宾塞（John Spencer）　　纽约州扬克斯市市长（1996—2004）

阿德莱·E. 史蒂文森二世（Adlai E.Stevenson Ⅱ）　　美国驻联合国大使（1961—1965）

保罗·聪格斯（Paul Tsongas）　　马萨诸塞州参议员（1979—1985）

其他重要人物

索尔·阿林斯基（Saul Alinsky）　　社区干事，《激进者守则》（1971）的作者

比尔·艾尔斯（Bill Ayres）　　激进组织"地下天气"的联合创始人

玛丽安·赖特·埃德尔曼（Marian Wright Edelman）　　居民和儿童保护基金会创始人

哈米德·卡尔扎伊（Hamid Karzai）　　阿富汗总统（2004—2014）

谢尔盖·拉夫罗夫（Sergey Lavrov）　　俄罗斯外长（2004—　）

德米特里·梅德韦杰夫（Dmitry Medvedev）　　俄罗斯总理（2012—　）

俄罗斯总统（2008—2012）

托妮·莫里森（Toni Morrison）　　美国小说家，普林斯顿大学名誉教授

穆罕默德·穆尔西（Mohamed Morsi）	埃及总统（2012—2013）
胡斯尼·穆巴拉克（Hosni Mubarak）	埃及总统（1981—2011）
罗斯·佩罗（Ross Perot）	改革党总统候选人（1996）
	独立总统候选人（1992）
安瓦尔·萨达特（Anwar Sadat）	埃及总统（1970—1981）
艾伦·谢克特（Alan Schechter）	卫斯理学院政治学名誉教授
鲍里斯·叶利钦（Boris Yeltsin）	俄罗斯总统（1991—1999）

阿肯色州时期

约翰·戴维·丹纳（John David Danner）	比尔·克林顿州长高级助手（1978—1980）
约翰·保罗·哈默施密特（John Paul Hammerschmidt）	阿肯色州国会议员（1967—1993）
鲁迪·摩尔（Rudy Moore）	比尔·克林顿州长高级助手（1978—1980）
戴维·普赖尔（David Pryor）	阿肯色州参议员（1979—1997）
	阿肯色州州长（1975—1979）
	阿肯色州国会议员（1966—1973）
斯蒂芬·A. 史密斯（Stephen A. Smith）	比尔·克林顿州长办公厅主任（1978—1980）
弗兰克·怀特（Frank White）	阿肯色州州长（1981—1983）
贝齐·赖特（Betsey Wright）	比尔·克林顿州长办公厅主任（1982—1989）

比尔·克林顿政府成员（1993—2001）

马德琳·奥尔布赖特（Madeleine Albright）　美国驻联合国大使（1993—1997）

美国国务卿（1997—2001）

桑迪·伯杰（Sandy Berger）　美国国家安全顾问（1997—2001）

悉尼·布卢门撒尔（Sidney Blumenthal）　克林顿总统助理和高级顾问

（1997—2001）

詹姆斯·卡维尔（James Carville）　克林顿竞选主任（1992）

沃伦·克里斯托弗（Warren Christopher）　美国国务卿（1993—1997）

文森特·福斯特（Vincent Foster）　白宫顾问（1993）

戴维·格根（David Gergen）　总统顾问（1993—1994）

阿尔·戈尔（Al Gore）　美国副总统（1993—2001）

民主党总统候选人（2000）

斯坦·格林伯格（Stan Greenberg）　克林顿总统民调官（1992）

莫顿·霍尔珀林（Morton Halperin）　美国国务院政策规划主任

（1998—2001）

韦伯斯特·哈贝尔（Webster Hubbell）　美国副检察长（1993—1994）

哈罗德·伊克斯（Harold Ickes）　总统助理兼白宫办公厅副主任

（1993—1997）

安东尼·莱克（Anthony Lake）　美国国家安全顾问（1993—1997）

托马斯"麦克"麦克拉蒂（Thomas 'Mack' McLarty）　白宫办公厅主任（1993—1994）

伊拉·马加齐纳（Ira Magaziner）　希拉里·克林顿改革医疗保健专责

小组合作伙伴

迪克·莫里斯（Dick Morris）　克林顿总统民调官（1996）

伯纳德·努斯鲍姆（Bernard Nussbaum）　白宫顾问（1993—1994）

约瑟夫·奈（Joseph Nye）	国防部负责国际安全的助理秘书长（1994—1995）
珍妮特·雷诺（Janet Reno）	司法部长（1993—2001）
南希·索德伯格（Nancy Soderberg）	副国家安全顾问（1995—1996） 美国国家安全事务 特别助理（1993—1994）
乔治·斯特凡诺普洛斯（George Stephanopoulos）	通讯主管／高级政策与战略顾问（1993—1996）

乔治·沃克·布什政府的成员（2001—2009）

康多莉扎·赖斯（Condoleezza Rice）	美国国务卿（2005—2009） 美国国家安全顾问（2001—2005）
卡尔·罗夫（Karl Rove）	总统特别顾问（2001—2007）
唐纳德·拉姆斯菲尔德（Donald Rumsfeld）	国防部长（2001—2006）

奥巴马政府的成员（2009— ）

戴维·阿克塞尔罗德（David Axelrod）	总统高级顾问（2009—2011）
乔·拜登（Joe Biden）	美国副总统（2009— ）
朱利安·卡斯特罗（Julián Castro）	美国住房与城市发展部部长（2014— ） 圣安东尼奥市市长（2009—2014）
拉姆·伊曼纽尔（Rahm Emanuel）	芝加哥市市长（2011— ） 白宫办公厅主任（2009—2010）
罗伯特·M. 盖茨（Robert M. Gates）	国防部长（2006—2011）
加里·哈特（Gary Hart）	美国驻北爱尔兰特使（2014— ）

	科罗拉多州参议员（1975—1987）
理查德·霍尔布鲁克（Richard Holbrooke）	美国驻阿富汗和巴基斯坦特使（2009—2010）
詹姆斯"吉姆"L. 琼斯（James 'Jim' L. Jones）	美国国家安全顾问（2009—2010）
卡罗琳·肯尼迪（Caroline Kennedy）	美国驻日本大使（2013— ）
约翰·克里（John Kerry）	美国国务卿（2013— ）
	民主党总统候选人（2004）
斯坦利·麦克里斯特尔（Stanley McChrystal）	美陆军（退役）联合特种作战司令部指挥官、驻阿富汗美国及国际安全援助部队最高指挥官（2009—2010）
迈克尔·麦克福尔（Michael McFaul）	美国驻俄罗斯大使（2012—2014）
朱迪思·麦克海尔（Judith McHale）	公共外交与公共事务国家次卿（2009—2011）
小乔治·J. 米切尔（George J. Mitchell, Jr）	美国中东和平特使（2009—2011）
戴维·彼得雷乌斯（David Petraeus）	中情局局长（2011—2012）
	国际安全援助部队指挥官（2010—2011）
	美国中央司令部司令（2008—2010）
萨曼莎·鲍尔（Samantha Power）	美国驻联合国大使（2013— ）
苏珊·赖斯（Susan Rice）	美国国家安全顾问（2013— ）
	美国驻联合国大使（2009—2013）
菲利普·莱因斯（Philippe Reines）	副助理国务卿兼希拉里·克林顿高级顾问（2009—2013）
亚历克·J. 罗斯（Alec J. Ross）	美国国务院创新资深顾问（2009—2013）

丹尼斯·罗斯（Dennis Ross）　　　　　　　总统特别助理及中东问题特别协调员

（2009—2011）

美国海湾和西南亚事务特别顾问

（2009）

安妮–玛丽·斯劳特（Anne-Marie Slaughter）　美国国务院政策规划司司长

（2009—2011）

克里斯托弗·史蒂文斯（Christopher Stevens）　美国驻利比亚大使（2012）

安·斯托克（Ann Stock）　　　　　　　　　美国教育和文化事务助理国务卿

（2010—2013）

漫漫问鼎路

不论用什么标准来衡量，希拉里·黛安·罗德姆·克林顿都拥有一个卓尔不群的人生。她是卫斯理学院（Wellesley College，又译为"韦尔斯利学院"）第一位发表毕业典礼演讲的学生，是沃尔玛董事会第一位女董事，是第一位在白宫西翼办公的第一夫人，是第一位通过竞选获得公职的第一夫人，是第一位访问了超过 100 个国家的美国国务卿，也是第一位对美国总统职位发起冲击的女性。她还是第一位有研究生学位的第一夫人和第一位获得格莱美奖的第一夫人。她荣登《时代》杂志封面的次数比任何女性都多。她天赋异禀，才华出众，能力超群且胸怀大志。也正由于此，她的政治生涯值得人们寄予更多期待。到目前为止，她在政治生涯中渴望而没有登上过的只有美国总统的职位了，2016 年的大选将最终揭晓那是否在她的命运之中。

自 1992 年始，希拉里·克林顿就开始活跃于国内和国际政治舞台。至今，她在华盛顿特区履职已有 24 年之久，这要远远长于其丈夫——美国前总统比尔·克林顿（由于受到 8 年总统任期的限制）在华盛顿的任职时长。24 年间，希拉里担任过多种职务：第一夫人、参议员、国务卿和克林顿基金会董事会董事。当下，她正积极筹划再战总统竞选，立志要在其夫比尔·克林顿的基础上再上一层楼，凭借自己的实力问鼎总统一职，入主白宫，一改美国无女性总统的历史。

本书细致剖析了这位杰出的女性一步步登上美国权力之巅的奋斗历程，揭示了她如何每每能于政治生涯中的关键阶段更上层楼，还解读了希拉里是如何从一个父母都是保守的共和党人的家庭环境中逐步转变为民主党美国总统候选人的。通过追溯希拉里·克林顿的生活道路——从共和党青少年和学生积极分子，到美国第一夫人、参议员和国务卿，本书介绍了她支持过的政策、对她毕生产生影响的个性特质以及那些在权力之路上助益或妨碍过她的政治因素。在对希拉里·克林顿以往经历的探索中，我们发现了几个极其重要的核心原则，这也正是她的职业生涯和政治理念的基石。

虽不敢说本书是希拉里生平和职业生涯的完整传记，然而，它触及了以往研究中所忽视的许多领域。既有的对希拉里的研究大略分为三派：第一派是回忆录型，记录历史以供后人研究，往往佶屈聱牙，不适合普通民众阅读，大多被图书馆束之高阁，是学者进行研究的重要素材，但这类书通常晦涩难解，并且往往根据作者的观点改写历史。这一类书籍中也包括希拉里自己的回忆录《亲历历史》（*Living History*，西蒙与舒斯特出版公司，2003）和《艰难抉择》（*Hard Choices*，西蒙与舒斯特出版公司，2014）。鉴于希拉里对美国政治的巨大影响，第二派有时将其妖魔化，有时将其视为圣贤大加追捧。此类书籍包括《希拉里的魅力》（作者戴维·布洛克，自由出版社，1996）、《第一搭档》（作者乔伊斯·米尔顿，威廉莫洛出版社，1999）、《希拉里的选择》（作者吉尔·希伊，兰登书屋，1999）。最后一派仅关注希拉里·克林顿的职业生涯而不顾其他，因此大大弱化了其对于美国政治生活的影响力。此类书籍包括金·伽塔丝的《国务卿》（时代书刊社，2013）、乔纳森·艾伦和艾米·帕恩的《希拉里·罗德姆·克林顿》（哈金森出版社，2014）以及萨利·比德尔·史密斯的《为了政治的爱：克林顿夫妇在白宫》（奥罗出版社，2008）。

本书的著述风格与上述几派截然不同。它勾勒出希拉里·克林顿从童年到步入白宫大门的历程，也让读者逐渐了解是何种力量驱动她踏上不懈的奋斗之路。本书的资料有多种来源，包括采访、日记和近期的解密材料，从中可窥见那些限定了希拉里职业生涯的政策、个性和政治主张，这些资料还可以帮助我们进一步理解，如果希拉里当选美国第一位女总统的话，她会是什么样子的。

要理解希拉里·克林顿在美国现代政治中的地位，首先要理解其人生历程：她出生于伊利诺伊州，大学期间形成了自己的性格，后与比尔·克林顿结婚，随后积极为公共事业奔走，尤其是为妇女和儿童的权利积极呼吁。因此，本书重点探讨了希拉里出生时的1947年的时代背景，说明了当时美国的保守性，阐述了这种保守性如何给她以熏陶、给国家带来影响，并为她在卫斯理学院的生活奠定了基础。正是在卫斯理学院，希拉里进入了公众视野，成为该校第一位发表毕业典礼演讲的学生，并且荣登《生活》杂志。大学时光见证了她从年轻的共和党人转变为后来的民主党人州长、总统比尔·克林顿的女友——1971年，希拉里与比尔在耶鲁大学法学院相识。

在探索了希拉里性格塑造期之后，需要重点关注她在阿肯色州所度过的时光。因为她和比尔·克林顿的关系，在本可以在华盛顿特区或者纽约得到一份赚钱更多的职位时，她做出一个让所有人都惊讶不已的决定，迁居到阿肯色州——当时联邦中条件最苦的州之一。作为一个年轻的且受过良好教育的北方人，要适应阿肯色州的生活谈何容易！但是讨论希拉里·克林顿在作为阿肯色州第一夫人期间所养成的处事风格、所承担的责任、所遭遇的成功和失败，是很重要的，因为这预示了她未来的处事之道。这8年期间，与担任美国第一夫人期间相比，希拉里在公众场合抛头露面的次数少之又少，与后来美国民众的联系不是非常紧密，这也是一段她将自己与丈夫的曲折婚姻关系包裹得非常严实的时光。

作为美国的第一夫人，希拉里·克林顿在开始阶段的主要工作是改革医疗保健制度。她在这一过程中暴露出一些不足，但这阶段的改革路径可能会昭示她担任总统后的很多执政方式。莫妮卡·莱温斯基这个人物也不得不提一下。然而，本书不会渲染她与比尔·克林顿之间的绯闻，而是要展示这位女性在比尔·克林顿任总统后，给希拉里本人和希拉里的职业生涯造成的影响。本书提出了一种有争议的观点，即希拉里·克林顿在此事中所经受的屈辱对她参与2000年参议员竞选甚为关键，而那次竞选则为她未来的总统竞选奠定了强有力的政治力量基础。很显然，比尔·克林顿与莫妮卡·莱温斯基的绯闻对于2000年民主党的总统竞选有着直接影响，帮助乔治·沃克·布什赢得了总统选举，进而为伊拉克战争的爆发准备了条件。如果这个推断能够成立的话，必须要承认的是，这件事客观上为希拉里·克林顿拉到了很多公众的支持，这促使她参与了2000年的参议院选举，进而可以说，这个事件可能直接促使她成为美国历史上第一位女总统。

希拉里在白宫时期跌宕起伏的经历，为她后来努力从纽约州参与美国参议院的选举奠定了基础。虽然此前和此后她在参议院所承担的角色可能被忽略，但是这段经历磨炼了她，培养了她与其他人协调工作并且取得政治成就的能力，包括担任总统应当具备的基本素质。因此，研究希拉里在纽约州这些年的工作，对于理解其过去所做的一切、具体事务的处理过程以及其身边人对她的评价至关重要。从她赢得参议院选举的那一刻起，人们就预料到希拉里·克林顿将会角逐总统大选，而她果真就参加了2008年的总统竞选。然而，没有人料到，她会败在一个之前无籍籍之名的非洲裔美国人参议员手中。要想预测希拉里是否能在 2016 年的总统选举中顺利胜出，就必须盘点她在上次总统竞选中所发生的那些事情：哪些是对的，而在哪些方面又犯了严重错误。如果她想在 2016 年的总统竞选中问鼎，就必须承认并且克服其在 2008 年竞选时所表现出来的个性、组织、政治方面的缺陷或不足。

在 2008 年总统竞选受挫后，希拉里·克林顿被奥巴马总统任命为国务卿。在任的 4 年间她绕着地球走了一百多万公里，大大推进了美国的外交事业，并且修补了乔治·布什政府遗留的许多外交裂痕。这为希拉里能够建立稳健的外交政策提供了有力的佐证，并且也为她第二次竞选总统增加了更加重要的筹码。同样，要想预测她就任总统后可能推出的各项政策，可以从她这段任职经历中一窥端倪。她在这段时间里作为美国全球大使所发挥的巨大作用为她以后的执政埋下了极其重要的伏笔。

在担任了 4 年国务卿后，希拉里·克林顿暂时退出了政坛，内阁官员的这段经历为她注入了新的力量，并促使她重新考虑将来。在这段时间里她着手写了第二部回忆录《艰难抉择》，并且加入了克林顿基金会——一个全球性的慈善组织，是由比尔·克林顿从白宫离任后不久建立的。在基金会运作的过程中，一系列新旧问题接踵而来，这些问题涉及基金会的作用、适当性以及与外国政府的关系。

不管 2016 年总统竞选的结果如何，自 1992 年起，克林顿一家对美国政治生活的影响就已经引发了人们对一个新的美国政治王朝出现的推测。在亚当斯、肯尼迪、洛克菲勒、布什和罗斯福家族相继出现在美国政坛之后，美国人对于强大政治家族的痴迷似乎已与以平等和精英教育理念为前提的美国政治生活的宗旨背道而驰。事实上，将克林顿家族置于美国领导人神殿的合理性值得推敲。到目前为止，克林顿家族仅有一代人担任过公职，尽管是较高的职位；比尔·克林顿的选举生涯结束后，希拉里·克林顿的选举生涯才刚刚开始。尽管如此，对于克林顿王朝的谈论仍然持续升温，有些人甚至还预期切尔西·克林顿将会从政，其婚姻和后来的生女都有助于希拉里 2016 年的竞选。此刻，希拉里又添了新角色——外祖母。

　　如果"实用主义"最好地诠释了比尔·克林顿，那么也许"坚忍"则更好地定义了希拉里。迄今为止，她的个人经历和职业生涯似乎一直是由一个接一个的挑战历程组成的，她的经历是一部跨越艰难险阻、饱经情感磨难、超越自我、迈向成功的传奇。她所走过的人生道路起伏跌宕，既享受了大展宏图、壮志凌云的成就感，也遭遇过身边的朋友一个个改弦易辙、中途脱逃的尴尬。这些经历造就了她这样一位引人注目、集毁誉于一身的女性。嫁给世界上最有权力的男人，她成为世界上公开饱受委屈的妻子，然而这番经历却成就了她在美国政治生活中独一无二的魅力。在 2016 年总统竞选周期之初，已经名扬全球的希拉里·克林顿成了民主党的资深女性领路人；她在四十多岁的时候来到华盛顿特区奋力打拼，现在立志要成为仅次于罗纳德·里根的美国第二高龄的总统。

　　在某种程度上，她在民主党乃至整个国家内所有的总统候选人中，是最有希望成功问鼎的。戴维·布洛克的首部著作曾对克林顿的总统职位造成很大不利，他说，对克林顿，"右翼人士要中伤诽谤，左翼人士则无法完全信任"。这位作者在1996年的断言是："希拉里既不是偶像也不是恶魔，而是一个活生生的有血有肉的人，希拉里所经历的非凡人生，可以说，对美国造成的影响远远大于其丈夫。"在差不多20年后，希拉里·克林顿的成就变得更加显著。然而，当她在2008年参加总统竞选时，多数民主党人因此畏惧她拥有候选人的资格。在2015年，这点也几乎没有改变，党内的一些人更热衷于竞选本身，似乎更倾向于理想化的纯粹的大选胜利，而不是最后的加冕礼。然而，正如希拉里·罗德姆1969年在卫斯理学院的毕业演讲中指出的那样："我们来到卫斯理，我们寻找——如我们找到的那样——期望与现实之间存在的差距。但是这并不是一个令人沮丧的差距……这只会激励我们去做一些事来弥补这个差距。"差不多50年过去了，在无数的个人和政治重塑后，希拉里·罗德姆·克林顿发现自己需要再次面对并克服一种差距——竞选美国总统的期望和现实之间的差距。

— 第 1 章 —

戈德华特女孩

要真正了解希拉里·克林顿的政治生涯和心路历程，首先要了解在她青少年时期对她产生深远影响的时代背景和成长环境。她出生于美国中心地带的共和党家庭，其儿童时期正值艾森豪威尔当政的美国黄金时代。共和党反对派和茶党的活跃分子说希拉里成长于典型的左翼分子家庭环境中，而事实上希拉里·罗德姆出生于一个中产阶级家庭，幼年生活于经济比较繁荣的芝加哥郊外，父母勤劳肯干。她于 1965 年到马萨诸塞州的卫斯理学院求学，在学期间，她的政治思想开始向自由党的方向转变。而后，在耶鲁法学院，她遇见了一位彻底扭转了其人生方向的人，那就是她未来的丈夫比尔·克林顿。尽管被反对派标榜为 60 年代的激进派，但比尔和希拉里·克林顿本质上都有着典型的保守主义倾向，学生时代的他们既没有过激的叛逆倾向，也没有在反越战活动的高峰期从事过非法活动。与他们的同龄人那段时期所崇尚的"聚神、入世、出离"的理念不同，他们立志于学，而后被国家的顶尖大学录取，他们勤奋工作，并试图通过和平方式，通过合法选举来推动社会变革。她从父母所在的伊利诺伊州来到马萨诸塞州上大学，又到康涅狄格州的耶鲁法学院深造，再到在阿肯色州结婚，她在努力适应每一个新角色，并按照美国公共生活中对不同女性角色的期望标准来要求自己，但她对家庭和自己的信仰始终坚守不变。

国情 1947

希拉里·黛安·罗德姆于 1947 年 10 月 26 日出生于美国，当时的美国似乎与她立志于 2017 年 1 月将要领导的国家截然不同。那个时代被称为美国历史上所谓的黄金时代，这个备受后人憧憬与怀念的时代大概指的是第二次世界大战结束后到 20 世纪 60 年代的激进运动和暗杀事件频出之前的这段时间。战后的美国经济繁荣，间阎扑地，钟鸣鼎食，一片繁华。随着婴儿潮的到来，大量新生儿问世，儿童们在诺曼·洛克威尔风景画般的绿树成荫的郊外无忧无虑地玩耍，妇女成为全职家庭主妇照顾家人的饮食起居，而孩子们的父亲则出门赚钱，赚来的钱也足够养家。20 世纪

40年代末和50年代，哈里·杜鲁门和德怀特·艾森豪威尔的执政期，是一个人人称颂的丰衣足食的年代，既没有20世纪30年代的那种全球性的动荡不安，也没有20世纪60年代因社会压力爆发而导致的遍地戾气。

这期间，美国奉行保守主义、一致性和共识政治。当时领导美国的是那时美国史上年龄最大的总统艾森豪威尔，曾经的欧洲盟军最高司令，指挥过1944年的诺曼底登陆。诺曼底登陆这一近乎伟大的壮举，以及他对媒体人的友好态度，使艾森豪威尔成为美国的民族英雄，这也直接将他推上了1953年的总统宝座。艾森豪威尔是20年来第一任共和党总统，如同1869年作为第一名军队上将晋升为总统的尤利西斯·格兰特一样，他入主白宫后奉行的也是保守党人的执政政策。

艾森豪威尔总统具有慈父般的性格，总是能够超脱于各种政治分歧，在他的治下，共和、民主两党和睦共处，一片和谐，所以这个时代通常被称为"共识时代"。20世纪40年代末和50年代的美国在对外政策上奉行马歇尔计划，即重建遭受战争破坏的欧洲，组建北大西洋公约组织，以防西欧各国受到苏联支持的华沙条约组织的攻击；对内，重点在于重新安顿"二战"后归国士兵的生活。这段时期，国家也达到了生育高峰期。1940年，美国的人口是1.31亿；到希拉里出生的1947年已经达到1.44亿；而1960年，人口数目更是一跃蹿升到1.79亿，在仅仅20年的时间里增长了4800万。平均生育年龄的下降，也在一定程度上加速了人口的增长。希拉里出生时，美国正处于史上著名的鼓励婚育的"成人即生育"的时期。那个时候，一般说来男性的结婚年龄平均为22岁，女性则为20.3岁，创造了1890年以来的最低值。

随着人口激增，社会对学校、交通和服务业的需求日益旺盛，这些行业也随着美国在基础设施和交通系统方面的大量投入迅速发展起来。1956年的《公路法》开始将美国的城市用新的纵横交错的公路交通系统连接起来，以便满足国内的汽车旅行者的需要。这同时也是一种政治防范的需要，当与苏联发生核战争时它可以为城市地区提供大量的疏散路线。同时，因为就业率不断攀升，汽车销售量也大幅增加，这客观上也要求有更多的公路设施。美国劳工统计局报告称，1947年美国的平均小时工资是4.88美元，全国平均失业率为3.9%，远远低于1948年到2015年期间的5.83%。无论从哪个角度看，20世纪40年代到50年代的美国，国家安宁，经济繁荣，军事强大，一片欣欣向荣。

当时，希拉里·罗德姆的家乡伊利诺伊州是全国的一个缩影，1947年该州拥有人口830万。尽管乡村俱乐部的共和党人所占比例较大，但芝加哥众多的民主党成员一直致力于确保使民主党人执政该州。只有民主党人稳坐州长的宝座，才能牢牢掌控戴利家族世代传承的统治权力。20世纪40年代末和50年代初，州长宝座由广受尊敬的自由党知识分子阿德莱·史蒂文森掌控。史蒂文森是美国前副总统之孙，他曾分别于1952年和1956年两次以民主党候选人的身份参与总统选举，但均败给了艾森豪威尔。芝加哥市民主气息浓郁，而伊利诺伊州乡村更加崇尚共和主义，这种分歧深深影响着罗德姆家族。同时，纽约州也具有相近的政治氛围。2000年的选举后，在参议院的希拉里·克林顿身上我们能够看到这种政治氛围对她的深刻影响。

在文化层面上，20世纪50年代的美国是圆环裙、摇滚乐和文化趋同的时代，同时也是生活压力、政治恐吓一触即发的时代，又是对非洲裔美国人实施种族隔离政策的时代。非洲裔美国人被迫生活在隔离社区，被禁止建造新住宅以容纳后来希拉里·克林顿这一代的婴儿潮出生者。这就是美国大繁荣的时代，一个似乎一切皆有可能的无拘无束的时代。很多民众深受此种风气的影响，这其中也包括了一帮对此趋之若鹜的保守派跟风者，他们亦步亦趋地践行着这种政治和社会行为的方式；另一方面，这种方式又拘束了很多人，让他们时常感到困惑。但是，人们无意去质疑政府管理部门，随着时间的推移，这种质疑逐渐通过电影《无因的反抗》《飞车党》以及艾伦·金斯伯格和杰克·凯鲁亚克的"垮掉的一代"的文学作品表达出来。

20世纪60年代爆发的骚乱情绪在这个时代暗流涌动，社会上弥漫着种族、社会、性别和文化等种种冲突，这些冲突推进了下一个十年美国的社会变革。这种冲突在朝鲜战争期间已经初露端倪，并在20世纪60年代的越南战争期间彻底释放了出来。在参议员麦卡锡的不断抗议和敦促下，同时因为担心偏离公众已普遍接受的主流意见，艾森豪威尔政府终于达成一致意见，或者说是部分人达成一致，取得共识，全力去遏制这种负面情绪在社会中的传播。

希拉里接受的教育

希拉里·罗德姆成长的家庭与大洋彼岸的欧洲有着千丝万缕的血脉联系。她的父亲休，有英格兰和威尔士血统，而她的母亲多萝西的血统则可以追溯到法国、苏格兰、威尔士和英格兰。休·罗德姆，曾在煤矿工作，后来自己经营一家纺织厂，生意红火。他崇尚节俭和正直，并用他鲜明的反共观点和严苛的勤俭持家观念来约束全家人，这种心理对于大萧条时代的过来人而言实属正常。他在20世纪30年代的经历使他产生了一种眼光长远的看法，他喋喋不休地在孩子们面前讲述美国贫困阶层的生活，借此提醒他们谨防懒惰和放荡，要勤奋刻苦。

休·罗德姆反对借贷，拒绝使用信用卡，甚至在他女儿成为美国第一夫人后亦是如此。他十分崇尚节俭，有时甚至到了严苛的程度，当时伊利诺伊州冬季夜间的平均温度仅有摄氏零下七八度，而他每天傍晚就关掉暖气，这种做法真是严苛得有点过分。他不但以节俭出名，而且脾气粗暴、生硬，对于任何人都吝惜赞美褒扬的语言，甚至当他的子女在学业或运动方面表现优异的时候也从不夸奖半句。希拉里关于父亲脾气的所有记录处处都透露出他待人严苛、离群索居、暴躁易怒的性格，不管对方取得了多么高的成就，他都很少用语言来表达对别人的支持和欣赏。他拒绝给子女零花钱，甚至在他们完成家务且门门功课皆优的情况下也如此。相反，从他那里得到的往往是一些轻蔑尖刻的评价，譬如，课程多么简单之类。休·罗德姆性格粗鲁生硬，在女儿面前从来无法掩饰内心的想法，这在希拉里和周围的人需要与世界媒体及政治对手周旋的时候，给她带来了不少的麻烦。

休·罗德姆经营生意，多萝西主持家务，这符合当时人们的想法。他们抚养着三个子女，希拉里是长女，也是家中唯一的一个女儿。多萝西对希拉里寄予厚望，她将自己未竟的梦想放在希拉里身上。多萝西生于经济大萧条时期，几乎没有受过多少学校教育，并且慑于家庭和社会压力，也没有自己的正式职业。作为一位母亲，当 1981 年桑德拉·戴·奥康纳被任命为美国最高法院法官时她感到失望，因为那意味着她的女儿再也没有机会成为最高法院的第一位女法官了。多萝西一直认为希拉里之所以能取得现在的成就，完全是凭借其过人的聪明才智和勤奋不辍的努力工作，而不是凭借其外表，比如服装或者化妆品等，多萝西对外表和装扮这些东西一概不放在眼中。多萝西清教徒式的着装风格，休·罗德姆锱铢必较的消费习惯，对希拉里产生了莫大的影响。希拉里在高中舞会身着一袭白色的连衣裙，看上去极其平淡无奇，索然寡味，难怪她的同学当时普遍觉得希拉里·罗德姆土里土气、缺乏魅力了。即使是若干年后，虽然已贵为阿肯色州第一夫人，希拉里身上仍然有深深的多萝西·罗德姆的印记，甚至于很多时候给她的丈夫以及她丈夫的竞选带来不少负面影响。

希拉里·罗德姆的二弟小休·罗德姆出生后不久，他们举家迁往帕克里奇——共和党人的大本营，这里与休·罗德姆的保守价值观和理想天然合拍。但是，事实上，在那里，这个家庭却与周围有些格格不入，显得很不合群。多萝西·罗德姆积极参与当地的教会活动，经常到主日学校讲课，但休·罗德姆要冷淡得多，对社区的活动一向漠不关心。在别人眼中，休·罗德姆是一个冷漠的人，他成天一人独处，即便是在举办美国人喜爱的、人人踊跃参与的棒球赛的时候也是如此。在休·罗德姆的眼中，这也不值一提，当然对他来说也更谈不上什么所谓的社区集体荣誉感了。

生在一个父亲专制的家庭里，在两个弟弟的陪伴下成长，长大后的希拉里·罗德姆多少有些男孩子气。在父母的鼓励和支持下，她爱好广泛，参加垒球比赛、踢足球、滑冰，还是芝加哥小熊棒球队的铁杆粉丝，并且时常在他们自己组织的比赛中与当地的男孩们一起比赛。还在学校的时候，希拉里·罗德姆就喜欢游泳，这也成了她平生的一大爱好，并一直坚持，作为其休闲放松、忘掉烦恼的一种方式。尽管热衷于户外活动，但这一点也没影响希拉里·罗德姆的学业，课堂上的希拉里·罗德姆甚至表现得更为出色，是老师们的宠儿。有一次，老师要求交20页的作业，而她上交的作业足足有75页。用同学肯尼斯·里斯的话说："她很自信，并且意志坚定，能够一直贯彻到底。她看问题时能够考虑到各个方面，并且能够整合这些方面，然后形成判断。"

在孩提时代，希拉里就展现出非常要强的性格。她通过不断取得优异的成绩来取悦她的父亲，但遗憾的是，不管她如何努力，在她父亲那儿很难得到正面肯定的赞赏和褒奖。同时，在她的身上又延续着她母亲未竟的梦想。虽然她想当宇航员的理想未能如愿，但她绝对没有辜负父母（尤其是母亲）的期望。她充满自信，并在自己所选择的事业上一路风生水起、凯歌高奏。

坚持信仰

作为家里唯一的女儿，父母的性格特质希拉里从小就耳濡目染，而且她的家庭浓厚的宗教氛围对希拉里的人生道路和职业生涯也产生了深远持久的影响。尽管国际上普遍认为，共和党已垄断了宗教，并且习惯于将民主党人描绘成不敬上帝的无耻之徒，但是希拉里·克林顿是虔诚的卫理公会教派教徒，该教派信众占美国成年人的 6%。虽然从来不高调宣示自己的信仰，但是对她而言重要的是，偶尔用平静、隐蔽的方式向公众展示自己的内心想法。正如她在回答《纽约时报》的采访时说的那样，她救世的信心一直都在。"这不是一件需要你想的事情，你要相信。你有一个中心信仰，其余都是由这种信念派生的。"她说。

2003 年，美国著名生活时尚杂志《名利场》的戴维·马戈利克在采访托尼·布莱尔时问到，如何看待宗教及宗教在维系他和乔治·布什总统的关系时扮演的角色，唐宁街通信主管阿拉斯泰尔·坎贝尔插了一句，他强调，在英国，"我们不做上帝"。不管这句话是出于什么样的政治或宗教目的，都完全背离了美国的现状。1966年，约翰·列侬曾说，披头士乐队"比耶稣更受欢迎。我不知道这个摇滚乐队和基督教哪一个应当排在首位。耶稣无可挑剔，但是他的弟子却很迟钝和普通，是他们歪曲了宗教，而我认为这种歪曲是在毁灭宗教"。约翰·列侬的采访内容在美国曝光之后，在社会上掀起了轩然大波，他遭受到了猛烈的抨击。我们可以从中看到宗教信仰在美国的政治和文化领域中的重要性，要贬低他人的宗教信仰势必会为千夫所指，甚至会断送一个人的事业。

美国宪法明确禁止成立国家教会。在美国，教会和国家是绝对分离的，不能有任何瓜葛和纠缠，这么做的目的是防止英国政府式的体制弊端。尽管有如此明确的规定，但是，宗教在美国的政治生活和政客的生命中仍然扮演着极其重要的角色。不同的美国总统有不同的政治背景、文化传统以及种族血统，然而，到目前为止，没有任何一名女性或公开的反宗教论者担任过总统一职。迄今为止，美国历史上唯一一位非新教的总统是约翰·肯尼迪。尽管这位总统一再宣称他不会将宗教凌驾于宪法之上，但他还是于第一届任期内在南方的一个州被人暗杀，因为那里的人们厌恶他这个天主教徒和共产党同情者。

美国一直被视为不同种族和宗教的融合之地。这是一个由众多移民组成的国家，这个国家的公民只有一个名称：美国人。尽管有着这种明显的统一性，然而，宗教分歧在美国依然存在。正如1953年马丁·路德·金博士所感叹的那样，"美国最具分裂性的时刻是在星期天早上11点钟"。在这个时刻，37%的美国人标榜自己是新教徒，23%将自己划归天主教教徒，犹太教徒和摩门教徒占人口的2%，而不足1%的居民自称是穆斯林（0.9%）、佛教徒（0.7%）、印度教徒（0.7%）或者耶和华见证会教徒（0.8%）。超过90%的居民自称信仰上帝，37%的居民经常在星期日去做礼拜，因此在美国很难摒除宗教和宗教观，而且美国也不是一个便于政治家隐瞒自己的宗教信仰的地方。在这里，人们总是有这样一种观念，即政客们在其与基督的关系问题上应当公开、坦率而忠诚，尽管这属于政客自己的私事范畴。

希拉里·罗德姆成长于卫理公会教派的环境下，并且经常去第一循道会教堂和查经班。1961年，她在14岁的时候结识了新授圣职的牧师唐·琼斯，被任命为这家教堂的青年部长。牧师唐·琼斯采取了一种循序渐进的方式，努力接触其教会的年轻信徒，利用民间音乐、诗歌和电影来布道。正如希拉里的父亲从前曾驱赶她和弟弟们到芝加哥贫民窟亲眼见识懒惰和迟钝的可怕一样，琼斯牧师安排希拉里和她的教会团体参观这个州的欠富裕区域，以便向其他人传递同情和慈善。这样的参观激发了希拉里对改善儿童生活状态的责任感，并且使她日益树立起了牢固的家庭生活观念。

琼斯牧师带领他的弟子去听特邀报告和布道，包括索尔·阿林斯基的——他是公认的现代社区组织之父，现在看来，这对希拉里产生了很大的影响。1962 年 4 月，琼斯牧师安排 15 岁的希拉里·罗德姆到芝加哥的交响乐厅与其他 1000 人一道聆听马丁·路德·金讲道，题目是《在大变革中保持清醒》。在这次会上，她被引荐给金博士，并且与他握手。正如 1963 年她未来的丈夫与肯尼迪总统在美国白宫玫瑰园相遇从而激发了政治雄心一样，希拉里·罗德姆注意到，在与金博士会面后，她才"朦朦胧胧地意识到'正在美国爆发的'社会革命"。金博士提醒她"忽视那些有需要的人"会带来社会革命的危险，这种提醒在她的内心中引起了深深的共鸣。

　　在希拉里入读大学后很长的时间里，琼斯牧师都是她的导师，他们经常有书信往来。在信中，希拉里详细讲述了她的进步，并且寻求琼斯牧师在政治、哲学以及校内社会行动主义问题上给她指点。久而久之，无形当中，这些给了希拉里很多的启示，并塑造了一颗坚强的心，从她保留娘家姓这件事上就可以看出，希拉里已日益变得性格独立而果敢坚决。在宗教信仰方面，她也是如此：成长于伊利诺伊州的一个卫理公会派教徒之家的她，当迁居到阿肯色州并嫁给属于美南浸信会教派的丈夫后，仍然坚持自己的宗教信仰，既不放弃自己的姓氏也不改变自己的宗教信仰。

大学生活

　　20 世纪 60 年代，希拉里·罗德姆刚刚成年并踏进大学校门，这时的美国慢慢出现了种族冲突，社会上弥漫着暴戾之气。希拉里于 1965 年秋升入马萨诸塞州的一所女校——卫斯理学院，当时正值越南战争时期，全国各地局势动荡不安，反战情绪愈演愈烈，有的地方甚至爆发了持续的骚乱。当时的希拉里，从不参与社会上的各种过激活动，而是扎在大学校园里用功读书。在卫斯理学院，全部女生须穿礼服赴宴，遵守严格的礼仪规范，执行午夜宵禁规定。学校的这种管理方式，希拉里一开始是完全接纳并真心奉行的，但是随着政治思想的日益成熟，她很快表现出了与以往不同的激进行为，她开始不断地公开挑战很多因循守旧的规矩，并且断然放弃她父亲严格的保守派倾向。

　　虽然被对手视为一个激进的、支持左翼意识形态的人，但是希拉里到达卫斯理学院时携带的却是巴里·戈德华特写的《保守派的良知》，并很快成为该大学青年共和党俱乐部的主席。她将自己界定为共和党里的温和派，俨然是纽约州长纳尔逊·洛克菲勒的化身。在大学的一到三年级，希拉里·罗德姆仍然是一名共和党人，并且在 1968 年夏天到美国国会山实习，在威斯康星州国会议员梅尔文·莱尔德处供职，6 个月以后后者成为尼克松总统的国防部长。她甚至参加了1968年在迈阿密举行的共和党大会，大会提名理查德·尼克松参加总统竞选，以便扭转当年美国社会骚乱动荡的状况。结果，没有想到的是，这也为数年后她参与尼克松总统遭受弹劾事件的调查埋下了伏笔。

很显然，彼时的希拉里正经历着一场政治转型，同年她还前往新罕布什尔州成为反战候选人参议员尤金·麦卡锡的志愿者。尤金·麦卡锡在新罕布什尔州成功获得42%的选票，直接导致积极主战的约翰逊总统退出总统选举，并促使参议员罗伯特·肯尼迪参加总统竞选。有趣的是，这时候在希拉里以后成长过程中与她有千丝万缕联系的一个名字出现了，那就是肯尼迪，1963年肯尼迪总统还曾与其未来的丈夫会过面。肯尼迪总统对这个国家的社会、文化和政治有很强的影响力，但他以被暗杀收场，随后其弟弟执政时也被暗杀。值得注意的是，肯尼迪的执政及后来的被暗杀似乎对这位未来的第一夫人没有产生过多的影响。相反，金博士的讲道和被暗杀，对她的影响之大却异乎寻常，甚至可以说这激发了希拉里正在形成中的政治思想的转变。她开始挑战其幼年时期成长于其中的主流共和党的思想，并且转向她在卫斯理学院的几年中显现出来的更加积极进步的立场。

希拉里在卫斯理学院经历的政治立场的转型伴随着其身份的转变，开启了其个人经历和政治生涯中一段全新的征程，这种角色和定位的不断调整贯穿了她以后的整个人生。她在这方面的自我认知能力特别突出，曾数次写信给笔友约翰·皮沃伊，阐述其对自己身份认同方面的不断思考：是成为一位教育和社会的改革家、让人感到难以接近的学者、假嬉皮士、政治领袖，还是富于同情心的愤世嫉俗者？这是在1967年春季大学二年级时摆在希拉里·罗德姆面前的几种选择。

尽管起初是以保守的共和党信徒的身份进入卫斯理校园的，但希拉里很快就开始挑战校园的规章制度和礼仪规范。全国已经出现了内讧，接着爆发了骚乱，这些骚乱毁坏了美国的大部分城市，但是在卫斯理，希拉里·罗德姆的本性不停地呼唤她去解决这些问题，尤其是在她能够产生影响的地方。在一年级的四百多名学生中，非洲裔美国籍学生仅仅有6名，希拉里·罗德姆请求给少数族裔学生更大的展示空间。然而，她也希望能够让大学当局心甘情愿地答应，所以，她的主张是在现有的体系中进行微调，而不是实施激进的颠覆性的变革。这时，希拉里·罗德姆被推选为学生会主席，她与学校的行政管理部门携手工作，以确保反越战抗议活动在校内安全有序地进行，而不至陷入无政府状态。此时全国各地其他高等院校所举行的抗议都一概被贴上了无政府主义的标签。这种沟通及解决问题的方式，被希拉里终身奉行，尽管这长期以来为保守党人所轻视又被自由主义者所质疑。

在高中时代，受她的导师和第二任人生导师艾伦·谢克特的指点，希拉里·罗德姆开始撰写有关索尔·阿林斯基的毕业论文，并因此获得了采访他的机会。索尔·阿林斯基是1946年的畅销书《激进主义的起床号》一书的作者，以解决美国的贫困问题为己任。

阿林斯基在 1971 年发表了《反叛手册》，这本书受到新左翼运动分子的追捧，迎合了其前部著作发表后出生的新一代年轻信奉者的口味，这批年轻人如同希拉里·罗德姆一样，都是大学的激进主义者。1968 年，希拉里·罗德姆开始痴迷于阿林斯基的反越战、支持民权运动、学生自治的理论，她在文章中写道，阿林斯基，与沃尔特·惠特曼和马丁·路德·金一样被人们所敬仰，是"因为他最彻底的政治信仰——民主"。对希拉里·罗德姆来说，阿林斯基成为继其父亲、琼斯牧师和谢克特教授之后的又一位年长的男性导师。后来，阿林斯基为她提供了一份工作，在他的产业地区基金会实习，专注于中产阶级社区组织形态的研究。尽管这是份极具"诱惑力"的工作，但当时已经手握哈佛大学和耶鲁大学录取通知书的希拉里·罗德姆，还是拒绝了他的热情邀请。

在决定前往耶鲁法学院继续深造后，希拉里在卫斯理学院度过的最后几个月被一件举国哀痛的事件彻底打乱。1968 年 4 月 4 日，马丁·路德·金在田纳西州孟菲斯被暗杀的消息传到了校园。与她未来的丈夫一样，希拉里也热衷于结识政治伟人。马丁·路德·金是希拉里敬仰且崇敬的人物，如今所有的崇敬都化作满腔的悲愤与伤痛，马丁·路德·金的死深深地触动了希拉里的灵魂。

卫斯理学院造就了希拉里·罗德姆，在这个平台上，她的政治能力和学习能力得到了飞速的提升。如同她后来在参议院时一样，大学时期的希拉里凭借平衡各方关系建立共识的能力，和努力学习、勤奋工作的表现成为全校的风云人物，最终又成为学校

课，忙于当地的政党竞选活动。因为缺乏个人资本和家庭血统，比尔·克林顿视耶鲁法学院为其政治生涯中最重要的招牌。这块招牌给了他足够的底气，他在竞选公职时宣称，"我要返回阿肯色州，我要去当州长"，他语气颇为坚定地对每个人说道。

第一次碰面后，他们并没有立刻坠入爱河。希拉里当时正在与别人约会，而比尔·克林顿则不习惯在爱情上主动。事实上，在法学院图书馆相遇后，直至1970年春天，他们才开始走到一起，还是因为当时希拉里采取主动，将自己介绍给她未来的丈夫。当她暑假去位于加利福尼亚州奥克兰的特鲁哈福特－沃克＆伯恩斯坦律师事务所实习时，克林顿追随她一起到了那儿。在那里，希拉里的工作主要是为阿拉梅达县的穷人和黑豹党的成员做辩护。第二年秋天，希拉里返回了耶鲁大学，那时他们就成了关系公开的情侣。本来希拉里要比比尔·克林顿提前一年毕业，但她申请延期毕业。这一年，希拉里去了很多机构实习，这些机构的工作大都聚焦于如何促进儿童的健康发展。

这对情侣于1972年夏天在得克萨斯州为乔治·麦戈文的总统竞选活动奔走，希拉里在圣安东尼奥记录选票，而比尔在奥斯汀的麦戈文办事处为未来的总统候选人加里·哈特工作。命运的安排使加里·哈特和比尔·克林顿的生活和政治生涯后期交织在一起，他们都需要应对角逐总统职位而带来的道德和个人困境问题。正是在这个时候，他们遇到了贝齐·赖特，赖特随后在阿肯色州作为州长办公厅主任加入了比尔·克林顿的团队，并在后来成为希拉里最有力的支持者。

这对情侣最终在 1973 年夏天从耶鲁毕业，然后出发前往英国旅行。英国是比尔·克林顿比较熟悉的地方，他曾经在牛津大学当过罗德学者。在坎布里亚郡恩纳代尔湖，比尔向希拉里正式求婚。尽管他有着南方人特有的魅力，但是，比尔的求婚没有成功。希拉里知道比尔·克林顿决定到阿肯色州谋求政治前途，而她自己的前景也一片光明。她在纽约或华盛顿特区有充分的工作选择余地，而且她也并不好高骛远。经过反复考量，她拒绝了比尔·克林顿的求婚。

回到美国后，这对情侣各自过着独立的生活。因为要对尼克松总统展开调查，比尔·克林顿接到了在华盛顿特区担任参谋律师的职位邀请，但是他推荐他的女朋友去担任这一职务，而自己则要前往南方的阿肯色州履行公职。作为调查尼克松政府及其在"水门事件"中扮演何种角色的司法委员会众议院参谋律师，希拉里·罗德姆的工作勤勉敬业，认真调查针对这位总统提出的弹劾案件，而比尔在阿肯色州费耶特维尔教授法律，他们之间仍然保持着情侣关系。在这段时间里，希拉里为伯纳德·努斯鲍姆工作，而伯纳德·努斯鲍姆后来也加入了比尔·克林顿的政府并任职于法律委员会，主要工作是分析尼克松时期白宫的秘密记录。在接下来的几年时间里，她竭尽全力地去寻找弹劾尼克松的理由，其中甚至包括了尼克松在柬埔寨的行动。

1974 年 8 月，尼克松总统辞职，希拉里的研究任务结束，并就此打开了在华盛顿特区和纽约从事政治和法律领域工作的新局面。然而，令家人和朋友震惊不已的是，希拉里此刻却放弃了无限光明的前途，迁居到阿肯色州与比尔·克林顿在一起。当时，她的同事认为，这是一个断送她光明前程的错误举动，因为阿肯色州是个贫穷、没有任何吸引力的州，很难满足充满热情，痴迷于政治，二十几岁时事业已经蒸蒸日上的女青年的梦想。她的许多朋友和同事都认为她应该追求自己的政治生涯，但她非常明确地告诉同事，这个男人有朝一日会成为美国总统，所以她要到南方做这个未来政治家的妻子。而且，她的朋友和同事都忽略了一点，希拉里·罗德姆并没有牺牲自己的政治前途，而是与一个男人联手营造了强大的合作关系，这个男人的才能最终使他们直达美国政治系统的顶峰。但与此同时，这个男人的弱点也几乎使他们丧失了一切。

小结

　　如果离开比尔·克林顿，希拉里要完全依靠个人力量迅速崛起几乎是不可能的，但可以肯定的是，1974年，当许许多多的绝佳机会摆在她面前时，她执意要搬到阿肯色州去的决定真是出乎所有人的意料。继她的父亲、琼斯牧师、艾伦·谢克特和索尔·阿林斯基之后，比尔·克林顿成为此时希拉里·罗德姆生活中新的、最重要的男性。而在希拉里生活中唯一的女性导师，除了她母亲以外似乎就是玛丽安·赖特·埃德尔曼。同希拉里与世隔绝、性格内向的父亲相反，比尔·克林顿热情开朗、性情随和而且幽默。对于希拉里而言，追随比尔·克林顿来到阿肯色州，是因为他们之间相互吸引、彼此仰慕，并且彼此都认为对方能够通过选举取得公职，因为两个人都曾凭借个人能力成为耶鲁法学院的佼佼者，并且都雄心万丈。一代人的时间之后，可能是比尔·克林顿追随着希拉里·罗德姆，来到她的家乡伊利诺伊州，陪伴她参加总统竞选，但当时是 1974 年，南方正在向她招手。

— 第 2 章 —

阿肯色州第一夫人

从耶鲁大学法学院毕业后，希拉里开始了自己的新生活。出乎大多数人预料的是，她并没有留在华盛顿特区或纽约州从政，而是千里迢迢跑到阿肯色州，成为政界一颗冉冉升起的新星的女友和妻子。希拉里在阿肯色州度过的 18 年可谓波澜起伏，而她的丈夫也在短短的两年时间内，从美国历史上最年轻的州长，旋即变成美国历史上最年轻的前州长。在这段时间里，她成为一个母亲，在全联邦法律界也声名鹊起，并成为克林顿家庭主要的经济支柱。然而，由于希拉里的工作跟政界、法律界和金融界多有牵涉，很多事情不免成为别人质疑的口实，随着时间的流逝这也逐渐成为比尔·克林顿走向总统职位的障碍，同时成为希拉里·克林顿自己政治生涯中的绊脚石。希拉里在此期间的所作所为，以及她在阿肯色州获得的教训，甚至在她 2016 年角逐总统职位时仍然困扰着她。

国情 1978

希拉里·罗德姆于 1974 年迁居阿肯色州，当时美国所处的时代与其出生时的 1947 年已大相径庭了。在这将近 30 年的时间里，美国社会、政治和军事风云激荡，种种动荡给这个国家带来了巨大的影响：暗杀事件、朝鲜战争和越南战争、民众动乱、暴动、与"水门事件"紧密相关的犯罪，以及约翰逊、尼克松、福特总统执政不利导致的社会失业率和通货膨胀率上升，一系列的混乱使美国的实力不增反降。在希拉里的青年时代，美国经济繁荣，并且成为全球经济市场的主导者。然而，从 20 世纪 70 年代开始，国家财政轨迹渐次下行，失业率上升，通货膨胀率居高不下，民众对联邦政府的信心也随之崩塌。这种状况不是由单个事件引起的，而是由接二连三的悲剧和灾难性事件所致，加之意想不到的暴动，进一步削弱了美国的实力。社会衰落，现实让人感到万分沮丧。1976 年是美国建国 200 周年，本应大庆，但一切却悄无声息，没有什么纪念活动。

20 世纪 70 年代的经济着实令人沮丧。与 20 世纪 30 年代的大萧条和 21 世纪的大衰退不同，这个时期没有什么值得一提的特别的"崩溃"事件，社会经济却莫名其妙地很糟糕。在整个 70 年代中，通货膨胀率平均上升 7.06%，而 1979 年 12 月，通货膨胀率竟上升了 13%。1980 年 12 月，利率高达 21.5%，失业率飙升，这两样合起来导致一种新形势的出现，经济学家用一个新的经济术语来定义这种新状况：滞胀。美国的高通胀和高失业率到 70 年代末使社会痛苦指数达到 21.98%，随之而来的就是，20 世纪 50 年代到 60 年代初的希望和乐观已不复存在，取而代之的是愤世嫉俗的犬儒思想。20 世纪 70 年代，美国国内的经济危机因为国际形势的恶化而进一步加剧。当时的美国，油价飙升，石油供不应求，每一个加油站外都排起了长龙。与大多数州相比，阿肯色州的形势更为严峻。1977 年，该州的人均国民收入在美国 50 个州中排名倒数第二，三分之一的居民生活在赤贫当中。

1976 年，吉米·卡特当选总统，民众对他寄予厚望，期待他能够成功带领美国走出困境。人们希望卡特可以解决小施莱辛格所说的"帝王式总统制"所带来的权力泛滥的问题，同时为解除尼克松政府相关的具体罪行开出一剂良方。令人遗憾的是，卡特在一届总统任上，带给他的支持者的只有无尽的失望。他执政期间，没有与国会结成坚定的同盟，无法得到国会的有效支持，种种施政方针难以真正推行，无力担起带领美国走出衰退的重任。卡特曾担任佐治亚州州长，那是美国南部的一个农业大州。随后，雄心勃勃的卡特带着他信任的助手"秘书帮"（被美国社会戏称为"佐治亚州的黑手党"）来到华盛顿特区，想在首都干一番在他们家乡那样的大事业。不过，卡特的"秘书帮"里的很多人是被卡特从佐治亚州的偏僻小城里"提拔"上来的，虽然完全忠诚于卡特，但缺少在联邦政府工作的经验，他们在华盛顿的政治环境中表现糟糕，直接导致了吉米·卡特在1980年的总统选举中败下阵来，并且为后人提供了一份教科书般的反面政治教材。

在卡特上任之前，美国就已决定从越南战争的泥潭中撤军，但是越南战争遗留了若干社会问题，卡特甫一就任就接下了个烂摊子。虽然美军已从越南退出，但战后种种的后续问题给卡特出了个难以在短期内有效解决的大难题。对苏联，卡特继续推行尼克松、基辛格的怀柔政策，直到1979年12月苏联悍然出兵入侵阿富汗。在伊朗巴列维国王倒台后，卡特依然无条件地支持他，这引发了伊朗强烈的反美情绪，并最终演变成了历史上著名的、持续444天之久的伊朗人质危机。这些危机直接导致了卡特在1980年的美国大选中败于里根。卡特政府唯一成功之处，是努力促成以色列和埃及之间达成了《戴维营协议》，但是，安瓦尔·萨达特的遇刺，又证明了在中东地区谋求和平的努力的脆弱性。

借由社会动荡不安、国际政治危机、经济持续衰退，吉米·卡特一举上位，随后也正因于此，卡特黯然下台，可谓"成也萧何，败也萧何"。同样，动荡的时局也对希拉里的人生产生了深远的影响。社会动荡下，民主党崛起，比尔·克林顿于1978年顺利当选州长。但随着卡特的离任，民主党也迅速成为在野党，这也导致了克林顿两年后的州长连任竞选失利。由于卡特执政期间留给大家的都是负面的印象——毫无作为的政绩、持续下滑的经济等，因此比尔·克林顿于1982年再次竞选阿肯色州州长一职和10年后竞选总统之时，都有意识地把自己的立场置于民主党更为保守的一面上。这种做法也招来了更多进步人士的微词，他们一直以来都质疑比尔和希拉里作为自由主义者的可信程度。

到达阿肯色州

阿肯色州永远都处于美国政治版图的边缘地带。20世纪70年代，这里如同一潭死水，在美国最为贫穷、教育水平最低的州的名单里面我们总能找到阿肯色州。每一个希望在国家政治中出人头地的人都不会选择迁居至此，何况是一个受过良好教育、更加注重学识而不是外表、家乡不在这里的北方女性。当希拉里·罗德姆迁居阿肯色州时，她肯定没有想到会停留如此之久。彼时，比尔·克林顿在参与1974年国会议员竞选，因为尼克松总统正面临弹劾，人们普遍预计民主党人会大获全胜。局势看起来是如此的明朗，还能有什么差池？是的，她是如此地确信，在1975年一定会以国会议员克林顿妻子的身份重回华盛顿特区。

当希拉里在1974年夏季抵达阿肯色州的时候，比尔·克林顿正忙于他的第一次公职竞选。时年仅27岁、6个月前才从法学院毕业的克林顿，已经获得了民主党的内部提名，被提请到众议院任职。与此同时，他也正与时任共和党国会议员的约翰·保罗·哈默施密特斗得难解难分。在竞选中，克林顿一直致力于将他的竞争对手与尼克松这位当时灰头土脸的总统联系在一起，并且希望理查德·尼克松在1974年继续留任，以便进一步降低哈默施密特的支持率。然而，尼克松于1974年8月9日辞职，并促成杰拉尔德·福特继任，力图重振共和党的英名，形势开始朝着有利于克林顿竞争对手的方向偏转。尽管哈默施密特的连任看起来是水到渠成的事，但在希拉里的坚定支持和帮助下，比尔·克林顿经过坚持不懈的努力，最终获得了令人惊讶的48%的选票，仅仅比以前少了6000张选票。当时，两个百分点的增长就足以保证选举的胜利，尽管当时操纵选票的行为盛行，但希拉里坚决拒绝通过这种令人不齿的方式去获取竞选的成功。她想通过光明正大的方式赢取一切的态度十分令人钦佩，这种诚实在政治中实属罕见。但是，在现实政治中，这种诚实难免流于天真，因为在政治竞争中成王败寇才是永恒的真理。

　　1974年大选后，全新的一批民主党人进入华盛顿特区。比尔·克林顿被迫重新规划他的未来，他开始考虑离开华盛顿重返阿肯色州发展。在关键时刻，希拉里再次发挥了强大影响力，在比尔·克林顿的默许下，对他们的未来做了重要决定，这样的戏码在他们以后的人生中一再上演。阿肯色州的两个参议院席位被戴维·普赖尔和戴尔·邦珀斯这两位民主党人长期占据，且这两人广受欢迎，比尔·克林顿直接通往华盛顿的权力之路几乎被封死。摆在克林顿面前的，似乎只剩下阿肯色州州长这一个选择，不过要到 1978 年才能得到。结果，希拉里·罗德姆没有以国会议员妻子的身份立刻回到华盛顿，而是以阿肯色州州长夫人的身份，在这个全国公认的最落后贫穷的州，在这个穷乡僻壤，一待就是 18 年。"感谢上帝造出了密西西比"是一句人们耳熟能详的谚语，好在还有这么一个州，其发展落后于阿肯色州。

希拉里·罗德姆没有返回华盛顿，而是在位于费耶特维尔的阿肯色州法学院任教，每年年薪为 18000 美元，她用这笔钱默默支撑着丈夫伟大的政治抱负。在此期间，她结识了黛安·布莱尔，她们两人很快成为好朋友。布莱尔第一次见到比尔·克林顿是在 1972 年的夏天，在民主党全国大会提名乔治·麦戈文前夕。当克林顿津津乐道地谈起她的女朋友时，布莱尔问克林顿：

> 他为什么没有娶这位优秀的女人，并且将她带回阿肯色州。他说，他很乐意，但是希拉里相当有天赋，并且在很多方面都很有能力，如果把她带回对自己意味着地位和政治未来的阿肯色州，他会感到很自私。

3 年后，这两个女人成为阿肯色州大学的同事。她们都不是土生土长的南方人，面对着当时充满性别歧视的学术界和法律界，她们开始互相鼓励，随后成为密友。黛安·布莱尔后来回忆道："在 20 世纪 70 年代的阿肯色州主张男女平等是件非常困难的事，但值得庆幸的是，我遇到了希拉里这样的朋友，我们彼此给对方建议，彼此慰藉，使我们更加坚定我们的信念。"

　　尽管生长于北方，希拉里·罗德姆却很快适应了南方的生活，但是与比尔·克林顿的婚姻是否为最合适的选择，仍然让她满腹纠结。很多事情令她伤心，比如克林顿经常以工作为借口，频繁地与其他异性接触，甚至在他竞选巡游期间，他还和肯尼迪一样，夜夜寻欢，这样不节制的行为也招来他的导师、参议员富布赖特的强烈谴责。1974 年的竞选期间，休·罗德姆和他的小儿子托尼来到阿肯色州，表面上是帮助克林顿竞选，但实际上，他们受命前来另有目的。他们打着搜集别的候选人信息的幌子，实际上暗中监视有哪些女性别有用心地接近克林顿，并负责将这种暧昧消灭于萌芽之中。

　　但是，为了这个目的，让她父亲和弟弟像保姆似的紧紧盯着克林顿毕竟不是长久之计。时间长了，克林顿手下的工作人员都开始感到厌烦。所以，当希拉里·罗德姆到阿肯色州助阵时，也没有受到很好的对待。当希拉里试图去掌控竞选进程的时候，她受到了竞选工作人员或明或暗的各种抵制。随后，关于希拉里性取向的各种谣言突然开始满天飞，甚至克林顿的母亲——弗吉尼亚都开始毫不掩饰地对这位准儿媳表现出了鄙视和不满。鉴于此，希拉里·罗德姆开始去远离阿肯色州的美国东北部寻求工作机会，1975 年的夏季她是与朋友一起在纽约、波士顿、华盛顿以及芝加哥度过的。正如她在 1992 年所记载的：

当我们都从耶鲁毕业后……他毫不犹豫地来到阿肯色州在法学院教书。但我对我自己的未来还没规划好，我当时还没有为完全迁居到阿肯色州做好充分的准备，因为我不知道比尔是否以后一直会待在那儿，我不知道如果去了那儿，以后会怎样。

意识到他女朋友的夏季休假的含义，比尔·克林顿做了一个大胆的举动，购买了一处希拉里渴慕已久的住宅，并且当她8月份回来的时候再次求婚。他们于1975年10月2日在这座住宅里举办了一个非常私密的婚礼，只邀请了少数亲朋好友。随后，在希拉里的父母和两位兄弟的陪伴下，他们一起前往墨西哥阿卡普尔科度假胜地做蜜月之旅。与她一直以来男女平等的主张相一致，婚后希拉里继续保持着她的娘家姓，这在当时的南部绝对是一件不可思议的事情。当比尔·克林顿继续在阿肯色州寻求选举职位时，她的这个举动对她和她丈夫都有着长期的影响。1976年，吉米·卡特入主白宫，比尔·克林顿也成为阿肯色州的司法部长，他们从费耶特维尔搬迁到州府小石城。在这里，希拉里开始重新考虑她的职业生涯，最终她离开了学术界，成为一名律师。她加入了著名的罗斯律师事务所，当时的客户包括当地行业巨头沃尔玛和泰森食品公司。她的收入开始节节攀升，很快便成了家庭的经济支柱。因为是州司法部长的夫人，希拉里后来被卡特总统安排进了美国国会法律机构法律服务公司的董事会。在罗斯律师事务所，她成为了文森特·福斯特和韦伯斯特·哈贝尔的同事，这两位很快便被克林顿夫妇的政治抱负所打动，成为他们坚定的支持者。

希拉里的工作抱负和政治野心，在她的家乡伊利诺伊州或华盛顿和纽约都是非常自然的事情，但是在阿肯色州就是另外一番样子了，她所极力主张的男女平等在美国南部看起来是惊世骇俗的。在那里，律师界天然地被认为是男人的世界。作为一名女性律师，希拉里希望通过自己的智识和能力赢得人们的尊重和认可，而不是靠美貌或其他外在的东西，所以在这段日子里，希拉里基本不修边幅。不过，在日后漫长的职业生涯中，希拉里也开始慢慢改变。看着 2016 年出现在我们面前的这位衣着考究、举止优雅的女士，你真的难以想象在 20 世纪 70 年代时这位年轻的女律师竟然这样一副打扮——戴着如玻璃瓶底般厚厚的近视眼镜，从来不用任何化妆品，发型和服饰随意得惊人。婚后的希拉里更加渴望事业有成，这时的她满脑子都是能力至上论，对依靠外表得到什么的行为嗤之以鼻。

长袖善舞

一直以来，希拉里都主张光明正大地做事，不凭借权力予取予夺，凡事通过合法合规的程序去争取。但是作为政治家的妻子，又是一位律师，希拉里有时难免遇到各种利益冲突，她采取措施尽力避免这种情况的出现。由于她平时要抽出不少时间来为克林顿的竞选助阵，所以她会更加努力地工作来保持她的收入不受影响。律师工作之外，她还在沃尔玛的董事会兼职，并且经常与朋友们一起尝试各种商业风险投资，以保证能有更充足的资金去维持这个开销日益庞大的家庭。然而，这些商业行为对她及她的家庭产生了长远的影响，这种影响一直持续到现在。

1978年，希拉里·罗德姆参与了一些大宗商品的短线交易，在这些交易中她有赔有赚，但最终盈利10万美元，是她时任州长的丈夫收入的3倍。这些交易是在詹姆斯·布莱尔的辅佐下进行的。詹姆斯·布莱尔是阿肯色州家禽业的大亨唐·泰森的法律顾问，同时也是希拉里最好的朋友黛安的丈夫。在充满风险的大宗商品交易市场中，作为一名投资新手，仅仅以1000美元的出资便获利百倍，而且这种获利还是在受雇于日后成为克林顿竞选金主的朋友的帮助下获得的，这不由得引起人们广泛的猜疑。不过，大宗商品交易获利这件事，在另一件事面前就显得微不足道了，这就是克林顿夫妇与吉姆和苏珊·麦克杜格尔进行的白水不动产交易，此事日后演变成了针对克林顿总统夫妇进行调查的著名的"白水门事件"。这宗土地不动产交易导致克林顿夫妇当时损失了46000美元，麦克杜格尔夫妇损失了92000美元。同时，正如希拉里·罗德姆在阿肯色州安全委员会上承认的，麦克杜格尔还是阿肯色州麦迪逊储贷担保公司的老板，这随后引发了更加错综复杂的财务问题。人们最初关注这件事，是因为当1993年希拉里坚决不向《华盛顿邮报》出示这宗不动产交易的相关资料时，司法机关任命了一位独立检察官针对克林顿总统展开了关于此事件的调查。最终，经过旷日持久的调查，没有发现克林顿夫妇在白水土地交易事件中有违法获利行为。随后，针对比尔·克林顿总统的弹劾转移到了别的事件上。

有意思的是，克林顿家庭的所有的投资理财事宜全部是由希拉里来打理的，克林顿几乎从不插手，她努力构建起了家庭财务的安全边界。希拉里成长于严父持家的家庭环境中，她的父亲掌管着家中的经济大权，并努力做到家里的每一笔投资都远避风险，寻求收益最大化。在投资方面，希拉里似乎与自己与生俱来的保守性格以及在生活和职业中表现出的远离风险的方式不太一样，而是更激进些。在后来接受调查时，他们经常会被问到一些令人尴尬的、难以回答的问题，比如他们所做的交易是否因克林顿的政治地位而得到了什么内幕消息，或者是否得益于她在罗斯律师事务所的便利，但是这样的调查也从来没拿到过什么真凭实据。尽管如此，那些获利交易以及"白水门事件"还是成了克林顿夫妇日后的政治生涯中始终无法摆脱的梦魇，人们借此指责他们贪婪、不称职、任人唯亲并且践踏法律非法获利。后来还产生过很多针对这些事的调查和指控，甚至有些人还利用不充分的证据反复纠缠本已平息的众多指控。由此看来，他们为当年那些短期的市场获利和那次失败的土地交易付出的代价是多么的高昂。

阿肯色州第一夫人

　　这些丑闻是未来的事，这个时候，比尔和希拉里还是小石城冉冉升起的耀眼的政治新星。克林顿担任州司法部长，并被普遍认为是下任州长的最大热门人选。希拉里也在法律界做得风生水起，即将成为一家大型律师事务所的合伙人。在 1972 年和 1976 年先后为乔治·麦戈文和吉米·卡特的总统竞选效力后，希拉里开始帮助她的丈夫竞选阿肯色州的州长。她在竞选中的角色给她带来了负面的攻击，连比尔·克林顿民主党内的竞选对手都在质疑，为什么这位未来州长的夫人并没有改用克林顿的姓氏。希拉里对此的回答是，这仅仅是她工作中所使用的名字。

　　随着州长竞选活动的进展，希拉里·罗德姆在这方面插手的事情越来越多，并且开始向其丈夫的支持团队提供政策和人事方面的建议，正如她在 1992 年克林顿竞选总统时所做的那样。她的严谨务实与她丈夫的乐观形成了鲜明的对比。鲁迪·摩尔——比尔·克林顿的竞选负责人，认为克林顿的这种乐观是一种政治上的天真，他这样写道：

　　　　比尔从周围人群身上看到的都是阳光的一面，而希拉里看到的是他们阴暗的一面。她比他更有能力洞察是哪些人赞同你，哪些人反对你，并且确信他们不会利用你。他不为是否被人超越而算计，但她总是这样。所以她是一个防范意识很强的人。

这是完美的竞选组合，珠联璧合，相得益彰。时年 31 岁的希拉里·罗德姆在 1978 年竞选后成为阿肯色州的第一夫人，而比尔·克林顿成为自 20 世纪 30 年代以来最年轻的美国州长，并且获得了 63% 的选票。

在许多方面，担任阿肯色州第一夫人可以说是希拉里日后入主白宫成为第一夫人的预演。她在担任美国第一夫人期间遭遇到的指控、猜忌和影射是她 20 世纪七八十年代在阿肯色州的翻版。那时候，她在阿肯色州反复受到人们的指控和诽谤。这些对他们如影随形的质疑在阿肯色州这地方是毫不为奇的：比尔和希拉里是不想按规则出牌的一代人的先锋，他们留着长发，衣着特立独行，她不采用丈夫的姓氏，两个人都有各自的事业。人们普遍认为他们的关系是一种政治联姻，他们的能力和欲望彰显无遗。希拉里·罗德姆是法律界冉冉升起的新星，并且在 1979 年成为一家大型律师事务所的合伙人，比尔·克林顿是在任州长，两人都身处社会上层，生活在阿肯色州这个错综复杂的政治生活环境中。作为州长夫人，希拉里被赋予了很多能轻易进入公共决策过程的便利。作为夫妻，他们有着共同的理念："主动开拓，而不要静待无为。"正如比尔·克林顿因为仕途的攀升遭遇到更多的烦琐事务一样，希拉里·罗德姆此时也面临着更多的挑战，如同一个扬基（美国北部人）深陷在迪克西（美国南部各州）。

　　克林顿夫妇并没有被阿肯色州的流俗所同化，他们没有按照当地因循守旧的观念行事，甚至还有意地与这种风气相抗衡。在这个保守的、以农业为主的州里面，比尔·克林顿周围都是老派的自由党顾问：约翰·戴维·丹纳、小鲁迪·摩尔和斯蒂芬·史密斯。这三位顾问的施政方针和建议都不太符合新任州长及州第一夫人对治下民众的执政思路，他们提供的思路没有凸显克林顿在主流选民当中的独特性。在美国东北部和加利福尼亚等地司空见惯的事，在阿肯色州的州议会中显得如此的不可接受。州议会对新州长及其夫人和州政府顾问充满了抵触情绪，他们觉得自己保守的底线受到了挑战。

　　比尔·克林顿任命他的妻子为保健咨询委员会的负责人，这个举措引发了对他以权谋私的指控，并进一步导致了关于他妻子对他施政有何影响等质询。希拉里到达阿肯色州，住进了州长官邸，在这里，她不止一次被人比作麦克白夫人。阿肯色州的民众逐渐对这个初来乍到、稚气未脱的州长心生不满，对第一夫人的批评仅仅是其中的一个方面，这点从当地人对克林顿"娃娃州长"的称谓中可以一窥端倪。彼时，当地的特权阶层正在号召渐进式的改革，但比尔·克林顿的第一智囊团队并没有把时间和精力放在与特权阶层的沟通上，他们与克林顿一起着力推行激进的施政方针，这被看作对特权阶层利益的挑战，很多政企圈子开始有意识地抵制他们。随后，为了给修缮高速公路筹资，克林顿开始征收高额车辆税，这彻底激怒了农业部门。不久，克林顿对卡特总统接受古巴难民来阿肯色州的请求的默许，进一步激发了民众更大的怨气。后来担任克林顿1996年总统竞选活动总设计师的迪克·莫里斯，此时来到阿肯色州成为他的助手，他写道："他（比尔·克林顿）很理想主义，不太务实。他的执政风格不太奏效。他的第一个任期就像其总统的前三个月一样，还处于学习阶段。"他在这一过程中犯了很多错误，同时因为对第一夫人和他的顾问团队的担忧，民众加重了对他执政能力的怀疑。尽管如此，当他的首个州长任职期接近尾声的时候，比尔·克林顿依然决定谋求1980年的连任。

在两年任期内，比尔·克林顿只是在一个不受欢迎的税收方面犯了比较严重的错误，同时多了一些新的政敌，如果克林顿下力气去改善的话，连任州长也并非全无可能。但不幸的是，在1980年，他遇到了罗纳德·里根带领的共和党人的强势复兴。从中央到地方，民主党人刚开始都没有意识到这位前加利福尼亚州长带来的威胁，当意识到时，一切为时已晚。同时，在这个时候，克林顿的很多私人问题集中爆发，弄得他焦头烂额，使他无法全神贯注地参加1980年的竞选。1980年，他们的女儿切尔西·克林顿出生，这个家庭就此成了一个完整的家。福兮祸所伏，对克林顿混乱男女关系的指控也随之而来，这并不是对克林顿拈花惹草的第一次指控。人们质疑克林顿夫妇婚姻的状态，也已经不是第一次了，但此时希拉里·罗德姆坚定地站出来并声明坚决维护他们的婚姻。这件事情对她的打击，只有希拉里自己知道，她把所有的想法全都深埋在自己心里，绝不允许自己的家庭成为别人的谈资和笑柄。在外人看起来，这件事似乎对他们的夫妻感情没有造成任何影响，他们还像以前一样出双入对，工作中紧密携手。人们纷纷猜测，维系他们婚姻的究竟是什么？但毫无疑问的是，正如克林顿自己承认的那样，这件事对他们的婚姻造成了不小的伤害。在两年的州长任期结束时，拥有一个宝贝女儿、一支不得力的顾问团队和一个广受民众非议的夫人的克林顿黯然"下课"，这个"娃娃州长"也成了美国历史上最年轻的前州长。

信仰

1980 年的连任失败，让比尔·克林顿有充足的时间来进行深刻的自我反省。在迁居到阿肯色州后，希拉里·罗德姆仍然会经常参与卫理公会派的活动。在 20 世纪 80 年代她女儿出生之后，希拉里的宗教热情更是前所未有地高涨，她把更多的时间和精力都放在了教会中。她的教堂——小石城第一联合卫理公会，是当地律师协会每月聚会的地方，这些律师也基本都是卫理公会派的教众。作为一个母亲、律师和卫理公会派信徒，希拉里·罗德姆经常在教堂参与公益活动，并且定期在教会的教义学习活动中演讲。希拉里的朋友们，包括黛安·布莱尔和艾伦·布兰特利指出宗教活动对 20 世纪 80 年代的希拉里非常重要。通过频繁地参与宗教活动，希拉里的公众形象开始得到持续的提升，同时，她的隐私也更容易暴露在公众眼中。2007 年，卡尔·伯恩斯坦在书中写道："要理解此时的希拉里，除了关注她的教会活动外，也要看到她对自己隐私的强烈保护意识，这很关键。"希拉里好朋友黛安·布莱尔的说法也证实了卡尔的观点："毫无疑问，没有人愿意自己的隐私被人过多地窥视，但希拉里对自己隐私的极度防范还是让我吃惊。"

东山再起

尽管竞选团队做了大量的工作，付出了巨大的努力，还有希拉里的倾力助阵，但是克林顿还是在 1980 年的州长竞选中败北。无论对克林顿还是对希拉里这都是一个沉重的打击。失利的原因是多方面的——比尔·克林顿的施政方针无法打动选民，共和党人随着里根在全国的强势崛起等，这些使得 1980 年的竞选大势已定；但还有一个不可忽视的因素，那就是选民对阿肯色州第一夫人的不认可，这进一步拉低了克林顿的民众支持率。出现在公众视野里的希拉里满是北部州的调调，她是如此强势，婚后还保留着娘家姓，这一切看起来都跟保守的阿肯色州如此格格不入，无怪乎她得不到州众的支持。显然，阿肯色州的这对黄金夫妇搭档要想在这里重整旗鼓的话，就必须做出根本性的改变，否则他们的政治生涯也会就此戛然而止了。

正是意识到了这一点，希拉里·罗德姆开始将生活的重心转移到全力支持她丈夫的政治复起上，这不仅仅是为了她丈夫，也是为了她自己。此时的克林顿深受连任失败的打击，整日沉湎于失败情绪和自怨自艾中无法自拔。希拉里敏锐地感觉到，她必须挺身而出，力挽狂澜，否则他们的政治生涯甚至他们的生活将就此毁于一旦。自从他们在耶鲁法学院相遇的那一刻起，他们的生活就越来越水乳交融。与一般的夫妻不同，克林顿夫妇在事业上的相互助益颇多，他们的结合绝对是 1+1>2 的完美典范。他们彼此鼓励，相互激发，共同迎接生活中的一个又一个挑战。这种结合始于东部的学校生涯，磨合于 1980 年的州长竞选失败，并最终在1982 年再次将比尔·克林顿推上了阿肯色州州长的宝座。

为确保 1980 年的选举是比尔·克林顿政治生涯中的最后一次失败，竞选团队悄然间发生了很多改变。贝齐·赖特加入了克林顿的团队，她负责组织团队并总体设计克林顿的竞选规划。尽管后来她没有跟随克林顿去白宫赴任，但 1982 年竞选成功，她与希拉里的紧密配合功不可没。同时，迪克·莫里斯被聘为政治顾问，他的主要工作是梳理克林顿第一个任期内所犯的错误，并为在即将到来的 1982 年选举中如何争取公众支持献计献策。这些改变当中的一个关键点，就是如何扭转公众对第一夫人业已形成的固有看法。为了做到这一点，希拉里进行了一次彻底的改头换面。她摘掉了戴了多年的厚厚的玻璃眼镜，换上了隐形眼镜，同时聘请了一位顾问帮助她重塑外形，她开始化妆并染发。

希拉里不仅在外形上做了很大的改变，还决定采用她丈夫的姓氏，尽管长期以来她一直反对这种做法。她意识到，继续沿用娘家姓在政治上是一个很大的隐患，会将她和她丈夫置于一个危险的境地。在切尔西出生后，这个问题变得日益突出，并且被比尔·克林顿的反对派在 1980 年的竞选中加以利用。在回忆录中，希拉里写道："与我保留娘家姓相比，比尔能够竞选州长成功才是更重要的事。"

在公开场合，"全新"的希拉里·克林顿越来越像一个 20 世纪 80 年代初期政治家的妻子：自省、庄重而内敛。然而，幕后的希拉里·克林顿是迥然不同的，她在她丈夫的政治生活中扮演了一个极其重要的角色。竞选落败后，在长达半年的时间里，克林顿都无法摆脱竞选失败带来的阴影，似乎要就此一蹶不振，为此他们夫妇之间发生了多次激烈的争吵。此时的希拉里，职业生涯正处于蒸蒸日上的阶段，顺利地成为罗斯律师事务所的合伙人。因为其所从事的法律职业，她与儿童保护基金、美国律师协会和各大法律事务所保持着广泛而紧密的联系，为自己在业界积累了大量的人脉，并获得了约翰·多尔（负责民权事务的助理检察长）、伯克·马歇尔（助理总检察长）和玛丽安·赖特·埃德尔曼（儿童保护基金的创始人兼主席）的强有力的支持。

在贝齐·赖特的帮助下，希拉里开始与她丈夫的竞选团队协调一致地工作，她设法让团队清楚哪些事情需要做，以及怎样把需要做的事情做好。她和她丈夫的脾气秉性截然不同，在必要的时候，她能够站出来给竞选团队以强大的精神鼓舞，与克林顿的不善操刀相比，敢于杀伐决断的希拉里显然更适合将兵取胜。从这个意义上来说，比尔和希拉里·克林顿特别像 20 世纪 50 年代末、60 年代初的约翰和罗伯特·肯尼迪的组合——出现在公众视野里的 JFK（约翰·肯尼迪）具有迷人的魅力、光彩照人，大家认为即使独处时他也应该是一位谦谦君子；而他的弟弟罗伯特·肯尼迪则隐居幕后，领导团队做好该做的事情。在克林顿后来的政治生涯中，人们普遍将他们夫妇二人的组合比作以前的肯尼迪兄弟。

再次竞选中的一个重要事件是比尔·克林顿的电视讲话，讲话的内容是为他首个任期内所犯的错误向大家道歉。讲话用的是南方的方言，这显示了这位前任州长的诚意。他对以前给阿肯色州百姓所造成的伤害表达了十分真挚的歉意，并且请求大家再给他一次补救的机会。这种方式可以看作是对 1952 年尼克松著名的"跳棋演讲"的模仿。"跳棋演讲"是 1952 年选举的关键时刻尼克松举行的一次电视演讲，当时他被指控拥有一个由其支持者提供的政治基金，用于给他报销政治活动的开销。这一指控令尼克松的共和党副总统候选人资格受到了威胁，为此他飞到洛杉矶发表了一场时长半个小时的电视讲话，他呼吁选民将他保留在共和党候选人的名单内，让他与德怀特·艾森豪威尔一起继续竞选。此后，比尔·克林顿不止一次被要求向美国选民通过电视讲话道歉。吊诡的是，在这一点上来说，克林顿就是尼克松的翻版，而尼克松恰是希拉里努力要从白宫驱逐出去的总统。

对于希拉里·克林顿及其丈夫而言，1982 年的竞选是他们人生的重要转折点，这次竞选必须要成功，失败根本是不能接受的。当公众的目光全部聚焦在她丈夫身上时，幕后的希拉里开始做着详尽的部署。第一任时的顾问是不能留的，尽管他们曾为她丈夫的第一任竞选立下过功劳，但他们在任期内的表现确实是不及格的。在问鼎权力的道路上，要抛弃单纯的理想和信念，原则是只有对错之分，没有情分可讲。重新组建新的顾问团队，为的是不在未来的道路上再犯错误。

再任第一夫人

在 1982 年的选举之夜，比尔·克林顿成为阿肯色州历史上首位去职后又重新上台的州长，此时的希拉里可以说是世界上最幸福的妻子，他们终于越过了 1980 年失败的心魔。接下来的十年间，克林顿连任多届州长，他带着这个共和党人占大多数的州持续地前进，取得了举世公认的政绩。在任期间，他采取温和的执政方针，需要时也采用灵活的政策。他们组建了一支十分专业的顾问团队，这支团队能娴熟自如地处理与媒体、选民和州立法机关的关系。这个时候的希拉里·克林顿也像南方民众所期待的那样，更加干练、庄重、矜持，越来越得民心。

阿肯色州州长的位置，是比尔·克林顿施政理想最好的试验田，他也借此进一步锤炼了以后入主白宫所需的领导能力。多年的竞选和州长经历让克林顿逐渐明白，执政和竞选没有本质区别：每一项新政的出台必然要伴随着大量的公共关系工作，你必须要让选民明白新政能给他们带来什么，他们才会心甘情愿地把票投给你。很多压力通过定向邮递和电视广告得以减轻，因为在大规模的投票之前通过这种方式早已能够有效地得到选民的意见反馈，这足以保证比尔·克林顿再也不会与民意背道而驰。迪克·莫里斯受聘担任新的州政府顾问后，设计出了这种战略。他的建议是："当你朝着心中理想方向前进的时候，你所走的每一步都必须要极度务实。而当很多现实的难题摆在你面前的时候，你就需要用理想来鼓舞大家，冲破现实的藩篱。"

　　比尔·克林顿担任州长期间的政策重点是推动教育改革。希拉里·克林顿肩负起了这项改革的重任，这也为她未来在白宫领导的医疗改革埋下了伏笔。阿肯色州最高法院裁定，该州的公共教育财政政策与宪法相违背，这些政策显然有失公平。虽然阿肯色州的贫穷不是一个新问题，但这里的很多老师依靠领取政府提供的食品券过活，并且年工资低于1万美元。

　　在第一个州长任期中，克林顿任命其妻子主持州医疗保健咨询委员会的工作。现在，他任命希拉里主持教育标准委员会的工作。他说，这样做是因为他曾经向民众做过承诺，他自己不会主持任何委员会，他会任命自己身边的人代他负责。正如后来在推进国家医疗体制改革时所做的那样，为了推动阿肯色州的教育改革，希拉里开始做州巡回演讲，借此与政策制定者和选民建立密切的联系。当她发现一些教师在教学生"第 11 次世界大战"（由于他们对 WORLD WAR II 中的罗马数字的误解）时，她发现阿肯色州的教育现状比她原来想象的还要糟糕。她与迪克·莫里斯和弗兰克·怀特（克林顿不久前在州长竞选中击败了他）一道，引入能力测试系统来对教师进行考核甄选，并通过提高 1% 的销售税来增加对全阿肯色州学校必要开支的补贴。希拉里·克林顿的工作和对细节的关注为她赢来了公众和立法者的掌声，即使是她的对手也对她的工作赞誉有加，州议会议员劳埃德·乔治这样说道："先生们，看来我们选克林顿是一个错误的决定！"

何去何从

在 1986 年的州长竞选中成功连任后，比尔·克林顿开始认真地考虑是否参加 1988 年的总统大选。宪法禁止罗纳德·里根连任三届总统，现在存在一个开启美国政治新纪元的机会。副总统乔治·赫伯特·沃克·布什在其党内并不特别受欢迎，并且在获得共和党内部提名方面面临参议院议员鲍勃·多尔的严峻挑战。鲍勃参议员显然受到一个事实的鼓舞，即自 1836 年以来，除马丁·范·布伦以外，还没有一位在任的副总统成功登上过总统宝座。民主党的总统候选人提名也不明朗，放眼望去，候选人普遍履历平淡、年轻且缺乏经验，并没有哪一位得到大家的普遍认同——美国在20世纪80年代末领导人权力交接的关键时刻，缺乏一位充满活力的、魅力四射的候选人。机会之门悄然打开。时年仅42岁的比尔·克林顿会是这位大家期待的候选人吗？他会成为美国有史以来最年轻的总统吗？

很快，比尔·克林顿发现他的总统梦可能要落空，不是因为他政治能力不足，而是因为他私生活的缺陷。1987年，在麦戈文的总统竞选中，克林顿的前任上司加里·哈特宣布他要参与下一届总统竞选。这位来自美国科罗拉多州的参议员与克林顿一样，是一位年轻的、具有魅力的民主党人，浑身散发着肯尼迪似的气质，并引起了后里根时代美国中产阶级的浓厚兴趣。尽管如此，他的候选人资格却在一夜之间便消失得无影无踪。突然爆出的他与一位名叫唐娜·莱斯的模特的外遇事件，让他面临着铺天盖地的指控。虽然一再矢口否认，但随着一张照片的流出，参议员也不得不承认了这个事实。照片中，在一艘停泊的游艇旁边，莱斯女士坐在哈特的腿上，而这艘游艇早已被参议员的竞选团队包下。跟哈特一样，克林顿对婚姻不忠的传言始终如影随形。然而，在1987年这个时候，这样的指责就不仅仅损害了他的家庭，而且很可能直接毁掉他的总统梦。

当加里·哈特被迫退出1988年总统竞选的时候，一件事情就再清晰不过了，那就是，在总统竞选白热化的时刻，20世纪80年代在阿肯色州所发生的一切肯定会被抖出来。1987年7月，比尔·克林顿在小石城的埃克塞尔西奥酒店安排了一个盛大的记者招待会，会议邀请了他在世界各地的好友还有媒体各界人士。然而，在当天的新闻发布会上，他的讲话令所有到场的嘉宾都大吃一惊，他宣布不会去参与此次民主党总统候选人的提名竞争。希拉里·克林顿闻听此言大惊失色，禁不住当众痛哭，她坚信他们失去了一个千载难逢的好机会。媒体对加里·哈特外遇事件的持续关注和质疑使比尔·克林顿确信，在选举年，他和他的婚姻经受不住类似的冲击。不管结果如何，比尔·克林顿最终放弃了这次机会。随后，来自马萨诸塞州的州长迈克尔·杜卡基斯得到了民主党的提名，但在 11 月的大选中被乔治·赫伯特·沃克·布什击败。

　　因为决定不参与 1988 年的总统竞选，比尔·克林顿引发了外界对他未来人生的全面质疑。在这样一个如此理想的政治时刻，他仅仅因为自身的私生活问题就放弃对总统职位的追求，那么他职业生涯的意义何在？ 1988 年的总统大选，正赶上民主党的所有候选人都如此孱弱，错过这次绝佳机会，他以后是否还有机会？除 1980 年一次小失误导致的竞选失败外，比尔·克林顿自 1978 年到现在已连任多届阿肯色州州长，这难道就是他政治生涯的极限？他是不是要一直待在州长的位子上，直到某天不可避免地被人击败而黯然下台？这位"娃娃州长"是否走到了职业生涯的尽头？这些疑问不仅对比尔，对希拉里·克林顿同样有重大的影响。嫁给比尔·克林顿，她是否注定只能成为阿肯色州的一名律师？她放弃自己如日中天的事业来到这里，但她的政治理想和抱负是否会被她丈夫一而再再而三的不忠毁于一旦?

在克林顿决定不参与 1988 年的竞选后,很多人开始建议希拉里·克林顿应该考虑自己去竞选阿肯色州州长的职位。此时的比尔·克林顿开始犹豫是否要谋求州长的连任,他认为他可能会参与 1992 年的总统选举。希拉里过去的政治表现可圈可点,令人印象深刻,她直率的性格和杀伐决断的能力也特别适合处理公共事务。然而,当新一届总统竞选开始的时候,如果一个家庭还要同时准备州长竞选的话,那力量就会大大分散,可能导致竹篮打水一场空。因此,在新总统竞选来临的时刻,希拉里·克林顿不得不将她竞选州长的愿望暂时搁置一旁,她和她的丈夫改变主意,决定北上爱荷华州和新罕布什尔州,迎接即将到来的 1992 年的总统选举。

小结

当希拉里 1974 年来到阿肯色州选择和比尔·克林顿在一起时,她肯定不会想到这里会成为她未来 18 年的家。毫无疑问,在"水门事件"所引发的全国对共和党人的抵触情绪中,她坚信她的男朋友会崭露头角,最终他们将于 1975 年春天回到华盛顿。事实上,比尔·克林顿的竞选团队也是这样打算的。当这个梦想被不到 6000 张选票击碎时,希拉里的整个未来瞬间改变了。

1974 年至 1992 年,希拉里在阿肯色州生活了 18 年,她给比尔·克林顿带来了巨大的婚姻快乐，也迎来了女儿切尔西的降生。作为一名执业律师，她在职业生涯中不断发展，成了罗斯律师事务所的合伙人，并与同事建立了牢不可破的公私关系，包括与韦伯斯特·哈贝尔和文森特·福斯特。作为州长的妻子，她是她丈夫核心集团的关键成员，她能够影响政策，获得政治大佬们的注意，这其中就包括卡特总统。同时，多年来希拉里被迫接受丈夫的不忠，这已经不仅仅是一个私人问题，甚至影响了比尔·克林顿的竞选能力，成为实现他们梦想和抱负的障碍。比尔·克林顿可能想成为20世纪90年代肯尼迪式的人物，但是这个阿肯色州穷小子生活的20世纪80年代和肯尼迪生活的20世纪60年代已截然不同，公众要求政治人物要绝对爱惜自己的羽毛，尤其在私生活上不能犯错误。逐渐地，希拉里发现，与做具体的事务相比，她的精力和能力更应该用在必要的时候扶持她的丈夫上。1992年5月的一篇备忘录提到，"希拉里·克林顿的问题与比尔·克林顿密切相关……选民们对她的看法直接影响到他们如何看待比尔·克林顿。如果选民们没有看到比尔·克林顿政治上的软弱的话，他们可能不会真正认识到希拉里的力量，他们会认为她也许没有那么重要"。

这种一高一低跷跷板似的组合方式始于阿肯色州，之后又在华盛顿上演，用来应付国内和国际事务。阿肯色州的那些岁月，为未来的行为提供了一个强有力的先例，希拉里·克林顿和她的丈夫设法在一个日益保守的时代按照他们自己的规则精明地玩弄着政治手腕。

— 第 3 章 —

美国第一夫人

实践证明,希拉里·克林顿作为阿肯色州第一夫人的时期是其后来作为美国第一夫人的自我预演期。如同 30 年前的约翰·肯尼迪和杰奎琳·肯尼迪那样,克林顿夫妇是一对因政治而结缘的伴侣,现在他们成为新一代领导人的表率。在美国和全球政治的大变革和不确定的时代,婴儿潮一代成长了起来,并成了社会的中坚力量。婴儿潮一代因其出生及生长年代的复杂性,造就了独特的性格特质,任何一个执政者都不能低估这种独特性,否则就要栽跟头。事实上,克林顿夫妇在其 8 年总统任期内面临的绝大多数的麻烦,正是由这代人独特的性格导致的。

国情 1992

1992 年，美国尽管已经取得了所谓冷战的"胜利"，却掩盖不了其经济逐步下滑的事实。苏联因糟糕的经济状况而解体，但美国的经济形势也算不上理想。冷战时期的军备竞赛将两国经济都推到了崩溃的边缘，美国没有财力在基础设施领域进行大规模的刺激性投资。正如加里·威尔斯对罗纳德·里根的评价，"很多总统并不喜欢两个超级大国走向衰落"。在冷战期间美国似乎更占上风，主要是因为其拥有比苏联更好的信用额度，可以拿到更多的国际借款。

1992 年的选举应该是乔治·赫伯特·沃克·布什政治生涯最辉煌的时刻，他极有希望成功连任总统。在布什总统任职期间，冷战结束，美军推翻了巴拿马诺列加将军的统治，并且在 1991 年的海湾战争中获胜。选举伊始，布什总统便得到了极高支持率，他的竞选团队频繁质疑他的对手是否具有应对潜在国际危机的能力。他的儿子乔治·沃克·布什与记者开玩笑说："你认为美国人此时还需要民主党吗？"的确，当时的情况看起来似乎大局已定。最初，民意调查的数据让当年很多民主党领导人感到心灰意冷，所有人都认为布什是不可战胜的。

尽管美国的海外战略非常成功，布什还得到了"外交总统"

的赞誉，然而，对于美国应该在国际上扮演一个什么样的角色，乔治·赫伯特·沃克·布什总统和他的政府始终没有找到清晰的定位。此时，关税和贸易总协定（GATT）谈判和北美自由贸易协定（NAFTA）谈判陷入僵局；欧洲正在建立欧盟（EU），但发现自己处于衰退之中；中国在国际舆论场中境遇不佳；萨达姆·侯赛因仍然在伊拉克当政，并且已经开始向库尔德人和其他反对派实施报复；前南斯拉夫发生了大屠杀；索马里饥馑盛行；海地人在发生政变之后正乘坐自制的木筏逃离祖国奔向美国。所有这一切似乎都引不起白宫的注意，因为总统没有真正建立自己的国际战略。正如英国广播公司北美首席记者加文·埃斯勒所指出的，"美国已经征服了世界，然而……他们却没有建立和平新秩序"，因为美国人正在遭受政治丑闻和经济危机的困扰。

此时的美国，国内经济持续低迷，布什和他的领导班子显得束手无策，无能为力。受地缘经济学变化的影响，美国制造业纷纷迁至人工成本更低的海外。后冷战时期，美国需梳理自己的经济结构，重塑国家经济体系。在后来的 8 年经济稳定增长之前，从 1990 年 7 月到 1991 年 3 月美国经济一片愁云。在 1987 年 10 月 19 日这个广为人知的"黑色星期一"，股市崩盘，道琼斯工业指数跌幅超过 20%，这加速了储蓄和贷款业的崩溃。随着美军入侵科威特，国内利率快速增长，油价飙升，美国经济的衰退愈演愈烈。1992 年 6 月，美国失业率达到 8%，消费者信心遽降，甚至影响了大家对布什政府的信心。布什政府无力实现其宣称的"愿景"，这

为他的对手提供了很好的攻击他的口实，政敌大肆嘲笑他所谓的
"愿景"，称他德不配位，既缺乏领导思路，又没有领导能力。国
内的紧张局势因洛杉矶警官的无罪开释而进一步加剧，早先几名
警察参与殴打罗德尼·金，后来事态扩大，导致53人死亡，此事
进一步使布什总统陷于治理国家力有不逮的指责当中。

在这种内外交困的时刻，比尔·克林顿宣布参加1992年的总
统选举。一直处于弱势的美国民主党成员向克林顿保证，只要他
1991年10月宣布参加总统竞选，大家就会一致推举他为民主党
的总统候选人。同时，由于共和党人之间发生了激烈的内部争吵，
布什总统被迫积极备战党内提名，兄弟阋墙对现任总统而言不啻
一个巨大的打击，这让克林顿看到了竞选成功的希望。历史反复
证明，兄弟齐心，其利断金。团结一致的政党往往最终会赢得胜
利，而内部一盘散沙的政党在反复的内耗中终将失去未来。1952
年、1968年、1976年、1980年和1992年，在任总统都面临着
内部挑战，这些挑战迫使他们积极竞选党内提名，并在此过程中
失去总统宝座：哈里·杜鲁门在新罕布什尔州只获得少量选票而
不得不退出竞选，尽管大多数人已忘记他也考虑过谋求连任；林
登·约翰逊在新罕布什尔州被尤金·麦卡锡击败，失去了大量选票，
随后罗伯特·肯尼迪取而代之成为总统候选人，约翰逊不得不于
1968年3月通过电视公开宣布退出竞选；1976年，杰拉尔德·福
特在大选中败于罗纳德·里根，同样是因为党内竞争分散了他的
支持率，正如1980年吉米·卡特被特德·肯尼迪所发难那样。同样，

在 1992 年的总统竞选中，乔治·赫伯特·沃克·布什受到党内帕特·布坎南的强力竞争，导致他损失大量选票，这为他接下来的总统大选埋下了失败的伏笔。

相反，没有党派内部斗争的在任总统（德怀特·艾森豪威尔、罗纳德·里根、比尔·克林顿、乔治·沃克·布什和巴拉克·奥巴马）都成功获得连任。乔治·赫伯特·沃克·布什面临的党内竞争问题成为比尔·克林顿的幸事，这让其竞选团队开始考虑以前不太敢想象的事情：如果我们赢了怎么办？希拉里·克林顿当即回答："那我们就执政。"这一回答揭示出他们婚姻关系中谁居于主导地位，并预示着谁才是未来真正的白宫之主。

1992 年的大选

1992 年的大选标志着克林顿正式亮相于国家级的政治舞台。除了两大党派候选人外，这次大选亦出现了另外两位重量级的人物：罗斯·佩罗和希拉里·克林顿，他们的风头甚至盖过了布什和克林顿。得克萨斯州的亿万富翁罗斯·佩罗作为独立候选人参选，他得到了对布什政府颇有微词，但还不认同比尔·克林顿的选民的拥戴。通过运用电视广告的形式，佩罗成功削弱了乔治·赫伯特·沃克·布什的支持率，这避免了民主党在 1992 年 11 月选举中的失败。要想赢得总统选举，候选人必须要赢得 270 张选举人票。

尽管佩罗没有赢得任何一张选举人票，但他赢得了18.9%的选民投票，这些选票基本都来自共和党的支持者，这使得布什仅仅获得37.5%的支持率，这个得票率是自1932年大萧条最为严重时期的赫伯特·胡佛以来在任总统中最低的。同样，佩罗的参选也不可避免地抢走了一些本该投给比尔·克林顿的选票，最终比尔·克林顿在选举中也仅仅得到43%的选民选票。

罗斯·佩罗的出现让这次选举聚焦于美国的经济状况上，这使得比尔·克林顿的竞选总指挥詹姆斯·卡维尔意识到要提醒他的候选人，他应当在一切可能的场合告诉选民："现在最重要的是经济、经济！"然而，对经济问题表示关注的不仅仅是佩罗。在民主党的初选中，比尔·克林顿的对手设法突出希拉里·克林顿在罗斯律师事务所和在其丈夫任阿肯色州州长时所起的作用，暗指存在利益纠葛和财务上的不正当行为。在希拉里的家乡伊利诺伊州的初选期间，前加利福尼亚州州长杰瑞·布朗推波助澜，将对克林顿经济问题的传言直接转化为对克林顿夫妇财务舞弊的指控。布朗和《华盛顿邮报》公开宣称比尔·克林顿在就任阿肯色州州长期间，公然"腐败"，肆无忌惮地将很多资金注入罗斯律师事务所。对于这种对他妻子赤裸裸的污蔑，比尔·克林顿拍案而起，愤而反击。在实况转播的电视争论中，克林顿痛斥布朗，指责他玷污希拉里的名誉："我不在乎你说了我什么，但是你不能毫无羞耻地诽谤我的妻子。你不配与我的妻子平起平坐，争个究竟。"这次事件仅仅是克林顿在谋求民主党提名时，希拉里·克林顿有可能使她丈夫黯然失色的系列事件之一。

尽管出现了很多指控，但是这一事件促使比尔·克林顿表达义愤，公开捍卫了自己的妻子。这与以前的民主党候选人迈克尔·杜卡基斯形成了鲜明的对比。4年前有人问杜卡基斯，假设他的妻子被强奸，是否请求判对方死刑，杜卡基斯做出了毫无人情味儿的回答。然而，遗憾的是，在第二天与记者的会谈中，希拉里·克林顿回答了一个有关其事业选择的问题，又无意中使问题复杂化了。在回答职业生涯问题时，她不无自嘲地说，如果不是从事法律事业，"我想我可能早已待在家里成了家庭主妇"。这个回答不胫而走，先是传到了伊利诺伊州索菲的小蜜蜂餐厅，随后传遍政治圈。她这句话被认为是对全职主妇的蔑视，这使得她在竞选闲暇之余还不得不与这种意见左右周旋。

希拉里·克林顿的刻薄言辞令人联想到，她在竞选活动中很多漫不经心的言语，后来都成了流言蜚语的导火索。应邀在美国CBS电视台的电视新闻节目《60分钟》中共同亮相来驳斥对比尔·克林顿和詹妮弗·弗劳尔斯的12年地下情的指控时，克林顿夫妇与史蒂夫·克罗夫特谈起他们的关系和生活。比尔·克林顿承认自己在"我的婚姻"中造成了苦痛，但是否认他和妻子就这种婚姻关系已经达成"非正式协议"，或者甚至"正式协议"。他坚信，"现在你所见到的你面前的两个人是彼此相爱的"，"这不是协议或非正式协议的问题，这是婚姻，是全然不同的事情"。然而，希拉里·克林顿对这个说法的答复却掀起了轩然大波：

你知道，我坐在这里不是像有些妻子陪伴在她的丈夫的身边，就像塔米·怀内特那样。我坐在这里是因为我爱他，崇拜他，尊重他，尊重他和我们共同经历过的一切。你知道，如果对于一般人而言那些经历还不够，那么请不要为他投票。

她为她的丈夫提供的有力辩护在很多场合起到了好的作用，但当她以高人一等的姿态，贬低那些丈夫身旁的不怎么样的小女人的时候，也让一些人感到不快，并且还由此得罪了塔米·怀内特成千上万的粉丝。

也正是在这次访谈当中，希拉里·克林顿提到隐私区这个概念，而这种应对媒体的方式，经后来的检验，并不是最优选择。曾采访过她的史蒂夫·克罗夫特后来指出："她会要求延迟10秒钟播出……如果她意识到某些事情不该播放，她会在暴露她的真实想法之前将这些镜头删掉。"唉，这种延迟并不总是有效的，有时会使得希拉里重新考虑一些"不精明"的陈述。希拉里为其丈夫助选时面临的更大挑战是，选民说希拉里使他们想起南希·里根——这个因对其丈夫的巨大影响而青史留名的女性。1992年5月辅助克林顿竞选的民意分析专家起草的竞选备忘录揭示，希拉里·克林顿强烈的政治和战略角色使得选民觉得她极像南希·里根，并且，他们坚决拒绝白宫出现第二个南希·里根。比尔·克林顿和他的竞选团队为此再一次纠结于如何安排这位美国选民心目中的强势女性的角色。

比尔·克林顿因为婚姻不忠的问题以及媒体的问题而自愿放弃了1988年的总统大选资格。现在，4年后，在1992年超级杯后的新闻节目中，他发现自己在面对数以百万计的美国人时，希拉里凭借一己之力打消了有关其与詹妮弗·弗劳尔斯绯闻的指控，成功维护了他的候选人资格。她的努力保证了她丈夫有机会继续参与新罕布什尔州的总统初选，最终他位列第二。一度觉得灰心丧气的克林顿，面对这个大反转的结局，喜出望外。初选时，这位候选人虽然默默无闻，但他宣称自己是"王者归来"，抢走了胜利者参议员保罗·聪格斯的风头。至此，克林顿夫妇已没有回头路可走，他们马不停蹄地奔赴全国巡演，为自己争取更多的选票。他先是获得了民主党的总统候选人提名，随后在1992年11月的大选中战胜乔治·赫伯特·沃克·布什。美国人最后选择了比尔·克林顿为他们的总统，并逐渐明白他们的新总统竞选时常挂在嘴边的"买一送一"的真正含义。

关注的焦点

由于在1992年大选当中颇引争议的声明和惹人注目的角色，在赴华盛顿特区参与其丈夫1993年1月的就职典礼之前，希拉里·克林顿就已然是一个风云人物。当第一夫人以鲜明、独立且充满自信的口吻宣布她应当被称为希拉里·罗德姆·克林顿的时候，她的强势风格尽显无疑，这些独立和自信的特征很快体现在新政府的人员安排和职责分配上。诚然，她的独立和冷静具有吸引人的魅力，但这同时也意味着她将成为政治和媒体深挖的目标，因为她致力于将自己称为新政治时代的新型第一夫人。作为新一代第一夫人，她与芭芭拉·布什形成了鲜明的对比。芭芭拉·布什从来不干预政治，被评为美国"最受欢迎的奶奶"。前后两任第一夫人之间的鲜明差异，也暗示了即将入主白宫的比尔·克林顿政府将带来完全不同的执政风格。

　　丝毫不令人奇怪的是，在选举结束之后，围绕着希拉里·克林顿的私生活和竞选游说资金来源的揭发材料仍旧源源不断，媒体也持续竞相报道。希拉里不由得发出感叹："媒体过于自我，没有大脑。"尽管在1992年大选中有关克林顿团队的正面新闻报道占据了压倒性的优势，但是有关总统情妇、草案和财政事务的话题使希拉里·克林顿对媒体仍然没有好感。事实上，就在希拉里刚刚成为第一夫人之时，她对于媒体的厌恶便暴露出来。记者们以前可以在白宫的新闻区自由闲逛，新上任的第一夫人坚持认为应封闭连接走廊，截断新闻记者与西翼各个办公室和工作区域的通道。

　　对此行为，媒体大不以为然，发出了对希拉里更猛烈的指责。事后看来，这一切的根源来自已经确定作为比尔·克林顿的妻子、法律顾问兼灵魂伴侣的希拉里，仍然不合时宜地坚持创建私密区域的做法。第一夫人要求的"隐私区"里包括她的女儿切尔西以及白宫的工作人员。在20世纪90年代，这种做法的可行性极低，因为新闻频道 24 小时直播，并且互联网也起着舆论导向作用，政治人物的一举一动能够很快地曝光于大众面前。随后，通道很快重新打开，这场小小的争议就此结束。

然而，这不是希拉里·克林顿与媒体之间不和谐关系的终结。在竞选活动中，记者注意到了白水不动产交易这件事，并据此写了很多有关这次事件的简短报告。自从比尔·克林顿出任总统以来，"白水事件"就在持续发酵。阿肯色州更多的人意识到借此机会发财的可能性，他们开始肆意编排自己臆造的流言对这件事进行无底线的演绎。在希拉里入主白宫的第一年年底之前，《华盛顿邮报》要求她出示过去的财务记录。具有讽刺意味的是，当年希拉里做的事情——年轻的时候曾经参与弹劾尼克松总统，如今同样落在这位第一夫人自己身上。对"水门事件"进行调查的那家报纸已经开始要求她出示一项调查中的私人文件，而这项调查最终导致她的丈夫遭到弹劾。

就当总统在俄罗斯与鲍里斯·叶利钦进行会晤时，白宫最高层对新闻机构要求提交私人文件一事展开了激烈的争论，并做出最终决定：尽管总统与他的助手同意将那些文件公开，但是希拉里·克林顿坚决反对，这场争论就此结束。伴随这个决定而来的是无法想象的后果。拒绝公开文件在新闻界和国会山激起了轩然大波，新闻界一致强烈要求公开这些文件，国会不得不任命特别检察官调查失败的土地交易中是否存在腐败交易。克林顿总统欣然同意该项任命，这一方面是为了推进立法进程，另一方面也想借此摆脱关于此事无休无止的指控，因为他坚信他们夫妇在此事中没有不法行为，这个事情的真相很快便可水落石出，他们夫妇的名誉可以得到恢复。

希拉里·克林顿作为第一夫人在白宫生活了8年，这8年似乎是在与媒体无休止的争吵中度过的。他们的政敌、机会主义者和新一代网络作者依次甚至有时合伙进行调查，以困扰和羞辱这对第一夫妇，从而动摇他们的执政信念。即使在克林顿的白宫最得人心的时候，希拉里仍然是别有用心人的目标。《原色》(*Primary Colors*)这本书，是依据1992年的总统竞选写出的小说，明眼人可以看出，她与书中乔治·斯特凡诺普洛斯的形象极为相似。希拉里说："现在，他们让（我）跟乔治和女同性恋兽医的关系扯不清了。"后来在阿伦·索尔金的《美国总统》对美国总统克林顿白宫的描述中，第一夫人死掉了。

与媒体无休止的冲突，产生了诸如借小说对希拉里进行含沙射影的攻击的行为。这对白宫，对相关政策的制定，对比尔和希拉里·克林顿的个人生活甚至他们的部下都产生了深远的影响。持续的指控使人们对已制定的法律草案产生了怀疑，甚至严重削弱了民众对执政政府和美国政体的信心。一些问题持续爆发，然后几乎又在一夜之间消失，如第一夫人参与解雇7名白宫旅行事务处的老员工，从而达到雇用自己亲信的目的。又如她的朋友兼前同事白宫官员文森特·福斯特的自杀，在个人和事业上都给她带来挥之不去的影响。这一切都导致了民众对克林顿夫妇执政信心的动摇和丧失。

在希拉里·克林顿的童年时期，75%的美国人相信政府做的事情都是正确的；到她成为第一夫人的时候，这个数字成为对政府不信任的比例。尽管总统反复宣称，在20世纪90年代，这个数字并不是问题。克林顿政府动用媒体的能力受到妨碍，一个很重要的原因就在于媒体与第一夫人的冷漠关系。这种关系始于克林顿竞选期间她留给大众的尖酸刻薄的印象，又受到从未真正让人释怀的"通道事件"的激化。这种关系看起来似乎很难改变，希拉里在后来的政治生涯中，心底里对媒体一直充满着愠怒之情。

联合总统？

在美国,11月的选举日与次年1月的就职日之间存在11周的空档期。在此期间，新政府应当组建一支团队以便在未来4年管理这个国家。比尔·克林顿曾向选民承诺组建"美国特色"的内阁，并确保第一夫人将在内阁成员的挑选过程中发挥重要的作用。内阁成员的任命更像一种和总统竞选有关的补偿和清算，犒劳朋友，惩罚敌人，从中可以窥视到新政府的政治意图。克林顿夫妇的内阁成员的遴选过程体现出了20世纪90年代的专业性，他们使用了一种叫做EGG的测试法，根据种族、性别和地域来确定候选人的优势。

新的克林顿团队制定了各项行政最高准则，他们在就职之后将亲力亲为地推行各项政策，而不是将他们托付给只会拖延这个进程的原有的部门负责人。罗伯特·杰克逊在《洛杉矶时报》撰文指出："大多数决定是由克林顿和他的妻子希拉里亲自签署的——这个因素造成更多的迟延，尤其在总统习惯于不慌不忙的行事风格以及为某些事情改变主意的时候。"尽管追求内阁多样化导致团队中男性白人处于少数，而戴维·格根观察到，"有关均衡的强迫性的要求，和（克林顿）为这些选择而烦恼的方式延迟了这个过程，以至于没有几项其他的工作能够顺利完成"。在就职的前100天里，克林顿政府进行了172次任命，而同样在此阶段，里根政府是152次，布什政府为96次。多年以来，任命的数目一直在稳步增长：肯尼迪当总统的时候，任命了100个职位，但是到克林顿时，达到了500个。

总统和第一夫人的性格特质，像乔·克莱因所说的，"比尔和希拉里认为很多事情他们可以自己做"。两个人过去都是阿肯色州全州瞩目的中心，他们认为昨日的辉煌可以在白宫里继续。他们也因此确信希拉里拥有可以提名任命美国第一位女司法部长的特权。然而，这项任命从一开始就遭遇了打击，而且持续了好几次。起初是佐伊·贝尔德没有通过审查，因为国会听证会详细讨论了她雇用非法外籍人员担任寄宿家政服务人员，这个被确认为司法部长最理想候选人的女性被迫在听证会后放弃了自己的候选人资格。第二个候选人，法官金巴·伍德，刚一对外宣布就立即被撤销了资格，原因是她曾经聘请一位非法保姆，还将其培训成为一名兔女郎，这样的行为对于美利坚合众国的司法部首脑而言极不合适。在第三次尝试中，珍妮特·雷诺被提名并任命为美国第一位女性司法部长，随后在克林顿执政的 8 年时间里一直担任这个职务。尽管在提名珍妮特·雷诺方面取得了最终的成功，但是对贝尔德和伍德的指责是 12 年来首次执政的民主党政府面临的最大烦恼，这件事使人们不再关注早期立法所取得的成功，转而怀疑克林顿政府的政治判断力不足。这个事件，也让国会的执政同盟向新总统及其团队释放出了明显的不悦信号。

除了在选择内阁成员方面深度介入外，希拉里·克林顿对华盛顿特区的直接影响还体现在对白宫办公场所的分配上。自 1961年以来，第一夫人一直都在东翼办公室办公。然而，希拉里被指定在西翼综合体和东翼办公套房办公，这些办公楼更靠近白宫的中心，这些场所也被称为希拉里地带。地理上的中心位置也彰显了权力，白宫的西翼是世界上最重要的办公空间，所以尽管因为办公人员太多，而办公室太少，白宫西翼显得特别拥挤，但他们宁愿挤在西翼空间局促的地带，也不愿意去白宫大院其他宽敞的办公室。白宫西翼的物理空间非常有限，因此，在 1977 年卡特总统给副总统沃尔特·蒙代尔单独开一个办公空间以前，甚至副总统最开始在那里都没有办公室。希拉里的办公室位于西翼的二楼，距离总统椭圆形办公室只隔着一段楼梯，是西翼最接近副总统、办公厅主任和国家安全顾问的位置。办公空间的分配，从侧面证明了希拉里·克林顿在这里拥有怎样的影响力。此时的她，俨然美国历史上最有影响力的第一夫人。然而，希拉里的强势也激起了公众的担忧。克林顿的竞选民意分析专家斯坦·格林伯格对1992年5月的这场竞选发出警告，"选民尤其担心可能出现联合总统"，"他们不需要未中选的人来行使总统权力"。

当肯尼迪总统被问到他希望在做决策的时候谁能辅佐他时，他的回答是他弟弟罗伯特·肯尼迪，在他任总统期间，其弟弟出任司法部长。当比尔·克林顿被问到同样的问题时，他本能地回答道"希拉里"。但是1967年的法律变更妨碍了希拉里·克林顿在其丈夫的政府中谋取公职的愿望。《美国法典》第5部3110节规定："政府工作人员不得任命、雇用、提拔、引荐，或者鼓动任命、雇用、提拔、引荐自己的亲属，到该官员执掌或控制的任何机构或部门工作。"因此，白宫需要为希拉里寻找一个角色，保证她可以在无须成为政府雇员的条件下为总统出谋划策。

医疗改革

在20世纪90年代初期，尤其在民主党人中有一个共识，那就是美国的医疗体系亟待改革。比尔·克林顿成为总统时，美国国会和参议院都由民主党把持，共和党人被牢牢地排挤在权力核心之外。这为推动立法提供了难得的机会，因为几乎不会受到其他政党的强有力的反对。克林顿政府在这个问题上已经开始行动，并且拥有明显的党派支持，医疗改革成为克林顿新政府的国计民生政策中优先考虑的头等大事。

为了彰显政府对实施该计划的决心，克林顿总统任命第一夫人负责这一特别工作小组，草拟必要的立法草案以备国会审批。此举也反映出总统对他的妻子在阿肯色州所做的工作充满了钦佩。如果计划成功，他们将会为20世纪30年代新政以来美国福利国家及20世纪60年代的"大社会"福利计划的完成做出最大的历史贡献。然而，实施这项计划的方式显然忽略了20世纪90年代的政治两极化现象，彼时行政主管部门已经承诺，要在就职的前100天以内提出立法。新政府在此政策中注入了太多的政治和人力资本，反对者只需要针对医疗保健方面的提议发难就可能逼迫总统下台。在这个险象环生的状况下，希拉里似乎当即就后悔了。早在1993年2月1日她就向最信任的好朋友黛安·布莱尔祖露道，她后悔担任此职位。

尽管对这项改革前景充满了担忧，但希拉里依旧无所畏惧地上路了。她采取了以前在阿肯色州任职时常用的方法，那就是召开一系列的会议，在会上积极传达改革的必要性和紧迫感，同时向公众做出自己的承诺，从而最大限度地争取民意。会上，第一夫人细心聆听没有保险的10%美国人的个人悲伤经历。因为绝大多数美国人已经享有一定程度的医疗保险福利，因此克林顿政府认识到他们拟议的政策需要从人性角度出发去争取支持。她的计划是确保即使已经投保的美国人也能够认识到未来可能被认定为无保险者或者因失业而失去医疗津贴的潜在的危险。正如她 1993 年到 1994 年间在多个场合反复重申的："所有人都安全了，个人才有安全可言。"不幸的是，希拉里·克林顿努力会见并接近美国的未保险人员的努力时常遇到既得利益集团的有组织的抗议和强烈反对，她的反对者提出她的努力等于将医疗社会化。同时，这个医疗改革也激起了个人敌意，这使得希拉里在西雅图推广政策的时候，无奈地同意情报部门的要求而不得不穿上防弹背心。

尽管遭到这样有组织的反对，但是实际的操作过程仍旧为希拉里·克林顿接触美国公众提供了绝好的机会，从来没有第一夫人有过这样的做法。这项提议完美地展现了比尔·克林顿"买一送一"的理论，因为无论从公众还是立法者的角度，希拉里的努力都获得了高度赞誉。希拉里发表即兴演讲，在密室和市政厅会见政治掮客和没有保险的人。实质上，她的工作团队所设计的医疗保健提案没有什么新奇或者革新性的内容。相反，这只是他们多年来探讨过的各种改革提议的聚合体。他们意在通过部分整合现有的医疗补助制度，同时调整和完善美国的医疗保险体系，为所有美国公民提供通用医疗服务。这项计划所需的费用主要由雇主来支付，并由地区企业同盟监管。个人保险费用的 80% 由员工数目 75 人以上的企业来支付，雇主没有覆盖的人员需由地区企业联盟负责，后者应根据个人需求提供多种多样的保险险种。然而，这些努力最终没能通过立法，因为克林顿政府的医疗制度改革在表决前或已失败。虽然计划最终失败，但作为这项计划的领导人，我们还是要对希拉里·克林顿在推进这项计划当中做出的努力以及她在与各派的周旋中展示出的协调能力而表示赞赏。

尽管她努力接近美国民众和国会山的立法者，但希拉里和她的医疗改革团队在工作中间犯了很多错误，导致他们所从事的该项计划的设计——1364页的法案以及替代性方案的准备都成了无用功。希拉里曾与艾拉·马加齐纳合作，率领由6名比尔·克林顿内阁成员和多名白宫高级顾问组成的庞大团队一起工作。此外，各政府机构和国会办公室，以及医疗保健专家五百余人参与了这个浩大的工程。这个计划是史无前例的，如同医疗改革上的一场诺曼底登陆。尽管收到了来自很多方面的各种意见，但希拉里坚持己见，犯了四大错误。

首先，反对该计划的美国医学协会和其他团体被排斥在这个过程以外。虽然这保证了那些既得利益集团无法公开对这个过程施加影响，可是他们通过大量的广告活动来严厉指责这项提案的规格、范围和成本。

第二个错误涉及这个过程的保密性。虽然已经将可能反对计划的人排斥在外了，但特别工作小组与政府还是经常进行私密的听证会，从来不公布具体操作这项计划的人员名单和正在探讨的事情的内容。过分保密，接近于偏执，似乎源于希拉里·克林顿本人，因为艾拉·马加齐纳拒绝为此承担责任，并且随后将其界定为严重错误。忽略政府和国会的相关成员使得华盛顿特区的行政和立法人员被排除在外，他们对于这个计划逐渐心生敌意，尽管他们在早期曾给予支持。

第三，希拉里还坚持认为，只有最终法案才可以提交给国会，而不是就建议草案进行审议和沟通。国会将这种方式视为一种逼宫行为，同时这也不符合国会的正常议程。同时，为了防止来自医疗行业和保险公司的外部干扰，希拉里提交的法案故意添加修正案和附件，但这又不符合国会传统的法案审议规程。希拉里·克林顿设法保持了对这个过程的控制，并继续推进在阿肯色州已经采用的提案，但最终折戟于华盛顿特区。

最后，提供全民医疗保险的努力也因为不认同可行的替代性方案而不了了之。田纳西州的民主党国会议员吉姆·库珀提出的方案就是可行性很高的替代方案之一。国会预算办公室得出结论说，这个建议通过添加额外的 1500 万无保居民的方式，可确保 91% 的美国人享有医疗保健，而原来只有 85%。库珀的计划是渐进式的改革，并且拥有国会强大的支持，包括参议院议员丹尼尔·帕特里克·莫伊尼汉——参议院财政委员会主席，他在退休之际由希拉里接替他的位置。他观察到，"通过不算大规模的财政支出，在 18 个月内将使 90% 以上的人拥有医疗保险。这着实令人叹为观止"。这种渐进式的改革是在维持现状和希拉里·克林顿特别工作小组所呼吁的根本改变之间达成的妥协与和解，获得了较高的支持率。

然而，希拉里·克林顿一直以来所提倡的并不是这样的改革，她在寻求一个根本的解决方案，这个解决方案可使医疗保险尽可能快地惠及更大范围的人群。因此，渐进式的方案无法为希拉里·克林顿所接受。由于第一夫人的参与，医疗制度的改革在白宫内部被赋予私人化和政治化的特征。作为政治家和总统的比尔·克林顿一直以来都是努力通过协商达成妥协，然后取得可能范围内最大的成绩的。然而，希拉里坚持宁为玉碎不为瓦全的方案，并阻止总统在医疗改革方面达成和解。参议员鲍勃·帕克伍德——参议院财政委员会高级少数党成员问："如果你知道我们追求的从来不是百分之百的成绩……那为什么你还要强迫自己那么做？"当克林顿总统承诺绝不会通过非普惠医疗改革法案时，希拉里嘴角露出了一丝苦笑，毕竟画了这么一条政治红线意味着他们之前所做的一切努力都是失败的，什么也没有改变。在随后的20年里，彻底的医疗改革也未能实现。

在这个问题上未能与民主党人达成妥协，使得白宫医疗改革难逃厄运。接下来，他们要面临堪称灾难的1994年中期选举。在中期选举中，白宫既没拿出能覆盖大多数民众的、广受支持的医改方案，也没有一个渐进式的改革方向，呈现在大家眼前的只是令人难堪的失败。1994年的中期选举，民主党经历了巨大的损失，共和党人40年来首次控制国会参众两院，使得比尔和希拉里·克林顿的政治对手拥有了包括开庭审理、调查和最终弹劾总统的权力。

希拉里·克林顿在她2003年的回忆录中写道："最严重的错误就是盲目地贪多求快。"这个说法基本是对的。虽然，事实上，来自保险公司和其他既得利益集团各方面的挑战阻碍了1994年医疗改革的道路，但希拉里的个人因素也是导致这项改革失败的重要原因。克林顿总统选择了她，是因为觉得她完全可以胜任这项改革的领导工作，但是在执行过程中她成了他所有政敌的避雷针，也成为共和党人欲在 1996 年重夺白宫的靶子。这个任命及希拉里只愿意接纳自己的计划的想法，揭示了这对夫妇对于华盛顿特区的执政方式的认识还过于天真。他们将国家首都视为小石城的延伸，没有充分意识到在阿肯色州行之有效的一切到了华盛顿特区会变得举步维艰。在这场改革中，克林顿夫妇在任性的权力使用中得到了惨痛的教训，但更为可惜的却是，原本即将开启新时代的医疗改革的天赐良机，就此擦肩而过。

初涉海外事务

医疗改革上的失败并没有阻挡希拉里·克林顿的政治热情，在克林顿执政期间，她开始逐步参与国内的政治事务。她首先宣布要致力于国内事务和医疗改革，但随着时间的推移，她又开始涉足外交领域，尽管她对外交事务还稍显陌生。克林顿在白宫的关键盟友是马德琳·奥尔布赖特，她在克林顿第一届总统任期内担任驻联合国大使一职。奥尔布赖特性格直率，富有魅力，与第一夫人脾气相投。她们二人相互支持，她为希拉里的外交政策提供了坚实的理论基础。当希拉里后来成为国务卿后，这些外交方针依然是她所倚重的，并与奥尔布赖特结成了关系牢固的政治盟友。奥尔布赖特承认她与第一夫人的关系"背离传统"，曾有人问起希拉里"二人如此亲密的工作关系是否合适"时，她回答说她们之间因共同的"鹰派"对外政策形成了一种"前所未有的伙伴关系"。

事实证明，这个关系对马德琳·奥尔布赖特而言尤其有益。她得到希拉里·克林顿的大力支持，被提名为比尔·克林顿第二届总统任期内的国务卿，成为美国历史上第一位女国务卿，而8年之后，这个职务由希拉里出任。在她的个人回忆录中，希拉里写道，1993年就需对前南斯拉夫进行必要的干预，但直到1995年美国才采取军事行动。与马德琳·奥尔布赖特一样，希拉里·克林顿坚信美国的外交政策必须辅之以必要的武力，并且要致力于对无辜者的保护。她本人笃信卫理公会教派的教义，觉得美国有天然的推进世界民主进程的使命。这也成了她丈夫对外战略的核心宗旨。

委屈的第一夫人

当有人爆料她的丈夫与一位白宫实习生之间关系暧昧之后，希拉里·克林顿作为第一夫人期间最为重要的转折点到来了。这已不是对比尔·克林顿的私生活的第一次指控，但这一次，有关莫妮卡·莱温斯基的情况却是如此不同。刚开始，在担任总统期间，他与这个希拉里私下所称的"自恋的疯妇"的女性发生了地下情关系，并且似乎鼓励潜在的证人作伪证。总统极力否认这项指控，他在公开场合向公众发表了他整个总统任期内最令人难忘的语录："我没有与那位女人发生过性关系。"在本次声明发表之前，克林顿与几位律师"隐退"了几天，人们似乎感觉到总统确实是遭人暗算的。在这个事件爆发后，希拉里·克林顿在接受美国NBC访谈节目的马特·劳伦的采访时说："对于人人热衷于调查、撰写和解释的这件大事而言，我只能说这是右翼一个巨大的阴谋。这是一个从我丈夫宣布他担任总统那天起便一直在酝酿的阴谋。"

乔·科纳森和吉恩·里昂在他们合著的《猎杀克林顿》一书中分析了这个"右翼巨大的阴谋"。这部书详细描述了阿肯色计划背后的事件运作过程，该计划的目的是破坏并毁掉克林顿的信用和候选资格。他们书中的内容随后因前克林顿的评论家戴维·布洛克《被右翼势力蒙蔽》一书揭露的材料而进一步得到证实。戴维在书中为大家揭示了保守势力是如何想毁掉克林顿的总统生涯的。但事实上，克林顿总统的确有一段他后来承认的"不恰当的男女关系"，这种坦白的作用显然胜过了为破坏其执政所披露的材料的力量。甚至在总统坦承自己有罪以后，想到他自上任以来所面临的不幸——包括其母亲、岳父和文森特·福斯特的相继去世，希拉里·克林顿还是决心原谅他。黛安·布莱尔这样记录道：

自从他上任以来他们一直经历着个人的不幸（文森特、她的爸爸、他的妈妈），并且各种邪恶势力似乎拧成一股绳，给予他们重大的打击，给他们的生活带来很多遗憾。他们采用了似乎是听天由命的公共策略，（希拉里）必须意识到他内心的苦闷。

最终，希拉里意识到，出现这种情况她也有责任，正如布莱尔所指出的："她认为她不够聪明，不够敏感，不能免除自己的担心，以及没能设法让他所付出的代价得到应有的回报。"然而，遗憾的是，反对派在破坏和瓦解克林顿白宫方面所做的努力，对白宫的人事和政策还是产生了作用，白宫助手们纷纷离任。总统的会议也会被律师打断，而他所要处理的法律事务是针对比尔·克林顿在就任之前的某事件的诉讼。而且，美国历史上第一次，总统和第一夫人被迫出现在大陪审团的面前。嫌疑的幽灵似乎从来都没有远离过这对第一夫妇，尽管嫌疑每次都被一连串陪审团、法官和调查小组所洗清。

资产还是债务？

从 1992 年起，一个笑话开始流行，说的是希拉里·克林顿曾与一个加油站服务员调情，而她的丈夫则在车里耐心等待。她后来宣称她曾经约会过服务员，而比尔·克林顿反驳说，她现在是加油站的第一夫人，如果历史重新改写的话。不，希拉里强调，加油站服务员现在是美国总统。因为反复叙述，这个笑话已经失去了原有的效果，但这些笑话既有趣得引人发笑，又能说明问题。因为人们普遍认为，希拉里·克林顿是他们婚姻里的主导因素，是她积极鼓励其丈夫取得了现在一切。离开了希拉里，克林顿将仍旧是一个令人喜欢的、不诚实的、淘气的政客，他来自一个非常穷困的南方州，除了阿肯色州以外没有人会听说过他。即使当选后，白宫助手们也普遍认为这位新总统缺乏幽默感。据建议，他绝不应该和第一夫人共同出现在电视直播当中，因为希拉里会"使他显得温和而软弱。希拉里像他的母亲，她有力地提升了克林顿的一切，而克林顿为她付出的努力却让人难以确定"。

如果笑话在现实生活中能引起共鸣，那么我们自然而然会提出这样一个问题，即希拉里·克林顿究竟是其丈夫的资产还是债务？她到底是应当为让他坐进了椭圆形总统办公室里，还是悲惨地离开总统职位负责？尽管总统有明显的个人缺点（这些缺点污损了其执政效果），但是很多不利局面却是由第一夫人一手造成的，并非源于总统：她曾经暗示她本来可能待在家里烘焙饼干做个家庭主妇，这个暗示让女性选民心生愤慨，导致丢失了不少选票；对其财务问题可谓民意汹汹，但赚快钱一直是她的决定，这也导致了一系列关于"白水事件"和大宗商品投资的丑闻；与媒体的长期争斗宿怨，激怒了新闻记者，记者们决定不再帮白宫说话，而是继续发掘他们的丑闻；是她拒绝向《华盛顿邮报》交出文件导致特别检察官的任命；是她做出了取消白宫旅行社的决定；在文森特·福斯特自杀后，依然是希拉里提出要封闭文森特·福斯特的办公室；最后，希拉里领导的医疗改革以失败告终，不得不说她要为此承担重要的责任，也正是这一政治举措直接导致了1994年中期选举的灾难性后果，导致国会回到共和党控制之中，这对20世纪90年代克林顿的工作产生了巨大的牵制。

必须承认，在比尔·克林顿入主白宫的过程中，希拉里·克林顿居功至伟。此外，他们共同经历过阿肯色州的流言蜚语，经历过詹妮弗·弗劳尔斯的材料泄露事件，她同他坐在一起共同挨过令人感到耻辱的《60分钟》电视栏目采访，当阿肯色州州警揭发他们曾经为州长拉过皮条，当克林顿被揭出以前确实与莱温斯基有过不正当关系……在这些艰难时刻，她一直陪伴在丈夫身边，与他共渡难关。尽管经历过这么多的事情，她对丈夫的忠诚始终不渝。在任何一次难关面前，如果希拉里离开，都将意味着比尔·克林顿政治生涯的终结。

尽管他们之间是丈夫与妻子，是总统和第一夫人，但在白宫的这些年，面对纷繁芜杂的外界事务，他们之间总有意愿相抵牾的时候。伴随着总统和第一夫人这种类似波托马克河上跷跷板的关系，克林顿总统任期内的施政政策和改革议程也起起伏伏。20世纪90年代，白宫平衡感的缺失，对克林顿夫妇8年的执政有着重大的影响。因为，总会有太多事情同时发生同时进行，却难以聚焦一点一举击破，这与一个高效政府的工作方式是相违背的。由于白宫和西翼存在的或明或暗的竞争，解决重点问题的能力大打折扣，最明显的例子是 1993 年秋继续推进医疗改革和北美自由贸易协定（NAFTA）进程的争论。希拉里坚持认为应将全部注意力集中在医疗改革上，但白宫优先考虑的是北美自由贸易协定，这使得第一夫人懊恼不已。

20 世纪 90 年代，作为总统和第一夫人的克林顿夫妇拥有巨大的权力。在国家管理上，他们延续着以前在阿肯色州行之有效的政策和执政方式。但与以往不同的是，他们现在却难以收到同样的效果，得到的往往是更多的反对。由于希拉里·克林顿在其丈夫的政府中承担的角色，她日益成为克林顿政敌攻击的最直接的目标。到底是谁赋予了她如此大的权力？她的政敌们经常以此质询。

8 年来，她的丈夫在她的政治抱负和据理力争面前一再谦让，这让希拉里达到了美国第一夫人未曾达到过的史无前例的高度，她事实上坐拥了政策的一票否决权。这种名义上和实际权力的背离，常常让人感到困惑，很多内阁部长和白宫工作人员都不太确定，国家政策的最终核准和批准权操诸谁手？

毫无疑问，在很多场合，希拉里·罗德姆·克林顿为她丈夫及其政府做出了引人注目的贡献。作为美国历史上拥有最高学历的第一夫人，她与其丈夫行事作风完全不同，她活泼敏锐和极其自信的北方式风格是对克林顿南方人懒散态度和方式的绝妙补充。当面对争论不休的问题时，希拉里总是能有效破冰，推动团队越过探讨停滞期，从而强力推行、有效实施。

她擅长机敏巧妙地在委员会审议中提出建议，展示了她对所涉及问题和政治的从容把握。尽管她的医疗改革计划最终偃旗息鼓，但是在听证会上，国会两党议员仍然注意到了她的精明强干。然而，在国会委员会大陪审团的严格盘问面前，她也经常会收敛锋芒，低眉示弱。这种"前倨后恭"的表现，成为第一夫人希拉里·克林顿的另一个不受欢迎的"第一"。在克林顿反对者猛烈的政治机会主义的推动下，希拉里·克林顿这种能屈能伸的行事风格被大肆鞭挞，她被描述成表里不一的人。受这种宣传的影响，美国民众也越来越怀疑他们的第一夫人究竟是一个怎样的人？

十年间，伴随着互联网的广泛普及，希拉里也越来越受到右翼的诽谤，但同时也得到了左翼的爱戴和推崇，甚至是崇拜。她最终还是没有在克林顿政府中得到她想要的角色，囿于防止凭裙带关系进行任命的规定，她期望在政府中谋得正式职务的道路被堵塞。当她力求在官僚政治的体系内对政策进行指导、施加影响力的时候，缺乏合法职位的她及她的团队常常陷入尴尬的境地。她既不是政府雇员，也不是内阁成员，更不仅仅是第一夫人，她是有史以来绝无仅有的三个角色的结合体，这使得她在白宫的角色扑朔迷离，对白宫的贡献难以界定，使得外界众说纷纭。

小结

作为第一夫人，希拉里·罗德姆·克林顿的经历就如过山车一样，跟随历史的潮流飘忽不定，经历了无数政治上的激流险滩。她的丈夫是自罗斯福总统以来首位连任两届总统的民主党人，也是美国历史上在任期间受到弹劾的第二位总统。弹劾丑闻，至少部分是由总统与莫妮卡·莱温斯基的不正当关系引起的，显而易见，这给他在政治前途和婚姻关系问题上不断进行权衡的妻子带来了尴尬与不安。然而，人们往往忽略了希拉里·克林顿在导致总统遭到弹劾事件中的角色。这些本该被屏蔽的事件，由1993年拒绝向《华盛顿邮报》公布文件而引发，随后牵涉到"白水事件"、阿肯色州的商品交易、土地交易和金融投资相关收益问题，最后导致任命了特别检察官，以便专门揭发总统任何不道德的行为及利用非法手段达到政治目的的企图。

其丈夫在第二任期内所面临的大量弹劾，限制了希拉里扩张第一夫人权力的期望，他们夫妇不得不陷入政治自保困境而疲于应付，再也没有充分的精力去实现她一直以来倡导的各项改革。但是，正是在这样的困境中，希拉里·克林顿的个人能力凸显无疑，随着她个人名望的急遽攀升，她主动出击竞选参议院席位，并成功上位。自此，她终于走出幕后，把自己的名字刻进了美国的政治历史中。

— 第 4 章 —

来自纽约州的新成员

随着她丈夫的政治生涯即将结束，希拉里·克林顿开始寻求在美国的权力中心为自己谋得一席之地。在忠诚地辅佐了丈夫的政治事业 30 年后，希拉里开始确信，在 2001 年 1 月离开白宫后，无论发生什么，她都不会再回阿肯色州。相反，她第一次依靠自己的力量，成为第一个寻求在华盛顿任职的第一夫人。这样做的风险很大，不论她就任何职，任何一个失误都会宣告她政治生涯的结束，即便竞选成功，也不能保证她能得到华盛顿同僚们的接纳。然而，来自公众的同情以及充足的竞选资源保证了她在涉足政坛的第一次竞选中就取得了巨大的成功，在美国参议院为自己赢得了一席之地，并使自己载入史册。

国情 2001

　　2001 年希拉里·克林顿进入参议院时，她所面对的是将在她的任职期间发生巨大变化的美国。就像她在自己的就职宣言中说的那样，这个国家正处在和平、繁荣之中，经济连续几年持续增长。在她丈夫的带领下，这个国家走出了经济衰退的困境，并且获得了一段美国历史上持续时间最长的发展期。失业率和通胀率都非常低，工资上涨，人们的情绪高昂、乐观。进入 21 世纪后，全国上下到处都在谈论着这将是第二个属于美国的世纪。

　　仅仅 8 个月后，一切都变了，因为希拉里·克林顿选区的市民在曼哈顿街道的上空遭到了突袭。随着美国宣布无条件对恐怖分子开战，20 世纪 90 年代弥漫在人们心中的乐观情绪突然之间变成了一种懒散的、对什么都不关心的态度。美国劳工局报道称，2001 年 1 月美国全国的失业率是 4.2%，不到一年时间，这个数字就增长到了 5.7%，这一数字在希拉里于 2009 年 1 月离开参议院时增长到了 7.8%。克林顿总统遗留给他的继任者的没用完的 2800 亿美元的财政预算很快就被用掉，到 2011 年，取而代之的是 6 万亿美元的财政赤字。克林顿政府通过 8 年的努力，还清了美国的债务，使美国经济重新站稳了脚跟，但接下来布什政府的减税政策以及伊拉克战争和阿富汗战争却将这来之不易的成果挥霍一空。

这个新政府给华盛顿带去了许多老面孔，这些人曾被克林顿赶出白宫，如今他们被布什政府重新召回，那些在克林顿政府执政期间被采纳的决议现在都被否定了。这个新的共和党政府背离了旨在解决全球变暖问题的国际条约，并且解除了和俄罗斯签订的一份长期协议，部分原因是，他们认为和苏联签订的《反弹道导弹条约》的技术基础已经不存在了。

国际恐怖主义，克林顿政府曾经只将它定性为犯罪行为，而新的政府却认为军队有必要介入，即对阿富汗和伊拉克发动地面战争。一个沙特金融家和他的激进的伊斯兰主义者们组成的团伙，取代了曾经的苏联，成为美国的头号敌人，美国发起了一场在全球搜捕奥萨马·本·拉登和他的同伙的行动。突然之间，希拉里·克林顿作为第一夫人的时代仿佛成了遥远的回忆。这种对比非常明显，因为乔治·沃克·布什政府把美国带到了一个离不开战争的境地，这和比尔·克林顿政府执政时期美国人所经历的事情完全相反。从她在国会山上的办公室往外看，希拉里可以俯瞰华盛顿，她看到了一个改变了的美国，她不得不重新适应这个国家。

竞选参议员，为创造历史奔忙

希拉里·克林顿为参议院效力的决心源于她丈夫与"那个女人"——莫妮卡·莱温斯基——的政治丑闻，这件事对她来说是公开的羞辱。随着弹劾比尔·克林顿一事被提上日程，已经越来越明显，他的总统任期肯定是要完了（不论是被迫辞职还是按照宪法章程），希拉里开始考虑她自己的前途。事实上，正是在参议院对弹劾比尔·克林顿进行投票的那一天，她会见了她的幕僚，想出了一个在华盛顿谋取一席之地的策略。希拉里准备竞选，这是人们意料之中的事。当她的丈夫于 1990 年宣布经过认真考虑决定不再竞选阿肯色州州长的时候，他在这个州的坚定支持者，简单但很认真地说，希拉里·克林顿将是潜在的继任者。这里面的暗示以及逻辑是要说希拉里可不是一个合适的候选人，然而她作为阿肯色州第一夫人的牢固地位却并未受此影响。

在她丈夫任职白宫的最后的日子里，希拉里·克林顿处在一个完全不同的境地。波托马克河上的波涛见证了她是怎样走上权力宝座的：在弹劾程序中她对比尔·克林顿的忠诚起了决定作用，民调显示她的选票一直很高，总统的位置从没像现在这样牢牢地掌控在她的手中。当共和党参议员们投票弹劾克林顿家族的一员时，这个家族的其他人正筹划加入国会山的其他阵营。大家都在打赌，一旦离开白宫，希拉里就会和她丈夫离婚。但是希拉里和主要幕僚们包括哈罗德·伊克斯见了一面，他们为她的政治独立以及政治前途出谋划策，之后她决定维持婚姻。要同时处理好个人前途和政治前途不是一件简单的事，需要耗费大量精力。后来，在回忆录《亲历历史》（*Living History*）里面，她做了说明："我做过的最难的决定就是维持和克林顿的婚姻和在纽约州竞选参议员。"虽然包括这次弹劾在内的丑闻事件对希拉里来说是一次极大的公开羞辱，但她决定面对这些，这一事件给她带来了公众支持，她要把这当作一次机会。

希拉里·克林顿历史性的公告，即她宣告决定竞选参议员，终止了多年来人们对于她在丈夫任期结束后会做什么的猜想。但这同时也招致了怀疑，因为她想让纽约市民把她当作一个纽约人看待。当长期任职的民主党参议员丹尼尔·帕特里克·莫伊尼汉宣布决定退休时，许多潜在的继任者收到了提名信，包括约翰·肯尼迪和他的表弟罗伯特·肯尼迪，罗伯特·肯尼迪的父亲曾经在那个职位上任职45年之久。人们热烈地讨论着他们中谁会成为继任者，但随后希拉里·克林顿宣布将竞选该职位，人们一下子安静下来。然而，这将不是一次简单的选举，因为人们一贯反对在政权里搞裙带关系，而她的参选明显是对这一传统的挑战，更不用说人们认为这是一种赤裸裸的机会主义。就像她之前的罗伯特·肯尼迪一样，希拉里面临着投机指控，这很难否认，几乎不可能否认。出生于伊利诺伊州，在马萨诸塞州接受教育，是阿肯色州和华盛顿特区的市民，希拉里·克林顿在纽约州没有天然的亲和力。

为了成功，希拉里在她的个人政治生涯里反复做的一件事情就是：为一个新的选区而改变自己。在过去的这些年里，她从一个年轻的共和党人转变为一个卫斯理的进步民主原则的倡导者；从一个决定保留自己娘家姓的男女平等主义者转变为一个阿肯色州的政治家的妻子；从和丈夫共同执政，到成为一个更加传统意义上的第一夫人。对她政治生涯中的每一步，希拉里·克林顿都做出了自己的选择，并在面对公众的怀疑时展示了自己的优点。然而，在下面这个事件中，她的热情却给她带来了麻烦。大家都知道她是芝加哥小熊棒球队的铁杆球迷，但为了讨好纽约市民，她戴了纽约扬基棒球队的帽子。一个有些来头的政治顾问团队在1992年和1996年为她丈夫的竞选效过力，现在她把他们招入麾下，为她出谋划策，以期洗刷掉贴在自己身上的机会主义标签，摆脱第一夫人的身份，作为一个独立的人重新被公众接纳。和哈罗德·伊克斯、曼迪·格伦沃尔德、马克·佩恩以及未来的纽约市长白思豪一起，希拉里·克林顿的团队制订了一个国家层面的战略，以期战胜对手。

这次竞选开始没多久，他们就得到了一个意外的好消息，当时预期的对手，即将离任的纽约市长朱利亚尼退出了竞选，他甚至还没来得及注意到希拉里。虽然在"九一一"事件过后，人们已经不会注意到，因为高调的行事风格、政治失误以及糟糕的身体状况，朱利亚尼实际上在2000年时已经被纽约政治圈遗忘了。事实上，被诊断患有前列腺癌才是他退出竞选的主要原因，他的退出最终被证明是他政治抱负的终结。在他空缺出的这个职位上，共和党提名了一个来自长岛的不怎么出名的国会议员，里克·拉齐奥，他的主要竞选优势是他在当地民众中的亲和力，并且没有明星光环。他的策略就是充分利用他的这两个优势，这和来自伊利诺伊州、阿肯色州和华盛顿特区的超级明星候选人希拉里·克林顿形成了鲜明的对比。然而，这种策略出人意料地并没有奏效，因为当拉齐奥舒舒服服地待在纽约市（民主党的大本营）的周边时，希拉里·克林顿按照惯例，从曼哈顿市中心远赴共和党牢牢掌控的大本营纽约州的北部进行访问。有一个举动，她在2016年的总统竞选时也采用了，那就是坐着面包车，挨个访问纽约州全部的62个郡，希望人们改变她只是一个谋求上位的明星候选人的偏见。

希拉里的参议员竞选活动故意做得非常低调，她想挑战传统偏见和人们对她的预期。她不需要向选民介绍自己，全世界的人都知道她是谁。在莱温斯基丑闻事件过后，在她丈夫8年执政生涯结束之后，无论如何这都算不上是一种恭维，可她的对手却一直揪住1990年的事不放，这被证明是一个错误的策略，因为这使得希拉里的竞选团队把拉齐奥描绘成一个只会向后看不会向前看的人。接下来的一件事，使拉齐奥的竞选前景进一步受到重创。因为在一次电视直播的辩论中，这位众议院议员竟然准备对他的竞争对手动粗，这一举动戏剧性地改变了民众的态度，激起了民众对第一夫人希拉里·克林顿的同情。最终，她的坚韧、从政的决心以及绝不妥协的态度，为她赢得了纽约市民不轻易给予的尊重，使她在2000年的竞选中胜出。也正是在这个对民主党人来说是少有的欢乐时刻的晚上，比尔·克林顿的副总统阿尔·戈尔失去了当选总统的机会，尽管他的选票比乔治·沃克·布什还多50万张票。

努力工作，在参议院广交朋友

即将离任的副总统阿尔·戈尔，时任参议院主席，当他再一次出现在希拉里·克林顿宣誓就职的合影中时，他脸上的笑容看上去是那么的勉强。尽管希拉里实际上已经联合执政 8 年了，但如果她在新的岗位上只会哗众取宠，选民和她的同僚们都绝不会原谅她，这是她的竞选给她造成的局面。人们给了她一个为纽约州选民服务的机会，而这个服务正是她在任参议员期间最需要去展示的。幸好，在努力取得选民和参议院领袖的信任与支持的过程中，讨好他们对希拉里来说显得非常自然。还在上学的时候，她就特别受老师们的喜欢，她在参议院采用了相同的方式，凡日常会议和委员听证会，她都提前到场，以博取同僚们的欢心，即便有时她没有被邀请。她把在参议院投票表决的事情放在第一位，一次都不错过，为此牺牲了许多聚会和户外活动，因此在她履职的前两年里她总共只错过了 5 个预约电话。尽管她努力避免让自己表现得像个参议院名人，但她的地位还是使她很容易让同事们找上门来，这些人都想通过自己在立法工作上的努力而受到重用。所以，希拉里·克林顿在任职参议院期间，不光自己独立提交了711 个法案，同时以联合提交者的身份提交了超过 2500 个法案，这些法案都是她的同事们给她的，因为他们注意到她即使对最枯燥的法案都充满兴趣，这源于她的极强的政治抱负。

当克林顿夫妇第一次进入华盛顿时，党内元老帕梅拉·哈里曼在她的乔治敦住所里热情迎接了他们。10年后，克林顿夫妇成了这里的主人，因为他们在华盛顿的住所成了政治家和战略家们经常聚会的地方。这是策略的一部分，旨在确保希拉里·克林顿仍然是美国政治生活的中心。事实上，希拉里在2001年面临的挑战之一就是进入非常立法机构。这个机构两年前起草了弹劾她丈夫的文字，现在这里仍然被许多同样的共和党人掌控，这些人强烈地反对克林顿总统，诽谤当时的第一夫人希拉里。这些以前的反对者，现在成了她的同事，即便不对他们表现得很亲切，她至少要同他们搞好工作关系，以期让人们看到即使在这样一个特殊的团队里，她也能做好自己的本职工作。参议员们来自全国各地，总共才100个人，作为其中的一员，希拉里·克林顿没有回避任何人的余地。

美国的政府系统从一开始就是要阻碍而不是促进立法，希拉里·克林顿自己在参议院的记录可以证明这一点。2001年到2009年期间，她提交了711个法案，只有4个同时被参议院和众议院通过，并且只有3个最终成为法律。而且，这3个法案好像并未被法律专家们研究过，因为它们在美国法律和政治系统中的影响力微乎其微。其中一个法案的内容是以电视节目主持人蒂姆·拉瑟特的名字给纽约州的一段路重新命名，另外一个是给纽约州的一座邮局大楼换名字，最后一个是将19世纪工会活动家凯特·穆兰尼在纽约的住所设立为国家历史遗址。而且，在希拉里联合提交的 2676 个法案中，只有 74 个最终成了法律。说这些不是要诋毁希拉里在立法方面的能力，也不是要诋毁美国的立法系统，只是要说明，在美国，法案的通过以及借此实现政治变革是很难的。

希拉里·克林顿努力克服个人成见，以跨越党派界线。这种魅力攻势旨在展示她有能力使两党在政见上达成一致，此举是为了最后的总统竞选。然而，这种跨越党界的努力有一个消极面：她的许多民主党同事开始怀疑她，因为她一直宣扬自由、进步，但现在却做着强硬的保守派才做的事情。她这样做只会加深同事们对她的怀疑。随着她在 2005 年努力推进国旗保护法，禁止焚烧国旗，以及她为限制暴力视频游戏销售所做的立法努力，情况进一步恶化。但她的努力得到了最不可能认可她的同僚的认可，其中包括那些拼命想扳倒克林顿总统的人。她和来自堪萨斯州的共和党参议员山姆·布朗巴克，以及来自亚利桑那州的约翰·麦凯恩建立了深厚的友谊，麦凯恩曾是她在 2008 年竞选时的对手。她也赢得了共和党参议员林赛·格雷厄姆的热情赞扬。格雷厄姆被《时代》杂志评选为"2006 年最有影响力的 100 人"之一，他在自己的人物简介中提到，在参议院里，希拉里·克林顿高贵的身份以及她的聪明、从容、认真的声誉，产生了真正的影响力，他最后说到，那些低估希拉里·克林顿的人是在给自己找麻烦。

第一任期

　　进入参议院后希拉里把国内政策作为她工作的重点，特别是向委员会请求，让她可以在纽约选民最感兴趣的领域做一些事情，并且允许她继续从事毕生的事业——为妇女和儿童争取权利。在那个角色中，她反对布什政府 2001 年和 2003 年的减税政策，认为那样做破坏了她丈夫执政期间所取得的成绩，并可能导致美国的财政预算重回赤字增长的时代。她也投票反对了另外两个法案，其中一个是废除美国宪法规定的只允许男女结婚，另一个是遵循民主党路线，拒绝支持提名塞缪尔·阿利托为最高法院院长，拒绝支持提名约翰·罗伯茨为首席大法官。她也试图启动卡特里娜飓风事件的听证会，该飓风在 2005 年 8 月摧毁了路易斯安那州的海岸线，造成超过 1080 亿美元的损失，但她的努力最后无疾而终。

　　除了参议院的工作之外，希拉里还曾帮忙建立了一个自由的网络空间，旨在阻止她之前所说的"巨大的右翼阴谋"。曾经与她一起共事的最出名的人是戴维·布洛克，他 1993 年在《美国观察者》杂志上发表了一篇题为《他的欺诈之心》的文章说，阿肯色州州警声称早在比尔·克林顿还是阿肯色州州长的时候他们就为他找过女人。然而，布洛克的态度发生了转变，在《被右翼势力蒙蔽》

这本书中表达了新的观点。为了改正自己过去的错误，他寻求并得到了希拉里·克林顿的支持，成立了美国媒体事务协会，这是一个旨在监控和纠正美国保守派新闻媒体言论的机构。2003年，希拉里支持了位于华盛顿的"公民责任和道德组织"的成立，这个组织旨在对抗不道德的政治行为。然而，其中最重要的组织可能要数她跟她丈夫的前办公厅主任约翰·波德斯塔一起成立的"美国进步中心"（CAP）。这是一个进步的智囊团，它曾聚集过一次（将来也许还会聚集），将克林顿政府的前雇员聚到一起，为希拉里·克林顿出谋划策，正如"先进政策研究所"曾经在90年代为她丈夫所做的一样：为她出主意，提供支持，甚至提供必要的人员，不只是在她做参议员的时候，如果她有幸问鼎白宫，他们将继续为她效力。

然而，作为代表纽约州的参议员，还处在自己的第一届任期内，希拉里·克林顿必须时刻关注她的选民的特殊要求，不能对自己将来位于宾夕法尼亚大道另一端的白色办公室的工作想太多。为此，她同曾经主持她丈夫弹劾案的共和党参议员林赛·格雷厄姆一起，批准了美国制造业贸易行动联盟的成立，这个联盟旨在改善美国的制造业基础。她还通过拒绝批准《中美洲自由贸易协议》来证明，对于她丈夫执政时曾支持的一些政策，她是有可能投反对票的。

"九一一"的考验

当世贸中心的双子塔突然间从标志性的天际线坍塌下来时，不论是对美国，还是对代表纽约州以及纽约市的参议员希拉里·克林顿来说，贸易谈判和制造业问题突然之间就变成了次要的问题。希拉里的前第一夫人、现任参议员的身份使她在这次袭击事件发生后立刻得到了前所未有的保护。在去国会山上班的途中，她被带到了一个安全的地方，并且马上与外界隔离开来，直到危险过去。作为一个妈妈，她同时也被迫与自己的女儿切尔西隔离了。那个时候她的女儿正在曼哈顿，无法联系上，因为这个城市大部分的通信设备都在世贸中心的一号塔下。作为一个妻子，她也同自己的丈夫分隔两地，那个时候比尔·克林顿正在澳大利亚作巡回演讲。

希拉里·克林顿步入政坛时，这个世界已经不是以前的世界了。在这一惨剧发生后，这个国家以及整个世界都在寻求指引和领导，但那可不是唾手可得的。虽然她是一位知名度较高的参议员，但她在纽约资历尚浅，级别低于自己的同事查尔斯·舒默。当时，美国总统从一个秘密安全地点转移到了另一个秘密安全地点，她以前的政治对手鲁迪·朱利亚尼突然之间成了这个国家在碎片散落的曼哈顿街上的实际领导者。几天之后，乔治·沃克·布什来到爆炸点，重新宣示了他的权威，政治领导权才重回白宫手中。

白宫发动了针对恐怖主义的战争，这种对于"九一一"事件的强大的军事回应，彻底改变了美国的政治格局。20世纪90年代克林顿政府时期人们对于政治的热衷一去不返，这使希拉里·克林顿处境尴尬。作为前第一夫人，她和那个时代是如此亲密，让她与那个时代彻底告别，这比让她跟她丈夫离婚还要难。然而，希拉里又做出了她以前在遇到这种特殊危机的情况下通常所采取的行动：改变自己，以适应新的处境。这个充满爱心的前第一夫人曾写过一些书，讲述构建抚养儿童的强大社区的重要性，而现在她正蜕变为一个充满力量的、坚定的、决心满满的战士。

几个月前参议院委员会分派给希拉里·克林顿的任务现在突然之间变得无关紧要，这已经是一个新的、到处一片死寂的时代，人们的注意力转移到了国家安全上，他们不再关心教育和财政预算。然而，参议院领导并不是简单地给希拉里一纸任命，把她分派到外交委员会或情报委员会，相反，她被分派到参议院军事委员会，这正是她所盼望的。这使得她有机会参观军事基地，和高级将领们并肩作战，并与五角大楼的同僚们搞好关系，他们曾总是回避她的丈夫，因为他反对关于越南的草案使他们心生疑窦。

"九一一"事件后，美国政治除了采取亲军态度外没有别的选择，事实上人们认为对这次恐怖袭击无论采取怎样的军事报复都不为过。尽管最终美国还是停止了这种暴力反击，但这种情绪却仍然弥漫于整个国家、市民和政治家心中。希拉里·克林顿也不例外，因为她不仅身在其中而且反映了选民们的这种情绪。她在参议院的演讲中，说了跟乔治·沃克·布什一样的话：

> 我坚定地支持总统，他和他的幕僚们正谋划着必要的行动，以证明美国对此次袭击进行反击的决心与承诺。他们不只要找出肇事者进行惩罚，那些以任何方式为恐怖分子提供帮助和庇护的人也要受到惩处，无论是谁，我们都要让你知道我们的愤怒。

作为纽约市的代表，希拉里·克林顿受命支援曼哈顿的营救行动，这正是她所愿。她的选民中包括了袭击的受害者、自己的亲人、警察、消防员、应急人员以及普通市民，他们有的是这场灾难的直接受害者，有的以各种方式受到这场灾难的影响。她和来自纽约的同僚，参议员查尔斯·舒默，一起募集了214亿美元，来重建这片被毁的区域。她更早前甚至指挥了应急人员对爆炸区域伤员的健康状况进行检查，并指挥了对该区域所进行的检查，以排除可能的不良后果。这些举动为她赢得了消防员协会以及纽约市消防官兵协会的尊重和支持。

然而，"九一一"事件后不久，作为一名参议员，希拉里·克林顿不得不对一系列有争议的法案进行投票表决。那个时候，人们认为在保卫国家或惩罚敌人这件事上再怎么做都不为过，因为面对给美国带来的这场灾难，那时公众的情绪已经近乎一定要报仇雪恨的程度。因此，希拉里和她的许多民主党同事都支持美国在阿富汗采取军事行动，给恐怖分子以最直接的还击，并且对《爱国者法案》投了支持票，尽管该法案会削弱公民的自由权利。这些选择和"九一一"事件后全国人民的情绪状态完全一致，希拉里寻求把自己塑造成一个强大的、决意保卫国家的民主党人，她可以和五角大楼以及白宫的同僚们齐心协力，实现美国未来对安全的需求。希拉里既没有让这一地区布置额外的警戒力量，也没有对这一地区的行政行动进行干预，她考虑的是她的政治前途。仅仅几年后，政治环境冷静下来了，希拉里的投票记录对她实现政治野心产生了消极的影响。

伊拉克

从 1992 年 11 月当选下届总统到 1993 年 1 月正式上任的这段权力交接期中，比尔·克林顿曾暗示，他欢迎萨达姆·侯赛因重回国际大家庭，只要他改变自己的做法。"我是一个浸信会教友，"他说，"我相信'朝闻道，夕死可矣'的道理。"这句话引起了众议院的激烈反应，即将离任的布什政府马上要求这位刚刚当选的新总统收回这一言论，并要他保证他的团队将继续实施乔治·赫伯特·沃克·布什所推行的伊拉克禁飞区和制裁政策。然而，比尔·克林顿无意继续进行这种早就存在的意志冲突，他尽可能地削弱伊拉克领导人的军事力量，避免与萨达姆正面交锋而使局势变得紧张。整个 20 世纪 90 年代，萨达姆被克林顿政府当作一根不关痛痒的刺，仅此而已。伊拉克领导人以一种对美国不构成威胁的方式，被克林顿政府放在一旁。

在"九一一"事件当天的下午，五角大楼起火，世贸中心坍塌，布什政府的官员们开始揣测，如果这起由来自沙特阿拉伯的 15 名男子（其中 2 名来自阿拉伯联合酋长国，1 名来自埃及，1 名来自黎巴嫩）发动的袭击是由一名驻扎在阿富汗营地外的沙特叛徒资助的，那么这次袭击很可能与伊拉克的萨达姆·侯赛因政权有关。这种观点反映了新的布什政府里许多官员的想法，他们认为早在 90 年代的时候就应该把萨达姆处理掉，并认为乔治·赫伯特·沃克·布什政府没能完成这件事实在令人遗憾。

在"九一一"袭击事件后的 18 个月里，白宫不断地给萨达姆施加压力，要求他遵守联合国决议，实行武器核查。在即将到来的授权仪式开始之前，白宫给各位议员提供了国家情报评估书，详细说明了布什政府将对伊拉克不遵守联合国决议采取军事回应行动的原因。希拉里·克林顿并未读该评估书，只简单地看了一眼，然后重复了一遍白宫的声明，说萨达姆为本·拉登的恐怖袭击行动提供了帮助。当伊拉克战争决议开始投票表决时，希拉里拒绝支持她的同事卡尔·莱文提出的修正案，该修正案呼吁白宫组织一个国际联盟或者是寻求国会对单边行动的支持。她坚持认为，她的决定与她在白宫的 8 年工作经历有关，在这期间，她目睹了自己的丈夫怎样应对这种严峻的挑战，她对授予布什总统对伊拉克动武的权力投了赞成票。那个时候，这一票和她之前的对外政策是一致的，因为她早就声称自己是一个坚定的、决意捍卫国家安全的人。她怎么也想不到这一票决定了自己将在2008年总统竞选中折戟。

美国军事力量在伊拉克与阿富汗的部署，证明了美国的对外政策和对内政策是如此交错重叠，因为那些通常驻扎在纽约州的军队，包括陆军第10山地师，被派到了战场上。结果，希拉里·克林顿在国内对她的选民的承诺，同她在军事委员会的职责结合到了一起。虽然她没有为她的那一票道歉，但当她认识到发动这场战争的理由有缺陷的时候，她立即与政府分道扬镳。然而，因为没有为她的那一投票道歉，她与她所在政党的同僚们以及左翼分子疏远了。同样，因为批评政府的战争行动，她也使自己疏远了右翼分子，使得自己离成功越来越远。因为为一场不受欢迎的战争投了赞成票，希拉里使自己置身于一个政治上很尴尬的处境中，尽管她实际上并没有真正支持这场战争，但她也没能干净利落地切断自己与这场战争的关系。正如她在2005年所写的："我为自己的那一次投票负责。我和绝大多数美国人一样，希望总统以及他的政府对虚假的保证、错误的证据和对战争的管理不善负责。"最后，谁也不像希拉里·克林顿一样为发动伊拉克战争进行的投票付出了如此巨大的代价。

脱颖而出 2004

　　"九一一"袭击事件改变了世界上数百万人的生活，包括希拉里·克林顿的，因为她的政治抱负突然之间需要重新进行估量。因为乔治·沃克·布什在 2000 年的总统竞选中只是以微弱的优势胜出，因此他并不能确保自己在 2004 年的连任竞选中获胜。作为民主党的核心成员，希拉里是一个有力的竞选者，尽管她进入参议院才几个月。考虑到她的知名度以及私人人脉，民主党决定推举她为第一提名人参加总统竞选。"九一一"事件后总统的支持率达到历史新高，然而，政治形势看起来并没那么好。1992 年，乔治·沃克·布什的父亲凭借他在海湾战争后的支持率，说服民主党人放弃总统竞选。现在，乔治·沃克·布什的声望也使他的对手们开始重新考虑自己的选择。

　　和希拉里·克林顿不同，约翰·克里在 2004 年成为民主党的总统候选人，他决定利用自己在越南战争中的成绩证明他有能力应对这个充满冲突的时代，并且强调乔治·沃克·布什 60 年代在得克萨斯空军国民警卫队的表现记录有假。然而，乔治·沃克·布什的幕僚卡尔·罗夫说，当共和党完成对克里服役记录的调查后，很难判断他的英雄事迹的真实性。最令人震惊的事是他公布了一张伪造的照片，这是一张克里与简·芳达的合照，而简·芳达曾直言不讳地批评过那场战争。尽管克里最终在 2004 年的竞选中出局，乔治·沃克·布什却只是以最微弱的选票优势取胜的，这种微弱的选票优势只在 1948 年总统竞选时出现过，那一届的总统是哈里·杜鲁门。

克里竞选过程中最精彩的时刻出现在 7 月 27 日在波士顿举行的民主党全国代表大会上，一个年轻的候选人在会上发表了主旨演讲，这个人就是正在竞选伊利诺伊州参议员的巴拉克·侯赛因·奥巴马，希拉里当时就坐在听众席上。这是奥巴马在国家级舞台上的首次亮相，他使波士顿的这个大厅中群情激昂。然而，希拉里对奥巴马并不陌生，她曾在伊利诺伊州帮助过他竞选，并且很欣赏他的演讲以及人们对他的演讲的喜欢。她怎么也不会想到，正是这个来自自己阵营的人将在 4 年之后击败了自己。

第二任期

随着在 2004 年的总统竞选中变得不大可能成功，希拉里·克林顿开始考虑 2008 年的总统竞选。为此，她必须确保自己能够再次当选纽约州参议员，并以此作为被党内提名竞选总统的跳板。只要在 2006 年 11 月进行的参议员竞选中表现突出，希拉里就可以展示自己作为一个有力的、统一的候选人有着使两党同心协力从而能领导乔治·沃克·布什政府之后的美国的能力。一开始她得到了党内 83% 的支持率，她在这个州的力量使她在 11 月大选时不会面临共和党严峻的挑战。纽约前市长约翰·斯宾塞只得到 31% 的选票的支持，而希拉里的是 67%，这件事甚至上了新闻头条，但希拉里也为此付出了高昂的代价：为了确保胜利，希拉里的竞选花费了 3600 万美元，相比之下她的对手只花费了 500 万美元。随着希拉里成功连任纽约州参议员，她的竞选团队悄悄地将未花完的 1000 万美元转移到了一个新账户上，这笔钱是为了她在 2008 年竞选总统时用的。

希拉里·克林顿在第二个任期内要做的事情包括：为总统竞选做准备，处理好伊拉克战争，并实际开展总统竞选活动。在经过 2006 年的竞选重回参议院后，希拉里面临着正在进一步恶化的伊拉克局势和持续的冲突导致的政治后果。无数的电话打进来，要求撤回美国地面部队。乔治·沃克·布什总统不但不听，还发动了更加猛烈的进攻，企图快速打赢这场战争，以建立一个所谓的能自己管理自己的伊拉克。这次进攻是由一位新的国防部长发动的，那时唐纳德·拉姆斯菲尔德已经下台，罗伯特·盖茨取而代之，此人后来与希拉里建立了亲密的工作关系。然而，作为总统候选人，希拉里不能支持布什政府发动的伊拉克战争。她曾投出的那一授权军事行动的票已经使她遭受了太多的争议，她不能继续支持白宫的这一做法，否则对她而言，情况会更糟。因此她坚定地反对军事冲突，反对这次升级版的进攻，支持撤回部队。

当这场战争还在进行的时候，新的立法要求被提出来了，这使得这场战争越来越成为一场政治游戏，因为共和、民主两党都在设法使自己立于有利的境地。面对意料之外的参议员奥巴马的挑战，希拉里·克林顿在应对伊拉克战争一事上小心翼翼，她曾投票支持了这一战争，却不肯承认那是一个错误或者为那一票道歉，因为她担心舆论会因此说她优柔寡断。她先是把彼得雷乌斯将军关于伊拉克战局的报告呈递给了众议院，随后在2008年4月的参议院军事委员会上引用这位将军的话"停止怀疑"，以呼吁有序地撤回美国地面部队。这也许一点都不令人感到奇怪，希拉里后来坦承，她那个时候在伊拉克战争问题上的立场更多的是源于她的总统野心，而不是基于国家安全的考虑。才刚刚重新当选参议员，希拉里·克林顿就宣布自己将于2007年1月20日参加总统竞选，这使得人们相信她在参议院的第二个任期内所做的一切都是为了最终的总统选举。

小结

　　希拉里·克林顿作为美国参议员，对美国的政治生活的贡献更多是象征性的，因为她是第一位作为第一夫人参加竞选并赢得竞选的人。她在参议院履职期间虽然没有做出卓越的立法贡献，但她在华盛顿的存在却为广大妇女们发出了心声，成为一个积极的榜样，也为她竞选美国总统提供了一个可靠的平台。然而，她在参议院的生涯也颇为不顺，始终伴随着国家悲剧。"九一一"事件使希拉里·克林顿的期望戏剧性地发生了改变，她被迫把自己置于强大的国家利益捍卫者的位置上，而不是一个聪明的、专注于为在参议院缺乏代表的弱者争取权利的人。

希拉里·克林顿十分清楚，她的目的不是在国会山工作，她不能彰显自己的明星身份，因此她勤奋地工作，这使她可以发展一种跨越党界的关系，即便对面是那些曾公开批评她并极力把她丈夫拉下总统宝座的人。做这些努力，全是为了一个伟大的愿望——当总统。为了向民众展示她有能力成为一个出色的总统候选人，她把过去的分歧放置一旁，与自己曾经的对手合作，为了国家的利益把事情做好。这是希拉里·克林顿在 2007 年 1 月的总统竞选演讲中的话，那次演讲对希拉里来说是历史性的，使她得以离开参议院，进入真正的权力中心，尽管当时离那个目标还有点距离。

— 第 5 章 —

2008 年的总统候选人

2007 年 1 月 20 日，希拉里·克林顿宣布参加美国总统竞选，而她的这一举动，早在她进入美国参议院之时就已经有人预料到了。希拉里在美国处于金融危机及军事动荡期间毅然选择参选，她根据多年来在华盛顿特区参与美国政事的经验，提出了一套稳健有力的治国之道。这位在美国政坛活跃多年的女士参与总统竞选，在当时的美国似乎有天时地利人和的条件，她或将创造历史，以第一位美国女总统的身份让美国从动乱中恢复过来。当时的希拉里，是美国首位竞选总统的前总统夫人，也是第一位有极大可能赢得竞选成为总统的女性。

出人意料的是，希拉里本应创造历史的竞选前景，却被半路杀出的巴拉克·奥巴马毁于一旦。后者在竞选过程中标榜要打破种族歧视，这似乎比"性别的玻璃天花板"的主题更能触动选民。最终，2008年的美国总统竞选以奥巴马的胜出画上句号，这样的结局让希拉里个人及其支持者失望透顶。这场竞选对于希拉里而言原本可以说是稳操胜券，可最终是功败垂成，其原因值得细细思量。希拉里·克林顿在宣布参加2008年总统竞选之初，几乎具有绝对优势：无与伦比的资金支持，如日中天的个人声望，清晰明确的党派支持以及数量庞大，可随时兑现的政治支票，这些，无一不是总统竞选中制胜的法宝。她以民主党候选人的身份参与竞选，且筹集了大量的竞选资金，打算在大选中用以击败共和党竞选对手。然而，所有优势，到后来全都化成泡影，并没有为她保驾护航，助她登上总统之位。最后，希拉里所有的竞选资金消耗殆尽，她的地位一落千丈，民主党领导人倒戈而去，而所有的政治支票也被置诸脑后。在2008年的总统竞选中，希拉里开始时所向披靡，最终却落得惨淡收场，这成了残酷的商业政治的又一典型实例。究其原因，她的失败源于竞选管理不善，竞选策略有缺陷，且在竞选过程中过于轻敌。正是这几点，让希拉里未能保住民主党的总统候选人提名，失去了成功当选2008年总统的先机。

前车之鉴，后事之师。希拉里·克林顿要在2016年的总统竞选中胜出，就必须充分吸取2008年的失败教训，不能抱有侥幸心理，妄图凭借与2008年一样的错误竞选策略胜出。由于2016年民主党内已经没有像奥巴马一样有竞争力的对手，希拉里的胜算又多了几分。但同时，此时的美国与2008年时相比，也已经发生了改变。基于以上原因，希拉里要赢得这次竞选，就必须充分重视这几个方面，并作出相应改变。

国情 2008

　　2008 年，在希拉里宣布参选之际，美国正处于水深火热之中，距分崩离析仅一步之遥。希拉里搬离白宫、入席参议院后这 8 年，美国历经沧桑，早已时过境迁。这期间，国家财政从盈余转为高额负债，到 2008 财年底，负债已大幅度增至 9.986 万亿美元。美国遭遇了几乎一个世纪以来最惨烈的经济滑坡；大量人口失去了赖以生存的工作，导致人们开始怀疑一直根植心中的美国梦；美国军队在伊拉克与阿富汗陷入泥潭，进退两难；奥萨马·本·拉登一次次从抓捕中逃脱，布什政府却似乎在大失民心的情况下仍然不知收敛。美国处处弥漫着不断上涨的悲观情绪，这在美国劳工部公布的经济数据中可见一斑。接下来的几年间，美国失业率从曾经的 5.3% 剧增至 9.3%，而平均时薪在 2008 年 7 月跌至 9.88 美元，创下最低纪录。随着工资下跌不止以及国民信心不断受挫，美国的婴儿出生率也有所下滑。道琼斯工业平均指数骤减至 8776.39 点，在 2008 年一年内几乎下降了 34%。就连美国政府也灰心丧气，对改变时局与应对危机，前所未有地丧失了自信。道琼斯工业平均指数在 2009 年 3 月 5 日触底，从 2007 年 10 月 9 日的 14164.43

点下跌至 6594.44 点，跌幅超过 50%。

1929 年华尔街股灾对股票市场产生了灾难性的影响，导致股票市值在 3 年内蒸发了 90%。而 2008 年的经济衰退所造成的影响范围则相对更小一些。在经济衰退持续的 18 个月期间，仅 10 月份一个月，就有 24 万人失去了工作。在短短两周内，道琼斯工业平均指数遭遇了史上最惨烈的两次交易日市值蒸发：9 月 29 日及 10 月 15 日，指数分别下跌 777.68 点及 733.08 点。作为 20 世纪 90 年代美国经济腾飞的引擎，美国股市在此期间几近崩溃。

要从 2008 年的美国总统选举中胜出，希拉里需要先打赢两场选举战：首先是赢得民主党总统候选人提名，其次是在大选中击败共和党候选人，从而锁定接下来 4 年白宫主人的身份。选举季开始之初，人们普遍认为只要获得民主党总统候选人提名，就基本上奠定了赢得该届总统竞选的基础，原因在于共和党在乔治·沃克·布什政府的领导下声名狼藉，在接下来的 8 年间应该都无法扭转民心。民主党提名之争于 2008 年 1 月 3 日在爱荷华州的党团会议上拉开序幕，在 6 月 3 日随着蒙大拿州及南达科他州初选的开始落下帷幕。要赢得提名，希拉里需要在 2008 年 8 月举行的总统候选人提名大会召开之前从 4233 名代表中斩获 2117 票。假设她赢得了提名之战，她将指定一名副总统竞选伙伴，并与共和党的竞争对手在 2008 年 11 月 4 日开始的大选中角逐美国总统之位。

巨大期待

随着乔治·沃克·布什两届总统任期的结束，再加上副总统迪克·切尼决定不参加总统竞选，2008年出现了几十年来未曾有过的总统与副总统双双不参与选举的局面。一番激烈竞争之后，亚利桑那州的国会议员约翰·麦凯恩成为继乔治·沃克·布什之后的美国共和党提名的总统候选人。2000年，两人就曾经为共和党的总统候选人提名展开过激烈竞争，而当时的乔治·沃克·布什棋高一着，在南卡罗来纳州初选中给了约翰·麦凯恩致命一击，对其阵营造成的打击8年后仍有影响。然而，要赢得2008年的总统大选，麦凯恩却需要布什总统的支持。出于权宜之计，麦凯恩本应按要求支持伊拉克战争，而长久以来他却未能好好执行这个任务。雪上加霜的是，他与共和党领导人的关系并不和谐，原因在于麦凯恩自称是一个坚持独立见解的人，且主张在当选后按照自己的想法行事，而这一点，共和党人是绝不乐于接受的。

麦凯恩选定阿拉斯加州州长萨拉·佩林为自己的副总统候选人，单从这一点，就能管中窥豹，看出他在共和党内的处境了。他曾经想指定议员乔·利伯曼为副总统竞选伙伴。然而，共和党拒绝让2000年身为阿尔·戈尔副总统候选人的乔·利伯曼（如今为参议院一员）与总统职位产生瓜葛，尤其是在麦凯恩年事已高的情况下。

因此，为了取得选举胜利，麦凯恩不得不被迫在最后关头改变主意。共和党人认为，也许麦凯恩与精力充沛的阿拉斯加州州长搭档，可组成一个强大而有活力的团队，在经济衰退以及伊拉克、阿富汗战事等严峻挑战下主事白宫。然而，美国很多人却不这么认为。当时的美国，在乔治·沃克·布什领导8年后，已日落西山。尽管当选时就没有获得大多数选民的支持，但乔治·沃克·布什政府还是略施小计，取得了共识，并充分利用这一点展开行动，就像他在2000年总统竞选中已经取得全面改革的授权一样。

在希拉里·克林顿方面，民主党认为他们在总统竞选中占有绝对优势，人们都等着她改写历史，以美国女总统的身份成为史书上浓墨重彩的一笔。随着竞选季的到来，很少有人怀疑这一点。希拉里可以说是万事俱备，她准备充分、资金充足、信息来源广泛且地位非凡，既不离左翼太远以致疏远了独立选民，也不离右翼太远以致使更加传统的自由派感到不快。2008年大选之际，美国群众对布什政府已经深恶痛绝，因此人们普遍认为只要赢得民主党候选人的提名，就基本上坐稳了美国总统的位置。对于希拉里竞选团队来说更是这样，他们预期初选将在2008年2月正式结束。看来，来自纽约州的议员希拉里对来自亚利桑那州的议员奥巴马，二者之间似乎根本构不成竞争关系，后者只是希拉里登上总统宝座之路上一块小小的绊脚石而已。当时，人们普遍持有这种观点。然而，最终的结果向希拉里证明了这一切都是错的，她的竞选之战，从一开始就错误百出。

异军突起

　　2008 年美国总统竞选之初，希拉里·克林顿还是毫无争议的夺冠大热门，然而，她看似平坦的竞选之路，因为巴拉克·侯赛因·奥巴马的异军突起，已经悄然改变。就像希腊悲剧中跌宕起伏的命运转折故事一样，奥巴马在 2008 年总统选举中获胜，其中的大部分原因，是希拉里·克林顿在选举之初就犯了诸多错误。奥巴马登上全国政治舞台始于 2004 年的一次演讲，当时他在演讲中提名约翰·克里为民主党总统候选人。那次演讲之后，奥巴马一跃成为美国之星。正如后来希拉里所说："在我看来，这是我能记得的大会上最激动人心的时刻之一，而我曾与他一起角逐过总统之位，也为这位激动人心的人筹过资。"

　　希拉里的竞选团队本来预计会遇到的竞争对手是约翰·爱德华兹。他是来自北卡罗来纳州的前议员，在 2004 年的选举中曾赢得全国声誉，并于当年当选约翰·克里的副总统竞选伙伴。约翰·爱德华兹年轻、健康，且拥有一段人人称羡的幸福婚姻以及牢固的政治权力谱系，因此被自然而然地认为是希拉里竞选的劲敌。

　　约翰·爱德华兹的政治风格与罗伯特·弗朗西斯·肯尼迪相似，他有着让政党与国家团结一致的能力，这似乎得益于他略带孩子气的形象气质，而不是他迄今为止的法律或政治成就。但事实证明，打破希拉里总统之梦的，是另一名青春洋溢且干劲十足的候选人，他凭借肯尼迪式的特质，成功赢得了2008年的总统选举。

希拉里在投票上输给巴拉克·奥巴马之前，还曾经在资金筹集战之中落于奥巴马的下风。2007年，希拉里·克林顿的银行账户中，还有再次竞选议员后所剩下的1000万美元。然而，她的顾问却担心，如果要竞选总统这笔钱还不够用，因为她在再次竞选议员的过程中花费了过多的资金。为了确保以绝对优势取得胜利，希拉里需要3500万美元，而这成为其竞选团队保持筹资能力的巨大动力。在这种动力的推动之下，希拉里的总统竞选团队在2007年第1季度就成功筹集了十分可观的2000万美元。但同一时间内，奥巴马的竞选团队也筹集了2350万美元。在一年期间，两名候选人不遗余力地为总统竞选筹集资金，以确保在2008年的总统之争中取得胜利。尽管希拉里已全力以赴，奥巴马却更胜一筹。希拉里的竞选团队在2007年总共筹集了9300万美元，而奥巴马的竞选团队则筹集了9850万美元，比希拉里的多出550万美元。

此外，希拉里不仅需要与已宣布参选的候选人共同角逐总统之位，还面临民主党领导人的重重阻挠，而希拉里在担任参议员期间一直极力争取这些领导人的信任与承诺。来自内华达州的党内资深议员哈里·里德以及希拉里的纽约同僚查尔斯·舒默认为希拉里在竞选过程中带入了过多的私人与政治包袱，如果她当选，将不可避免在白宫主事期间引起诸多问题，伴随而来的，或许还有诸多丑闻。

民主党内仅有41%的人明确表示支持希拉里，剩下的认为他们需要另找一名候选人。于是这些民主党人找到了巴拉克·奥巴马，并说服他参加2008年的总统竞选，与曾经击败他的希拉里共同角逐总统之位。希拉里花了8年时间在参议院寻求民主党人的支持，却换来又一个8年的对总统之位的等待。

《黑道家族》与克林顿家族的价值观

希拉里·克林顿与她的丈夫不一样，她面临的最大挑战，是塑造亲民的形象，并充分展示个人魅力。不论是认识了解她的人，还是曾与她共事的人，都见识过她的个人魅力。然而，希拉里与她的前辈阿尔·戈尔或理查德·尼克松一样，不遗余力地想获得民心，希望自己能融入大众文化，受到大家的喜欢与爱戴。最好的例子便是2007年她的竞选团队公开了最终确定的竞选之歌，这首歌将在随后的几个月里全程陪伴希拉里及其团队。她的丈夫比尔·克林顿在竞选时选择了一首其青年时期广为传唱的歌曲，即弗利特伍德麦克合唱团的 *Don't Stop*（《不要停止》），但希拉里并没有如法炮制，而是在个人网站上征询民意。希拉里团队的原意是借用因特网让人们对希拉里产生兴趣，并直接与他们接触交流。

然而结果却出乎意料，因为这样做并未助长希拉里的名气，却适得其反，招来许多诟病，让他人指责希拉里的竞选团队缺乏决断能力。

最后，竞选之歌定为席琳·迪翁的《我和你》，这首歌流传甚广，已成经典，能强化候选人与选民之间团结一致的情绪。然而，歌虽然是一首好歌，却完全被公布这首歌的用意给毁了。为了赢得竞选，希拉里的竞选团队于2007年6月20日发布了一个视频。视频中希拉里·克林顿与丈夫模仿了电视剧《黑道家族》剧终的情景，该电视剧当时刚在HBO播出结局。从各方面来看，这个决定都是相当奇怪的。首先，这个视频中比尔和希拉里的角色分别是犯罪家族的头领托尼·瑟普拉诺以及其妻子卡梅拉，两人的婚姻面临疑虑、出轨及不幸，基本上可以说是千疮百孔。此外，希拉里是纽约州的议员，却选择模仿以新泽西哈德逊河为背景的电视剧，考虑到这两个州之间存在的激烈竞争，这一点简直让人感到匪夷所思。此外，《黑道家族》的大结局虽然相当模糊，但却表明托尼、卡梅拉以及他们的孩子即将被谋杀。希拉里的竞选团队极力表现出她对社交和大众文化的融入，但他们发布的希拉里竞选视频却让人十分反感，视频中的主角与总统榜样可谓是风马牛不相及。

黑道家族的价值观明显不是希拉里竞选团队想要推崇的，然而该竞选视频却难以避免地宣扬了这样的价值观。该视频明显是希拉里竞选团队核心成员制作的，这些人将自己的事业与希拉里·克林顿紧紧捆绑在一起，可是却并不了解如何让希拉里与公众更靠近。视频制作人曼迪·格伦沃尔德曾在 1992 年为比尔·克林顿的竞选四处奔走，他制作的视频却像在和希拉里竞选团队的其他成员一起齐心协力地传递一个信息，那就是和大多数人所想的相反，希拉里根本没有认真对待自己的竞选。竞选视频是在希拉里竞选团队通过 YouTube 视频发起竞选歌曲征集后发布的，在YouTube 视频中，希拉里宣称，由于曾经在唱国歌时被抓到走调，所以不论选歌的结果如何，她都不会自己唱这首歌。在竞选过程中，希拉里还发布过另一个在线视频，视频内容是对竞选歌曲征集的反馈，而那些远不是什么正面反馈。希拉里的整个竞选就像是一出经典的闹剧，这出闹剧对参与过这次竞选的人来说可能滑稽至极，可是也许永远也不应该让公众知情。此外，希拉里竞选团队的成员各个都想取得发号施令的权力，于是彼此之间勾心斗角，形成激烈竞争。这一点对希拉里的竞选几乎造成了致命影响，比竞选视频的小打小闹更为严重。

输在起跑线上

《黑道家族》的视频不仅让人们质疑希拉里竞选团队的判断力，更直接反映了一个事实，那就是希拉里在首次投票结果出来前苦苦挣扎了 6 个月。"竞选进展如何？"希拉里的丈夫比尔·克林顿问道。"就像你经常说的，珍惜好时光足矣。"希拉里采用电视剧中的对白回答比尔，同时也表明面对巴拉克·奥巴马的奇袭，她的竞选之路走得并不顺利。

希拉里·克林顿对 2008 年抱有如此高的期许，但却因为 2006 年再次参选议员期间做出的决定而遭遇滑铁卢。她在 2000 年为首个 6 年任期参与竞选时，曾经承诺会完成任期，且不会参与 2004 年的总统竞选。时至 2008 年，希拉里进入在参议院第二个任期的第二年，此时再没有人怀疑她竞选总统的野心。然而，希拉里却需要小心翼翼，不能过早暴露这份野心，因为这样容易削弱她在纽约获得的支持，并让再次选举的结果蒙上一层雾气，让人们看不清她在 2008 年是否还能继续作为议员为公众服务。根据日程，希拉里再次竞选参议员的时间与下一次总统竞选刚好时隔两年。然而，她不能单纯地希望只要在 2008 年 1 月出现在大雪纷飞的爱荷华州和新罕布什尔州，振臂一呼就赢得那里的选票。要拿下这两个州，需要的是"零售政治"，要赢得这两个州选民的投票，需要投入真心与时间。基于上述原因，希拉里面临进退两难的窘境：讨好爱荷华州的选民就有可能失去纽约人民的心，而希拉里刚好需要纽约人民的支持以再次当选参议员。但如果放弃爱荷华州的选民，就很可能失去他们的支持，从而无法确保获得民主党2008 年的总统候选人提名。再次参加参议员竞选的决定，对于之后的总统选举至关重要，而希拉里的决定是，放弃过早对爱荷华州和新罕布什尔州进行引人关注的出访。这个决定对于希拉里再次参加参议员选举十分有利，却意味着巴拉克·奥巴马与约翰·爱德华兹可以通过投入充分的时间、金钱与精力拿下爱荷华州的选票，而希拉里却只能在之后匆匆跟上。最后的结果也在预料之中，当希拉里的竞选团队最终开始征集爱荷华州选民的意见时，她得到的结果是自己的票数落后于奥巴马与爱德华兹，仅仅排名第三，而主要原因是选民表示对希拉里没有什么好感。

希拉里的个人能力有目共睹，但在爱荷华州，选民们处处能看到其他的总统候选人，他们在决定投票之前，几乎能与中意的候选人见上两三次面，而希拉里·克林顿在爱荷华州出现的频率之低，让她的竞争对手有充分的时间和空间增强自己在整个州的存在感，并给选民造成希拉里已经被三振出局的印象。如果希拉里在不经意间让爱荷华人民觉得她根本不需要他们的支持，那爱荷华人民则会更加毫不犹豫地向她表明，他们也不需要她的青睐。

在最后时刻，希拉里的竞选团队蜂拥而至，并以孤注一掷的姿态试图说服爱荷华州的选民，希望他们知道希拉里并没有忽视他们的意思。希拉里、比尔、切尔西，甚至希拉里的老母亲多萝西·罗德姆，都在 2007 年年末时节来到爱荷华州风雪弥漫的大街小巷，与人们握手、交谈，竭尽全力想要挽回一开始在爱荷华州造成的颓势。然而，三百多名志愿者的涌入、克林顿整个家族的出动以及不同政要的访问，仍然无法挽回既定的事实，那就是距离投票仅有几周的时间了，巴拉克·奥巴马已经访问过爱荷华州99 个郡中的 68 个郡，而希拉里却仅仅访问了其中的 38 个郡。

爱荷华州的投票让希拉里直接看到了由来已久的困境，这种困境的源头,直指希拉里的品行与人格。她的聪慧与能干无可争议,然而,随着时代的变迁,选民公开表示,会将自己的选票投给足够亲民,甚至能与他们面对面饮酒畅谈的候选人,这就让希拉里的亲民程度成为一个至关重要的考虑因素。不管是担任阿肯色州州长夫人与美国总统夫人,还是在 2000 年参加参议院议员竞选时,亲民都是希拉里面临的一项重要挑战。原因在于她总是追求美国最高的职位,人们对她争强好胜的性格的质疑胜过了对她无可指摘的智慧与能力的肯定。

爱荷华州选民的反馈中还提到了希拉里对性别及相关问题的强硬激进的态度。人们无法忽视希拉里·克林顿的性格,但希拉里却拒绝接受这个事实或老生常谈的候选资格问题。希拉里看起来甚至已下定决心,打一场不分性别、力求公平对待的总统竞选之战。就像 1960 年的约翰·肯尼迪一样,希拉里拒绝以少数人群的身份参与竞选,因为她是一名候选人,也只是一名候选人,只是刚好属于少数人群而已。如果是遇到其他的竞选季,希拉里·克林顿的决定根本不会给她带来这么多的阻碍。而她的对手奥巴马与她不同,他的支持者早已做好万全准备,支持他战胜种族歧视。希拉里却拒绝在竞选中过多强调性别,这在选举结果出来后,被证明是一种自掘坟墓的行为。

希拉里·克林顿 2008 年竞选策略的决策因素不是寻求占美国人口 50.8% 的广大女性的支持,而是像其他男性候选人一样,表现出同样的果决与坚韧。情绪化、女性特质以及装腔作势,都是她拒绝在竞选过程中表现出来的标签。相反，她希望自己在竞选中的形象是冷静、中性以及坚定不移。这就引发了可追溯到美第奇家族时期的终极政治辩论：希拉里到底是想讨人喜欢，还是招人恐惧？希拉里到底该以正面形象参选，宣扬她的个人经历，并在性格中注入更多的温暖特质，还是完全采取打压式竞选，以约翰·爱德华兹及巴拉克·奥巴马近乎空白的政治经验为由攻击他们，并强调其性格缺陷。最后，希拉里的竞选并非仅仅选定了某种单一的竞选策略，而她传达的信息以及对竞选对手采取的方式方法也游移不定。

火热竞选

希拉里 2008 年全年都是围绕竞选展开的，而她全年的主题也围绕着一个简单的理念展开,那就是"一战成名,一路领跑"。然而，巴拉克·奥巴马的草根竞选带来的威胁让希拉里猝不及防。在这种情况下她要赢得竞选，就需要迅速反应，比原计划更加积极地应战。希拉里提出的保持"必要连续性"的口号似乎难以与奥巴马"我们可以相信的变革"的口号匹敌。因此，她打算通过强调个人能力与成就，来对付只会发表演讲呼吁变革的奥巴马，并以此将其竞选旅程依次推进至伊利诺伊、卫斯理、阿肯色、华盛顿哥伦比亚特区以及纽约。希拉里·克林顿的通信主任霍华德·沃尔夫森曾说道："每一位候选人都大肆谈论变革，而选民却在发问，究竟谁在一生中真正完成了一场变革。"

然而，当爱荷华州的选举结果出炉时，希拉里·克林顿的票数基本没什么变动，仍然如预期一样，以 29.5% 的票选成绩稍稍落后于票选率为 29.8% 的约翰·爱德华兹，而与巴拉克·奥巴马 38% 的夺冠票选率相去甚远。这次竞选本身就充满了异常情况，而人们坚信希拉里的这次参选是蓄谋已久的，是一场马拉松，而非一时兴起。然而，爱荷华州的票选结果最终打破了希拉里·克林顿攻无不克的幻想。面对这样的结果，她的竞选团队无法确定哪些地方出现了问题以及下一步应当采取什么措施，这在结果出来后第二天的电话会议中表露无遗。希拉里简明扼要地结束了会议，当时她说道："对我而言，这次电话会议具有重大指导意义。"后来可以看出，爱荷华州的竞选成为希拉里 2008 年总统竞选过程中最大的败笔。

爱荷华州的票选结果出来后，希拉里·克林顿的支持者蜂拥而入新罕布什尔州，抱着不成功便成仁的心态为希拉里拉票，而巴拉克·奥巴马由于取得了爱荷华州的票选胜利，支持率飙升了10%。鉴于她的丈夫比尔·克林顿便是在 1992 年的新罕布什尔州如凤凰一般浴火重生，表露出竞选总统的决心，希拉里的竞选之路要继续下去，也迫切需要凭借自身的头衔东山再起。出人意料的是，希拉里曾两次拿性别说事，并两次都在票选过程中过关斩将，赢得重要胜利，从而重新获得胜利希望，得以在竞选中继续蹒跚前行。在新罕布什尔州曼彻斯特圣安瑟伦学院的辩论中，希拉里第一次直面性别问题，辩论会上还公开提及了希拉里的个性问题。希拉里在爱荷华州早期民调中遇到的问题，在新罕布什尔州再次上演。希拉里的能力毋庸置疑，让选民们担忧的是她冷静独立的个性以及亲民特质的缺失。对于声称在个性方面更喜欢巴拉克·奥巴马，也因此更倾向于投票给他的选民，希拉里要说些什么，才能赢得他们的心呢？"好吧，这太伤人了。"希拉里大方承认，她选择微笑地勇敢面对，但明显却被这样的言论伤到了自尊。"奥巴马议员确实'十分讨人喜欢'，可是我也没那么差吧。"然而，她的大方与坦诚却遇上了奥巴马极其低调的回应，他仅用三言两语来回应希拉里："希拉里议员，您已经够讨人喜欢啦。"随后希拉里也低调回应奥巴马，对他的称赞表示由衷的感激，这使得希拉里的女性特质以及优雅大方显露无遗。

然而，奥巴马很快就明白了，投票人根本不喜欢他对希拉里的评价，于是他的支持率骤降，尤其是痛失大批女性支持者，她们认为奥巴马对希拉里的评价有点故意纡尊降贵的味道。于是，随着新罕布什尔州的女性迅速站在希拉里这一方，这个州似乎又回到了希拉里的手中。面对这样的情势，她强忍着激动的泪水，在新罕布什尔州朴茨茅斯一家小型咖啡馆里告诉那儿的人们："如果我不觉得这件事儿值得我全力以赴，我就不会选择开始了。我们的国家赋予我如此多的良机，所以作为这个国家的子民，我绝不想让她停滞不前。这是我的个人观点。"新罕布什尔州的选民没有谴责希拉里利用自己的性别获得政治利益，而是突然把矛头转向了奥巴马的男性至上主义。就这样，希拉里所表现出来的人性脆弱的一面，让她赢得了这一场竞选之战的胜利。

然而，爱荷华州遭遇的失败耗费了希拉里大量的竞选资金，而接下来的选举是史上最烧钱的选举，希拉里·克林顿如果不投入比对手更多的竞选资金，根本没有任何胜算。她的竞选已经耗去了1亿美元，没有足够多的资金来确立在接下来诸多大州的选举必胜优势，而希拉里偏偏又迫切需要这些胜利。希拉里希望在以后的州选中继续保持在新罕布什尔州的势头，这一点最终并没有实现。奥巴马在一个又一个州的选举中接连取得胜利，不断获得更多的支持者、代表人以及重大财务资助，这些都是他在接下来的选举中取得胜利的法宝。此时，两人在竞选中的差距，已经再明显不过了。奥巴马的竞选团队宣布仅在1月份就筹集了3200万美元，而希拉里却为了选举不得不从自己的积蓄中挪出500万美元，勉强杀入2月5日即将举行的初选。

每个州都指定了不同数量的代表参加民主党的全国代表大会，其中加利福尼亚以及纽约的代表人数最多，分别为370人与232人，而特拉华州以及北达科他州的代表人数最少，分别为15人与13人。因此，对候选人而言，某些州相较于其他州会更加重要一些，因此候选人付出的精力与关注也相应地有所不同。巴拉克·奥巴马制定了制胜战略，通过这样的战略，他不断在希拉里票选领先的大州施加影响，同时也不遗漏代表人数少的小州。"超级星期二"（总统竞选初选日）对于候选人来说是决定命运的日子，因此也是至关重要的日子，这一天，来自美国23个州和地区的1681名代表将进行公开投票；而这一天，对希拉里来说，却因民主党特殊的比例分配制度，成为灾难性的一天。尽管希拉里赢得了50.2%的普选人票，巴拉克·奥巴马却赢得了23个州中13个州847名代表的选举人票，从而奠定了胜利的地位。

此时此刻，政治家摇摆不定的本性终于原形毕露。长期支持希拉里的支持者们，如密苏里州的议员克莱尔·麦卡斯基尔以及马萨诸塞州的议员约翰·克里等，都纷纷投入了巴拉克·奥巴马的阵营。然而，最残酷的变节事件，却是希拉里痛失肯尼迪家族。在比尔·克林顿担任总统期间，克林顿家族曾花费巨大精力笼络前任总统家族，如帮助爱德华·肯尼迪（因1991年威廉·肯尼迪·史密斯的强奸案，爱德华的事业一落千丈）恢复事业。克林顿总统主持了1994年肯尼迪遗孀杰奎琳·肯尼迪的葬礼，而希拉里·克林顿曾在此前就如何在白宫抚养切尔西向杰奎琳·肯尼迪征求意见。当约翰·肯尼迪的儿子所乘坐的飞机消失在大西洋海岸时，总统克林顿出人意料地投入了大量资源寻找这架失踪的飞机，希望帮忙找回卡米洛特失踪的孩子。尽管如此，议员爱德华·肯尼迪仍然带领他的家族投入了议员奥巴马的旗下，成为他的拥护者，主要原因是奥巴马作为非裔美国人，如果能担任总统，对整个国家来说都是创造历史的一件事，也可让约翰·肯尼迪以及罗伯特·肯尼迪在20世纪60年代推崇的政策终于得以明确实现。

肯尼迪总统唯一幸存的女儿卡罗琳发布视频，并在视频中谈到巴拉克·奥巴马让她想起自己已故的父亲。此时，一切都木已成舟。

尽管希拉里的竞选策略以及她的团队存在明显失误，但希拉里仍然尽其可能维持对他们的忠诚。在爱荷华州的票选结果出来后，她拒绝做出全面改变，而在新罕布什尔州票选中的胜利，让他们看到了短暂的胜利希望。然而，2008年2月10日，希拉里将她的竞选主管换成她担任第一夫人时期的白宫办公厅主任玛吉·威廉斯，这就意味着希拉里已经到了不得不做出改变的时刻。但她仍然拒绝解雇民意调查人马克·佩恩。随着竞选资金渐渐耗尽，且取得候选人提名的方案越来越少，希拉里将所有的一切都压在第二个"超级星期二"（2008年3月4日）上。当天，得克萨斯、俄亥俄等四个州将进行投票。同时，她的竞选团队发起了这一年最有争议的话题，即直接质疑巴拉克·奥巴马是否已经做好万全准备在美国陷入危机的当下带领这个国家走出危机。

重磅出击，功败垂成

政治广告可能通过各种各样的方法进行，这些方法根据情况在以候选人资格为重心的正面竞选以及以攻击对手弱点为主的负面竞选两类之间选定。1984年，里根一则题为《美国之晨》（*Morning in America*）的竞选片被后人视为经典的政治广告。广告中，美国已现阳光，星条旗迎风飘扬，昭示着美洲中部未来会有更大的光明和希望。而再次参与竞选时，他的政治广告中是森林里一只溃败的熊，这是在影射苏联，强调美国需万众一心，共同抵制苏联。2008 年，希拉里·克林顿在选择采用哪种方式对付巴拉克·奥巴马时左右为难。曾经有几个月，她的竞选团队做得都还不错，稳扎稳打，颇有成效。然而，到 2008 年 3 月，竞选进入了白热化阶段。约翰·爱德华兹在不久之前已退出了选举，马克·佩恩认为希拉里必须将爱德华兹的支持者中那些不愿意为巴拉克·奥巴马投票的争取过来。这些人主要是白人，希拉里可以通过自己擅长的国防与国家安全等领域的问题将他们争取过来。于是马克·佩恩制作了一则政治广告片。广告中，电话在午夜响起，"已经凌晨 3 点了，你的孩子正在香甜的睡梦中"，一个声音出现，"但在这个充满危险的世界里，你希望谁来接听这个电话？"这则广告想要传达的信息十分明确：只有希拉里·克林顿才能凭借自身充足的经验与非凡的智慧来应对美国在 2008 年所面临的挑战。

这则广告成功地塑造了希拉里强大有力的形象，她就像总指挥官一样，具备果断行事的能力，不弱于任何男性竞争对手。然而，这样的方式也不是没有风险的。她在民主党内已经相当不受欢迎，这种方式只会加大她在民主党内不受欢迎的程度。此外，如果奥巴马赢得初选，这种方式还可能损害其大选结果，从而让共和党有可乘之机。然而，尽管这种手段已有所保留，却仍然引起了轩然大波，人们的反应或正面或负面。最重要的是，这种手段造成的短期影响可帮助希拉里夺取得克萨斯州以及俄亥俄州的初选胜利。于是希拉里的竞选团队继续以此方法塑造希拉里"正面""强大"的形象，但这种手段却未能帮助希拉里夺得进一步胜利。她在宾夕法尼亚州的初选中夺冠，却输掉了北卡罗来纳州。尽管民主党特殊的比例分配制度影响了希拉里的夺冠，但即使她赢得了印第安纳等州的初选，她也仅能争取到略微过半的代表的票数；而奥巴马即使落败，仍然会继续保持领先地位。

因此，希拉里获得民主党候选人提名的唯一途径便是 800 名超级代表，他们的投票将占据所有代表的 20%，是候选人获得提名的决定性因素。一旦希拉里获得超级代表的支持，则奥巴马在代表大会上获得的 150 名代表投票的优势就不值一提了。然而，在大选季，希拉里发现自己又一次被民主党内她曾经极力笼络的资深议员抛弃了。领导层明确规定，超级代表不得推翻初选结果。希拉里曾希望获得密歇根州与佛罗里达州代表的选票，却被民主党全国委员会驳回，原因是这些州为提高自己在普选中的地位，在未取得授权的情况下擅自改动了初选日期。在诉求被委员会驳回后，希拉里·克林顿的命运基本上已经确定。委员会的决定帮助巴拉克·奥巴马确定了截止到 6 月的代表投票数量优势，尽管希拉里·克林顿赢得了波多黎各和南达科他州的初选，也无法改变这一事实。

在初选期间，希拉里·克林顿获得的票数超过美国历史上任何一名女性在选举中获得的票数。当她在华盛顿特区的国立建筑博物馆承认自己竞选失败，并对奥巴马表示支持时，她说：

尽管我们这次未能如愿打破最高、最坚固的玻璃天花板，但因为你们，我们仍然造成了天花板上的 1800 万道裂痕，而穿过这些裂痕照进的光线将前所未有地照亮我们，让我们充满希望，让我们坚信，下一次这条路将更加平坦。

当她离开舞台时，几乎没有人怀疑她将卷土重来，参加未来的总统竞选，而剩下的，只是时间问题而已。

究竟是哪里出了差错？

希拉里·克林顿的领先地位以及压倒性竞选优势让她的团队大意轻敌、效率低下且反应迟缓。把希拉里的这种情况比作恐龙并不完全合适，巴拉克·奥巴马以机动灵活、圆滑以及紧跟时代的策略从智力、速度方面战胜了希拉里。

希拉里在竞选过程中犯下了一系列错误，这些错误对她 2008 年的竞选之路可以说是致命的。这些由希拉里自己造成的伤害强调了一个事实，那就是尽管希拉里在 2008 年的初选中获得的票数超过此前其他任何获胜的候选人所取得的票数，但她仍旧未能取得民主党的总统候选人提名。可以说，希拉里的 5 项错误导致了她2008年总统竞选的失败，也使得她不得不再次通过迂回的道路来获得政治权力。

1. 被动竞选

作为竞选领跑人，希拉里本应该主导整个竞选的节奏，发号施令，确保不留给任何人追赶的机会。她本应该是第一个宣布参与总统竞选、第一个集齐必要竞选资金且万众瞩目的候选人，但她的竞选却从一开始便随着奥巴马的竞选节奏、策略与时间安排亦步亦趋。希拉里想要等到2007年晚春时节再宣布参与竞选，但却在奥巴马宣布参与总统竞选的四天后被迫提前宣布了这一计划。她的竞选启动得相当成功，但宣布时机以及在线宣告的举动却完全是被动选择的，与巴拉克·奥巴马的竞选势头相比立刻落于下风。

奥巴马的竞选不只在时机以及社交媒体的使用上抢了希拉里的风头，甚至在资金筹集以及网络方面也占尽上风。克林顿夫妇多年来可谓是现代竞选的先锋，但面对全新的数字化时代，他们却显得有些无所适从。

在2007年1月到4月，奥巴马为竞选总共在网络广告上面花费了680万美元，而希拉里竞选团队却仅仅投入了35万美元。在网络广告上砸下的重金让奥巴马声名大噪，其在公众面前的存在感几乎无与伦比。希拉里主要利用曾经支持过她竞选参议员以及她丈夫总统竞选时的支持者长时间建立起来的人脉与网络进行筹资；而巴拉克·奥巴马则利用数量庞大的支持者的捐赠进行筹资，这种方法曾在2004年为霍华德·迪恩所用。当希拉里下定决心利用网络进行筹资且在2008年2月积极鼓励众人通过这种方式捐献资金之时，她收获了大量的竞选资金，大多是金额低于200美元的捐赠。然而，在那个时候，奥巴马已经通过这种方式筹资一年了。希拉里通过新的筹资渠道筹集的资金占其总收入的一半，相较以前上涨了20%。而不幸的是，这又是一个一切都已太晚的典型实例，进一步证实了希拉里竞选的被动性。

2. 性别角色

2008年的总统竞选注定是要创造历史的。美国要么会选出一位史上年纪最大的总统（麦凯恩），要么选出史上第一位女性总统（希拉里），要么选出第一位非洲裔美国总统（奥巴马）。然而，这三位候选人似乎都无法确定如何在竞选过程中体现他们各自的特质。麦凯恩拒绝承诺因自身年事已高只担任一届总统，而希拉里对于是否应该拿自己的性别说事也犹豫不决，至于自己的种族在竞选中应扮演怎样的角色，奥巴马也摇摆不定。三人中没有一个愿意被贴上"高龄候选人""女性候选人"或"黑人候选人"的标签，然而他们却都乐于得到高龄人群、女性以及非洲裔美国人的支持。

希拉里对于自身作为女性榜样的角色时应保持怎样的姿态，

明显是十分矛盾的。得克萨斯州的议员希拉·杰克逊·李建议希拉里专门发表针对性别的演讲，也以此对奥巴马在 2008 年 3 月发表的关于种族的演讲表示回应。这一举动，再次表明希拉里·克林顿的竞选节奏几乎都被奥巴马的竞选节奏控制，即她总是被动地针对奥巴马的竞选动作做出响应。尽管希拉里明显倾向于发表此类演讲，但她的竞选团队成员却认为这样会造成反效果，因此说服她放弃了这个想法。他们的中心论点是如果希拉里就性别发表演讲，有人可能会谴责她将种族主义与性别歧视等同起来，而这种争论并不是希拉里的竞选团队乐见的。然而，放弃这次演讲，以及因为害怕引发公众的不愉快而畏首畏尾，都证明了希拉里在竞选中缺乏主动出击的果决。希拉里根本无法逃避性别问题以及她的竞选创造历史的可能性，就像奥巴马也无法逃避种族问题以及他的竞选创造历史的可能性一样。然而，奥巴马凭借自身的种族因素在非裔美国人中获得了大量支持，希拉里却从来没有想过通过自己的女性角色取得美国女性的支持。当然，他们在这一方面，也几乎没有什么成绩。根据美国人口的构成稍加分析，这个计划的缺陷就一览无余了：非裔美国人占美国总人口的 13%，而女性却占所有美国公民的 51%。在 2008 年以性别为切入点获得美国女性的关注本来有可能让希拉里拥有更多拉票的选择，且其选民的范围也将相应变得更加广泛。

3. 战略家

希拉里竞选团队的组成是她竞选中的第三个错误。希拉里的
竞选团队对以性别为基础争取选票的方式犹豫不决，各执己见，
仅这一点，就证明其团队组成存在问题。希拉里的顾问包括丈夫
比尔·克林顿政府的官员、她的核心集团（希拉里阵营）成员以及
民主党高层，这些人大多都有与克林顿家族长期共事的经历，其
中有些甚至从 1991 年起就一直与克林顿家族多有接触。然而，这
并不意味着他们完全赞同克林顿夫妇的所有观点；或者说，在某
些情况下，他们的观点与克林顿夫妇的观点是完全相左的。希拉
里的竞选顾问就她的竞选政策、策略与传递的信息公开进行争论
与对战，这样的内部分裂是使希拉里·克林顿 2008 年总统竞选偏
离正轨的决定性因素。希拉里竞选团队的成员就她的竞选风格与
实质问题争执不休，他们在她应如何竞选、应提倡哪些政策、应
在具体场合向美国选民传达哪些信息等方面各执一词，难以统一。

于是这个竞选团队的内部出现了分裂，比尔·克林顿与马
克·佩恩提倡采用激进方式竞选，以巴拉克·奥巴马缺乏政治经验
为理由对其展开攻击。他们还想就奥巴马与某些名誉不佳的社会
人士的私交提出质疑，如奥巴马与前无政府组织领导人艾尔斯的
关系，而霍华德·沃尔夫森、哈罗德·伊克斯、曼迪·格伦沃尔德、
帕蒂·索利斯·多伊尔等其他人则主张采取比较正面的方式竞选，

也就是说将重点放在希拉里的成就与她的人格优势上面。初选期间希拉里的竞选大多时候采用了后一种方式，而前一种方式则主要在出现危机时才使用，这也就导致希拉里的竞选因危机恐慌被人诟病。如果希拉里坚持采用某一种方法，或合理地将这两种方式结合使用，即在不同的竞选阶段或在不同地区视情况合理运用这两种方式，就能避免她竞选过程中的种种混乱了。然而，无法在竞选过程中传递统一的信息，终究让希拉里2008年的竞选毁于一旦。希拉里的竞选团队始终纠结于是将她塑造成一个变革推动者，还是将其打造成为保持"必要连续性"却拥有丰富经验的标志性人物。这个问题在希拉里的整个竞选过程中都没有完全得到解决，从而导致其竞选过程跌宕起伏、起起落落——她与女儿切尔西一起出现在大学里，试图向年轻一代选民强调她激进革新的政策，又与丈夫以及其他随从出现在更多正式场合，积极表现出其政治理念中保守的一面。

希拉里2008年总统竞选团队的核心人物是马克·佩恩，他在1996年为比尔·克林顿的第二次总统竞选四处奔走，为各种各样的竞选问题提供以调查结果为依据的建议（包括如何以最恰当的方式处理弹劾危机），是比尔连任总统的功臣。然而，马克·佩恩的性格与行为却大大破坏了他牢不可破的政治信念。他帮助比尔·克林顿赢得了第二次总统选举，也让希拉里顺利地在2000年取得参议员一职，故也力图主导希拉里2008年的总统竞选。他自封为首席策略官，却在这个过程中被同僚嗤之以鼻。他的一贯正确，即使是在希拉里选举失败后，也只是随着他周边的人一个个从竞选团队离开而证明了内部的紧张关系而已。

不管佩恩表现出了怎样的人格缺陷，他却实实在在制定了符合逻辑且能解决一系列问题的制胜策略。在他的领导下，希拉里的竞选团队打破了巴拉克·奥巴马塑造的新救世主的形象，他还准确无误地沿袭了理查德·尼克松"沉默的大多数"的策略，号召希拉里笼络那些"默默无闻的美国人"。除了将希拉里塑造成一个强大、机敏且拥有无可挑剔的才能的领袖以外，佩恩对其他任何想法都毫无兴趣。根据他提出的竞选策略，希拉里应从女性下手，赢得她们的好感与支持，然后笼络中产阶级以及贫苦的美国人，随后强调自己历年来的政治成就，向美国男性以及富豪证明她过去种种行为的正当性。此外，佩恩无意针对巴拉克·奥巴马的血统问题做出回应，他只是建议希拉里强调自己的美国公民身份，强调自己的故乡就在美国中西部，强调她多年来始终诚心为这个国家以及所有美国人服务，从而与奥巴马复杂的抚养与血统背景形成鲜明对比。佩恩的这种方法确实绝妙，但绝大部分却被希拉里竞选团队的其他成员否决了。因为他们倾向于用一种更为友善的方式展开竞选，而不能让人以为希拉里为了赢得竞选不择手段。但希拉里旗下的这些战略家早就应该明白，在总统竞选中，就算再友善，也没有任何好处。

4. 战略

要赢得美国总统竞选的初选之战，精妙的战略是必不可少的。所谓战略，并非只是简单地参与竞选，然后就以乐观的态度希望取得最好的结果。

某些竞选团队会放弃一些州的选票，而另一些则会集中精力取得某些地区的选票。然而，为了取得竞争优势，竞选团队需要放眼全国，并学会如何打造有利势头。有了势头，选民的支持、捐赠以及战无不胜的气氛就会源源不绝，这就是所谓的一事成功百事顺。而初选开始没多久，希拉里竞选团队的工作就明显落在了奥巴马竞选团队的后面，原因在于奥巴马的方针更加务实，竞选班子更为优秀。考虑到希拉里几十年来所积累的资产与人脉，这个结论简直可以说是让人大跌眼镜。

希拉里的竞选策略之所以出错，大部分原因是没有意识到，曾经对代表们适用的"赢者通吃"的准则现在已经行不通了。这也意味着希拉里在初选中从选票上似乎以微弱优势（51%：49%）胜过奥巴马，但实际上却因为民主党特殊的代表分配制度反而落在了他的后面。并不是希拉里竞选团队的所有成员都没有意识到问题的存在，哈罗德·伊克斯曾几次尝试向其他人强调希拉里竞选策略中存在的缺陷，却被其他人彻底忽略了。

此外，取得胜利的关键是知道为何而战。由于 2006 年的第二次参议院议员竞选，希拉里未能在爱荷华州投入时间与资源，这就让她的两名竞选对手有了可乘之机。当她还在纽约笼络那儿的选民时，奥巴马与爱德华兹分别在爱荷华州赢得了一定数量的票选人的支持。早在 2007 年 5 月，就有人建议希拉里放弃爱荷华州的选票，因为坚持去那儿拉选票的结局也只能是铩羽而归，让自己难堪罢了。如果不能果断放弃爱荷华州，就只会耗用更多财务资源，并在无意中让对手捡便宜。然而，希拉里的竞选副主管迈克·亨利提出的这些建议却没有得到重视，还被泄露给了《纽约时报》。这再次证明，希拉里竞选团队的内部分裂将此次竞选弄得乌烟瘴气。

尽管丈夫比尔·克林顿竞选时放弃了爱荷华州的选票却仍然赢得了胜利，但希拉里·克林顿还是选择在爱荷华州拉票。不幸的是，她仅有几周的时间来劝服爱荷华州的选民为她投上一票；而这个时候，约翰·爱德华兹及巴拉克·奥巴马几乎已经以这个州为家，差不多争取了所有能争取的支持与选票。最后，希拉里耗费了 2000 多万美元，却仅仅取得第 3 名的成绩。面对这样的结果，大多数竞选者会果断放弃接下来的竞选，因为它几乎昭示了必败的结局。如果希拉里果断放弃爱荷华州的选票，她在接下来的竞选中本来可以拥有更加雄厚的财力，然而，她最终没有选择放弃爱荷华州。这样的决定事实上无意中助了巴拉克·奥巴马一臂之力，原因在于希拉里抢夺了约翰·爱德华兹的部分选票，从而导致了奥巴马的意外胜利。如果希拉里放弃爱荷华州，约翰·爱德华兹本来最有可能赢得这个州的最多选票，从而很有可能导致奥巴马此次竞选失败。如果是这样的话，那么剩下的爱德华兹竞选团队对于希拉里的竞选团队来说，在初选中对付起来就容易多了。如果奥巴马竞选总统失败，那么希拉里很有可能会在11月份的竞选中将其任命为自己的副总统候选人。

然而，希拉里的竞选团队面对爱荷华州的票选结果亦没有任何应对方案。希拉里·克林顿一开始的竞选主管帕蒂·索利斯·多伊尔拒绝采纳希拉里竞选现场主管盖伊·塞西尔提出的方案，而她本人也未能成功制定任何可用的策略。

这种荒唐的做法，或者说这种毫无章法的竞选，足以解释希拉里为什么会在一系列至关重要的州级初选中败下阵来。而这一次，希拉里的资深顾问哈罗德·伊克斯同样就希拉里阵营所面临的困境提出过警告，却依然被彻底忽略。希拉里也未能夺得较小州的初选胜利，因为要在这些州赢得选票，必须采用草根拉票方式。就这样，她将这些赢得重要代表的机会以及胜利的凯歌，统统让给了巴拉克·奥巴马。她的策略是将精力集中在大州的初选上，而采取这样的策略，不管是从财务角度还是从政治角度出发，最终都被证明了需要付出高昂的代价。希拉里·克林顿的竞选策略到这个时候已经彻底被瓦解，因为奥巴马在小州初选中赢得的胜利用以抵消希拉里在大州初选中获得的优势已经绰绰有余。缺乏可靠的竞选策略，让曾经声称已做好担任美国总统的万全准备的希拉里被现实狠狠扇了一记耳光，让她失去了最珍贵的代表支持，让她未能合理分配与使用日渐稀少的竞选资金，让她失去了夺得胜利的气势，也让她将所有的一切，拱手让给了对手。在小州初选中夺得多次胜利的巴拉克·奥巴马却能随时弄清楚形势，占得至关重要的势头，还能以合理的节奏保持稳定的竞选资金流，从而取得一次次的胜利。在一场胜利显而易见的竞选中，如果不能精于计算，不仅会遭受致命打击，而且会导致资深竞选顾问甚至是候选人本人盲目地狂妄自大。

5. 伊拉克

在乌云翻涌而来之前，人们都以为2008年的总统竞选主题会是美国的外交政策以及伊拉克战争。人们对伊拉克战争的抵触情绪越来越严重，这场战争被视为2008年不再参选的在任总统布什所犯下的一个重大错误。

因此，人们的注意力便自然而然地转向了哪些人曾支持过这场战争，而哪些人又提出过反对意见。就这一点而言，巴拉克·奥巴马有幸身处正确的立场：当参议院投票决定是否对伊拉克采取行动时，奥巴马还没有进参议院。希拉里·克林顿与约翰·爱德华兹则都投了赞成票，这也是2002年美国举国上下的主导情绪。然而，几年过去后，世事变迁了。坚持战争的正当性却不能发现大规模杀伤性武器，让坚持发动伊拉克战争的布什政府成为非法入侵者。作为一个民主党人，一位女性，以及一名总统候选人，希拉里的处境艰难。如果她放弃投票权，就会成为人们眼中优柔寡断的女议员，甚至被人视作反复无常的墙头草，就像约翰·克里4年前在这件事中所遭遇的情况一样；然而，她决定勇敢地投出自己的一票时，她就会冒将改革平台留给巴拉克·奥巴马的风险，后者不会因为这个问题让自己的名声受到影响。

巴拉克·奥巴马不断地通过伊拉克战争的投票问题将自己与希拉里区分开来，这让比尔·克林顿勃然大怒，并威胁说将针对奥巴马的上述言论展开辩论，据理力争。比尔·克林顿注意到了奥巴马在参议院的投票其实与希拉里的投票有异曲同工之处，并以此反击奥巴马，称他反伊战争纯粹是"谎言"，目的是确保前总统成为谈论焦点，而不是奥巴马自己的具体政策。为了摆脱窘境，希拉里于2007年1月访问了巴基斯坦、伊拉克、科威特以及阿富汗，这个时候距她宣布参加总统竞选只有几天的时间了。她的这一举动是为了证明自己有能力带领美国完成改革，实现外交政策的革新。

希拉里于2007年1月20日宣布参与总统竞选时说："现任总统班子在对待伊拉克的战略上出现了失误，而这项失误导致布什政府处于崩溃边缘，因此我们需要更谨慎地对待阿富汗问题。"之后希拉里承诺结束在伊拉克的战争。

约翰·爱德华兹不遗余力地解释其同意对伊拉克采取军事行动的理由，甚至恨不得撤回上次的投票。但希拉里却拒绝这样做，因为此举在她看来过于鲁莽，会破坏她作为总指挥官的信誉。然而，在美国选民有机会去思考希拉里的角色地位之前，她首先必须赢得民主党的总统候选人提名。本来，希拉里要赢得此次提名是轻而易举的，但她 2002 年的投票以及此后拒绝否定自己投票的态度却让这件事不再那么轻而易举，因为这让人觉得她仅仅是安于现状，而巴拉克·奥巴马却是改革的希望。

小结

2008 年的总统竞选确实创造了历史，但这样的历史却不是希拉里·克林顿所乐见的。这一年，美国人民没有选出美国历史上第一位女性总统，而是选出了美国历史上第一位非洲裔总统。尽管奥巴马和希拉里都没有选择在竞选中拿种族或性别说事，但种族与性别仍然成为 2008 年总统竞选过程中两个不可避免的热门话题，而就算奥巴马与希拉里闭口不提，这两个问题也不会消失。就此而言，希拉里倾力打造自己果决强大不输男性竞争对手的形象，希望以此通过担任总指挥官的资格测试，似乎是一个错误的决定。

在 2008 年的总统竞选过程中，美国总统竞选制度悄然发生了改变，议员奥巴马充分利用了这些改变为自己谋得了先机，而希拉里·克林顿的竞选团队却没有充分重视这些细节，这对她来说是致命因素。

希拉里本意是以绝对优势赢得 2008 年的总统竞选，却最终只是通过这次竞选明白了自身的劣势，明白了未来需要克服的一系列困难。她的竞选之所以频频出错，原因是竞选团队阵容过于庞大，里面有太多顾问，且个个都想在新政府里谋取一席之地，又个个都对自己的方法满怀自信。他们对于希拉里能获得总统候选人提名几乎从未怀疑过，而这样过于膨胀的心理让他们在面对问题时反应缓慢，在应该发挥作用时却束手无策。但候选人本身对竞选毕竟负有不可推卸的责任，只有候选人本人才能最终敲定所有决定，因为竞选毕竟是以候选人的名义展开的，而不论竞选成功或者失败，后果都得由候选人一力承担。

马克·佩恩曾试图将希拉里塑造成为"充满责任心的进步人士"的形象，并进一步拉近她与民主党自由派的关系。因为要赢得提名，希拉里应该首先取得这些自由派的支持。回想起来，希拉里的竞选团队似乎太自以为是了，他们将取得民主党的总统候选人提名视为理所当然的事，以为胜利是必然的。当希拉里竞选团队应集中精力拿下民主党总统候选人提名时，他们却一心将全部火力对准了共和党，只想着在 11 月的大选中击败共和党候选人。他们未能意识到奥巴马同样是带着能够创造历史的光环参与总统竞选的，也没有意识到他的竞选团队之足智多谋甚至更胜一筹，更没有意识到奥巴马是在希拉里曾极力笼络的民主党资深议员的公开鼓励下参与竞选的。

除了技术问题、竞选战略以及竞选团队的内斗，希拉里 2008

年的竞选中还存在一个根本问题，也被视为她竞选过程中所犯下的一个最严重的错误，那就是她被选上的可能性。希拉里与自己的丈夫比尔不同，比尔以超强的个人魅力以及卓越的软性技能闻名，而希拉里的形象却酷似阿尔·戈尔。希拉里和戈尔都拥有担任总统的才能，但在人际交往方面却略显不足，而人际交往能力却又是普选中取得大众好感至关重要的一个因素。当她的丈夫比尔在希拉里竞选中出现时，希拉里的行为举止与比尔的风度比起来可以说是相形见绌。比尔·克林顿的南部作风与妻子希拉里的北方气派有着鲜明对比，这再一次证明他是希拉里最大的财富和最大的负资产。

总统竞选就是掌权人的训练场。竞选期间，最后成功登顶的候选人将累积担任总统并有效治理国家所需的知识与经验。希拉里·克林顿似乎就像她的 2008 年总统竞选口号一样，相信自己已经做好万全准备："一战成名，一路领跑。"（Ready to Lead On Day One）而就是这样的想法，再加上想当然地以为赢得提名如探囊取物，才使得希拉里失去了在竞选中不断进取、不断强大的野心与动力。但在整个竞选过程中，她的天性与人格仍然保持不变，而在竞选结果出来后的几个月里，希拉里才开始真正地发展提高。彼时，她的身份却不是总统，而是奥巴马内阁的成员，这是一个在希拉里竞选的漫长历程开始时，包括她自己在内没有人能够预料到的位置。

— 第 6 章 —

美国国务卿

当希拉里·克林顿 2008 年的总统之梦被打碎时，许多人都在猜测她下一步将走向何方。在年轻气盛且美名远播的奥巴马坐镇白宫之际，希拉里未来 8 年似乎都没法在美国政坛有所成就。但奥巴马却出人意料地选择充分利用希拉里在美国的独特地位，任命她为自己第一个总统任期内的国务卿。作为美国的首席外交官，这个职位给了希拉里千载难逢的好机会，使其取得了无价的国际经验，并能以内阁最高层的身份继续为美国服务，也位列美国总统继任班子之中。

希拉里在担任参议员的 8 年里颇有成就，却未能成功登上美国总统宝座。被奥巴马委以国务卿之职，让希拉里意识到，这是她为自己的政治生涯再添上浓墨重彩的一笔之绝佳时机。由于新一届总统已经产生，希拉里的另一个选择是留在参议院，但这样她的事业就会停滞不前。她留在参议院的时间越长，成为美国总统的可能性就越低。从 1960 年的约翰·肯尼迪以来，美国人总是将前任州长推向总统宝座，只有巴拉克·奥巴马作为一名任期内的议员参与总统竞选并赢得了最后的胜利。约翰·克里在 2004 年发现，如果在参议院任职太久，就容易留下很多让对手可能轻易攻击、恶意扭曲的话题，希拉里·克林顿在参议院任职多年的经历也印证了这一点。她投票同意对伊拉克采取军事行动，这一点成为她在 2008 年总统竞选过程中被对手攻击的理由，也让她失去了最终的胜利。

希拉里拥有很高的全球知名度以及国际名流地位，因此是奥巴马旗下全球访问大使的最佳人选。循着亨利·基辛格及詹姆斯·贝克之路，希拉里·克林顿有可能成为奥巴马政府第二重要的人物，同时赢得具有团队合作精神的美誉。在竞选期间，人们争论的话题基本集中在美国是会诞生第一位非洲裔总统还是会选出第一位女性总统上。如今，在竞选过程中斗得如火如荼的两位对手最终选择携手为美国开辟新局面，为世界呈现新美国。这一切，都是因为奥巴马打算重新洗牌，清理被乔治·沃克·布什弄得乌烟瘴气的美国对外关系。作为第一夫人，希拉里曾始终致力于为白宫注入新的活力，而这一信念，在她担任纽约州参议员的时候也从未改变。如今，作为国务卿，她要将这股活力呈现在世界舞台上。她不是总统，却是美国在全世界的门面，这使她既能推动自己在政治生涯中所珍视的政策的实施，又能以一种绝妙的方式维持与其权力及政策之道之间的微妙平衡。在国务卿希拉里·克林顿的直接带领下，美国即将进入以"巧实力"为主要特征的新外交时代，而对希拉里来说，这却是一段"不成功便成仁"的征程。

国情 2009

2009 年希拉里出任美国国务卿之时，整个世界可谓一片混乱，而其中一大部分原因便是美国在全球举足轻重的地位。"九一一"恐怖袭击悲剧发生后的 8 年内，美国对国际事务的态度较为激进。这一事件对布什余下的总统任期中的美国外交政策的方向与基调产生了重大影响，因为美国在国际舞台上采取了布什总统的"耀武扬威"的做法。新政府的首要任务，就是改变世界对美国的这种看法，但这并非一朝一夕就能完成的任务。尽管美国已经连年征战，但美国军队仍将卷入阿富汗局势，缉捕美国的头号敌人——奥萨马·本·拉登。此外，伊朗宣称将发展制造核武器的能力，美国与巴基斯坦的关系不断恶化，贝娜齐尔·布托被刺杀，美国的军队拼尽全力想要维护伊拉克的稳定，却收效甚微，同时朝鲜半岛的紧张局势也进一步加剧。

竞选期间，巴拉克·奥巴马不断告诉美国选民，一旦他上任，将呈现不一样的美国。而要实现这一点，大部分重担却落在了希拉里·克林顿的肩上。美国的世界图景在她就任之时并不让人乐观。皮尤研究中心（美国调查机构）表示，在接受访问的 24 个国家中，19 个国家的大部分受访者"对已经卸任的乔治·沃克·布什几乎不报任何信心，或即使有，也十分有限"，这些国家（包括英国、西班牙、土耳其、约旦等）对美国的"反对票"高达 89%。这样的情绪让人们害怕美国文化的传播，46 个受访国中仅有 6 个认为能从美国文化的传播中受益。让美国的国际形象改头换面，消除国际上对美国的反感情绪，是奥巴马政府面临的一项重要挑战，而要解决这个问题，任命希拉里为国务卿就成了重要的一步。奥巴马政府想向世界证明，美国国内一片和谐，即使是曾经互为政敌的对手，也能携手合作，共创美国辉煌。奥巴马还打算利用希拉里的国际声望推动美国在全球的事业。

第二人生

对于希拉里来说，被任命为美国国务卿其实是好坏参半之事，这一点她自己也十分清楚。担任国务卿是在为担任总统做铺垫，这和英国政客在成为首相之前通常会领导政府部门的道理是一样的。在美国的历史上，从 1801 年到 1841 年，除了一位总统以外，其他所有总统都曾经担任过国务卿，而从美国内战之前不久开始，前任第一外交官就没有再担任过下一任美国总统。希拉里意识到

了自己的处境，担任国务卿要么会成为她在 2016 年重新竞选总统
的跳板，要么会成为她政治生涯的终点。2008 年总统竞选结束后，
在最高法院取得一席之地对希拉里来说似乎是更好的选择，这样
也能充分反映出希拉里·克林顿在法律专业方面的经验学识。然
而，如果在最高法院就职，希拉里的政治生涯就基本不会有任何
更进一步的可能性了。而如果担任国务卿一职，希拉里就可以利
用自身在美国的独特地位应对各种各样的挑战，这样，她可以在
奥巴马的第一届任期内为未来竞选总统做好准备，并在其第二届
任期内卷土重来，再次参与总统选举。对于希拉里来说，这可谓
其政治生涯的第二春。然而，就像她丈夫比尔·克林顿一样，希
拉里对于外交政策也是谨小慎微的。1992 年，比尔·克林顿在国
内公开反对以"外交总统"著称的乔治·赫伯特·沃克·布什，而
自己担任总统之后，面对冷战后的世界应采取什么政策，比尔·克
林顿的顾问们却不能统一意见。他麾下的第一位国务卿沃伦·克
里斯托弗告诉参议院，他个人绝不愿意"束缚美国的外交政策"。
希拉里曾目睹自己的丈夫在担任总统期间在国际事务方面是如何
犯下错误，又如何获得成功的。她的经历告诉她，在国家安全问
题上，必须秉持强硬的态度，向民主党展现她强硬的一面。在反
恐战争前期，希拉里的这种姿态可以说是恰如其分，但到 2008 年
总统竞选期间，她却因为支持伊拉克战争而拖了自己的后腿。如今，
她将在奥巴马手下担任国务卿，而后者似乎不那么愿意进行军事
干预。她还将与乔治·沃克·布什政府的国防部长罗伯特·盖茨共

事，而布什发起的伊拉克战争却恰恰是奥巴马选举时承诺要结束的。这一切，都是她呈现强硬一面时需要考虑的因素。从担任国务卿开始，一切关系，从很多方面而言都是错综复杂的。希拉里曾经出现在白宫准备参加会议，却发现根本没有什么会议可以参加，这样的行程错误让希拉里最初充满了不安全感，于是她改用简洁的电邮进行沟通："我早上 10:15 到达白宫，却被告知没有什么会议要召开。马特说他们已经'发布'过时间了。而我已经是第二次遇到这种情况了。到底出了什么差错？"

国务卿的职责在每一位总统所领导的政府中都不一样，其影响力则取决于全球事务以及总统的放权意愿。某些总统希望自己的国务卿实至名归，专门去应对全球挑战，而有些总统却希望国务卿将工作重心放在国内。在希拉里担任国务卿之初，奥巴马总统的态度并不明朗。考虑到他于 2009 年 1 月就任时美国的混乱局面，希拉里无法确定他希望采取上述哪一种方式。但有一点可以确定的是，作为美国在全世界的门面，希拉里接下来会忙得脚不沾地，她将在中东、亚洲、欧洲与南非的动荡地区穿梭。希拉里担任国务卿期间，阿拉伯世界刚好发生动乱，美国即将从伊拉克与阿富汗撤军，弗拉基米尔·普京再度执掌俄罗斯政权，中东也不断出现各种各样的问题。希拉里需要做的，是以全新的战略应对全新的世界。

以巧制胜

希拉里·克林顿在特殊背景下，凭借独特的能力，得到了国务卿一职。她此前从政的经历，让她可以毫无惧色地坐镇位于华盛顿特区雾谷的美国国务院总部。她成竹在胸，对美国外交政策未来的发展方向有清晰的认识和深刻的洞察，也知道一旦奥巴马登上总统之位，美国应如何在世界舞台上准确定位。在希拉里的思维方式形成过程中，哈佛学者约瑟夫·奈烙下的痕迹最为深刻。奈曾担任过助理国防部长，如果约翰·克里在 2004 年成功当上总统，奈甚至有可能成为美国国家安全顾问。奈对克林顿夫妇的影响，部分来自他在"软实力"理念上所下的功夫。所谓"软实力"，即注重美国形象，让美国成为他国极力效仿的模范。就政策、文化以及价值观而言，"软实力"与攻击性的"硬实力"的高压政治理念（常常涉及武力的使用）截然不同。

作为总统，比尔·克林顿充分将奈的"软实力"方法应用于外交政策，并试图将这个理念融入他的宏观战略，成为其不可分割的一部分。希拉里担任美国第一夫人之时，就将"软实力"理念融入了其整体战略，力图让美国成为人权与民主之指路明灯。1995 年，希拉里·克林顿在中国北京发表演讲。她在演讲中就不断地宣扬美国在这方面取得的骄人成绩，并坚称："人权即女权，女权即人权——过去是，现在是，以后也是，这一点永远都不会变。"14年过去了，作为美国国务卿的希拉里已经能够将这种理念与奈的最新理念结合在一起，完成这种理念的升级换代，即发展成为"巧实力"。根据此前提出的观点，奈将"巧实力"定义为根据情况需要的、"软实力"与"硬实力"的有机结合。她这样做的部分原因是要"纠正仅仅使用'软实力'就能制定有效的外交政策的错误观念"。希拉里是最先推广"巧实力"的先锋之一，她推行的这一理念，被称为对乔治·沃克·布什所施行的"硬实力"政策的深刻反思。希拉里是在参加参议院听证会时，提到"巧实力"这一理念的。

从美国国务院负责公共外交和公共事务的副国务卿朱迪思·麦克海尔的出访计划就可以明显看出，希拉里有意将"巧实力"方法逐渐灌输给国务院。2010年4月，麦克海尔出访多哈，与半岛电视网的领导人、首相哈马德·本·贾西姆·本·贾比尔·阿勒萨尼以及美国中央司令部驻乌代德空军基地的人员会面。"访问相当顺利，"希拉里写道，"我期待听取你的报告。"然而，麦克海尔报告的内容却无从知晓，因为她在乌代德所作的简报原文因为希拉里的邮件泄露而被修改过。

作为美国的国务卿，希拉里·克林顿将奈提出的"巧实力"理念与她自称的"召集力"有机结合在一起，以期集结外部机构与组织，为共同利益而奋斗。希拉里的努力，大多能反映克林顿政府在20世纪90年代曾极力想要完成的工作，那就是超越对优势武力的使用，将文化与社会行动融入外交政策，让美国成为各国争相效仿的模范。这就包括在促进国家安全的过程中使用和发展公众外交。仅 2010 年一年，美国就为解决全球医疗卫生问题花费了 80 亿美元。她下定决心打破布什政府确立的外交惯例，并寻找新的组织建立合作关系，以期在不增加预算的情况下扩大国务院的工作范围与影响。通过这种方式，可以明确地看出奥巴马政府希望尽量避免使用"硬实力"的意图，原因在于奥巴马虽然将逐步从阿富汗与伊拉克撤军，但同时也想要维持美国在全球舞台上的地位。同样，奥巴马与克林顿为从阿富汗与伊拉克撤军所做出的努力，与尼克松和基辛格 40 年前为从越南撤军所做出的努力有相似之处。长期而言，他们是否取得成功，以及成功的程度，都有待众人的观察与评论。

从负责教育与文化事务的副国务卿安·斯托克与美国著名的大提琴演奏家的谈话中，我们能清楚地看到国务院对"软实力"的使用。安·斯托克与演奏家的谈话内容如下：

> 我这周与马友友见了一面，我们谈到了丝绸之路计划。他的公司有 3 名员工是伊朗人，而如果伊朗对外开放旅游，他本人对去那儿游览、与伊朗文化接触颇感兴趣。他请求我将这则信息传递给国务卿，并表示如果有机会去伊朗旅游，他本人与丝绸之路计划都将热烈拥抱这样的机遇。

而这种文化与对外交流的机遇正是奈"巧实力"理念的核心，且在希拉里担任国务卿期间在美国的外交政策中切实发挥了重要作用。

希拉里所推崇的外交政策与亨利·基辛格的外交政策完全不同。后者所采纳的是马基雅维利式的权谋哲学，在这样的哲学中，权力与国家利益是至高无上的。希拉里则力图施行以人为本的外交手段，她的这种方式曾受到基辛格的一再反对，但在这个已经实现即时通信的新时代，只有这样的外交方式似乎才能收到效果。希拉里提倡通过网络与社交媒体与激进组织展开积极对话，并亲自使用了 Facebook 与 Twitter，以此作为与那些被剥夺了公民权利以及梦想破灭的人进行沟通的方式。当然，仅用 140 个字来传达美国的宏观战略或国际关系的复杂性，其准确程度是值得怀疑的。可以明确的是，希拉里·克林顿一直积极使用社交媒体，希望以此弥补自己在技术知识方面的缺失。2010 年 7 月，在发给其顾问菲利普·莱因斯的邮件中，希拉里坦白地说道："我不知道自己是否连上了 Wi-Fi，我要怎么做才能弄清楚？"即使是已经比较过时的技术对于希拉里来说也是个大问题，她曾问过助手胡玛·阿贝丁关于传真机的问题：

希拉里：我想就这样，传真机就可以继续使用了？

助手：是的，但请您再挂断一次。这样他们就可以重新接进这条线了。

希拉里·克林顿竭力想要重新深入这个世界的方式，与乔治·沃克·布什政府所采用的方式截然不同。这种方式不仅仅在她的个人工作中发挥了深远影响，甚至在她担任国务卿期间在整个国务院里也已然根深蒂固。例如，外交官的任务之一就是使用社交网络，并接受相关课程培训，了解如何使用 Facebook、Twitter 等流行的社交平台。让"软实力"成为美国外交政策的最佳表达方式，这在国务院高级创新顾问亚历克·罗斯给谢丽尔·米尔斯发送的邮件中也有所明示。2010 年 9 月，在就叙利亚社交媒体使用做出的报告中，罗斯写道：

> 上周，在叙利亚，一项活动在 Facebook 上疯传（尽管在叙利亚使用 Facebook 是不合法的，仍然有很多人通过代理服务器登录 Facebook）。活动导火索是一些叙利亚教师虐待小学生，于是成千上万的叙利亚人在 Facebook 上公开表示支持这项活动（人们公开自己的身份来支持这项活动，这种行为相当令人震撼），即开除这些教师，而教育部进行了干涉，炒了这些教师的鱿鱼。

这样的倡议随即在埃及、利比亚、突尼斯兴起，均取得了不同程度的成功。

希拉里在国外，每每都坚持召开美国式会议，她不只要访问领导和媒体，更要和访问国的普通老百姓互动。美国国务院政策规划署主任安妮－玛丽·斯劳特坚称："希拉里反复强调：'我们不只要建立政府与政府间的联系，还要建立政府与人民以及人民与人民间的联系。'有一点希拉里很清楚，那就是不同国家的人民不仅仅是政策客体，更是社会变迁与演进的活性剂。"比尔·克林顿在担任总统期间面临的一大挑战就是如何兜售美国外交政策。2010年9月，安妮－玛丽·斯劳特建议希拉里在即将对外交关系委员会展开的演讲中使用"美国新世纪"一词。"我一直在思考为这次演讲弄一个横幅/贴纸什么的。内容就写'美国新世纪'怎么样？我们可以直接从批判意见切入，并通过这种方法予以辩驳。"然而，就像在20世纪90年代一样，仅仅是将美国外交政策缩减成一张贴纸上类似"承诺"的口号，是不会有什么太大作用的。

最终，对美国外交政策应用"巧实力"的做法，造成了矛盾性的结果。这种做法在对缅甸的外交中取得了成功，但这样的成功却被美国对少数群体的持续镇压以及违反人权的做法给抹杀了。对梅德韦杰夫领导下的俄罗斯所取得的初步进展，也因为弗拉基米尔·普京的回归失去了意义。毕竟，普京明确表示在地缘政治方面将采取"硬实力"方式。希拉里所有的工作都是在66位前辈打下的基础上展开的，但人们都会牢牢记住，将"巧实力"用作美国外交政策的驱动力，是希拉里国务卿生涯的坚实基础。

希拉里班底的国际化

　　希拉里·克林顿信奉约瑟夫·奈的理念，表明她高度依赖个人忠诚以及一小部分顾问的建议与指导。这些人中有一部分直接在她的手下工作，而像奈这样的另一部分人，虽然没有与她共事，却一直在给她灌输思想。一些人被直接视为希拉里核心集团的成员。希拉里核心集团也叫作"希拉里班底（Hillaryland）"，是在希拉里担任美国第一夫人期间形成的。所谓"希拉里班底"，既指希拉里的实际办公地点（land，在英语中有"……之地"之意。——译者），也指她在比尔·克林顿担任总统期间所扮演的角色。到希拉里担任美国国务卿时，希拉里班底的核心成员也随之搬到了国务院大楼的第 7 层。

　　此时，希拉里班底仅保留了一小部分顾问与助手。她将杰克·沙利文纳入麾下，任命其为办公厅副主任，并在安妮－玛丽·斯劳特于 2011 年辞任后将沙利文提拔为美国国务院政策规划署主任。长期担任她助手的胡玛·阿贝丁始终与她并肩作战。她的办公厅主任谢丽尔·米尔斯也是如此。米尔斯早在 20 世纪 90 年代希拉里担任美国第一夫人时就开始与希拉里共事。希拉里在以美国国务卿的身份出访世界各国时，将比尔·克林顿政府曾经的成员安插在各个关键岗位上。希拉里对比尔·克林顿政府人员的依赖程度，从她与理查德·霍尔布鲁克、托马斯·麦克拉蒂、桑迪·伯杰、安东尼·莱克、约翰·波德斯塔以及无处不在的悉尼·布卢门撒尔等人的邮件沟通可见一斑。理查德·霍尔布鲁克曾在1995年为拟定《代顿和平协议》出谋划策，这项协议成为波斯湾战争的终结者。如果希拉里在2008年的总统竞选中如愿胜出，他就很有可能是美国的国务卿了。而在希拉里担任国务卿期间，他被外派出去监督阿富汗与巴基斯坦。前议员乔治·米切尔曾在1998年为《贝尔法斯特协议》出过力，这项协议为北爱尔兰的大街小巷带去了相对的和平与和谐。希拉里在担任国务卿期间将乔治·米切尔任命为中东和平特使。丹尼斯·罗斯曾在比尔·克林顿总统手下担任中东和平特使。希拉里将其任命为波斯湾与东南亚特别顾问，但他很快调任国家安全委员会，负责中东问题，与议员乔治·米切尔的角色产生了冲突。这些顾问中，有政界新星，也有政坛老手，他们持续为希拉里提供信息，让她在任何危机面前都能沉着应对，不至于陷入泥沼。

希拉里本想聘用克林顿总统曾经的高级顾问悉尼·布卢门撒尔，但曾经也为克林顿总统效过力而现任白宫办公厅主任的拉姆·伊曼纽尔却打消了她的想法，原因是布卢门撒尔在2008年总统竞选过程中曾公开反对过巴拉克·奥巴马。于是，希拉里转而让其阵营以10000美元一月的薪资聘用布卢门撒尔，请他就一系列问题定期给希拉里作简报，并提供专门建议。布卢门撒尔扮演的角色在希拉里邮件被泄露后显露无遗。从被泄露的邮件内容可以看出，希拉里给布卢门撒尔付薪水，而他却仅仅是回以新闻简报以及有关政治局势的八卦式评论罢了。在2010年英国竞选期间，他直接给希拉里发送了一系列邮件，其中提到他与英国工党的密切关系以及对保守党的厌恶，他甚至用"不可一世"来形容保守党候选人。"如果保守党执政，"他提道，"卡梅伦成不了奥巴马的狮子狗，而会是表面恭顺而私下轻蔑的伪君子。他们那个阶级就是容易骄傲自大。卡梅伦政府将比近几十年的保守党政府都更有贵族范儿，甚至是不可一世。"这种明显的党派倾向与希拉里国务院幕僚的党派倾向截然不同。

2010年6月27日，布卢门撒尔曾向希拉里说："就经济政策而言，英国绝不是美国的好伙伴，也不是通往欧洲的桥梁。"他坚称，在"卡梅伦苛政"之下，英美之间的"特殊关系"岌岌可危，原因在于"卡梅伦一上任，英国与美国在国际经济方面的立场就出现了自'二战'以来最大的分歧"。从布卢门撒尔公开的政治论调与谈论内容可以看出，希拉里停止聘任他的决定似乎是相当明智的。他的种种行为完全违背了希拉里阵营保持政治独立性与明确自身政治倾向的原则。事实证明，希拉里给布卢门撒尔付工资，买来的仅仅是一系列无关痛痒的邮件以及剪报，而剪报上的内容，还是国务院的工作人员理论上应向希拉里汇报的日常内容。

希拉里·克林顿将霍尔布鲁克、米切尔以及罗斯任命为地区特使的决定也相当明智，且表明了对这些地区的重视。同时，这也让希拉里的目光得以落在更大的局面上，而不是像她的诸多前辈一样仅仅鼠目寸光地集中在某一个地理区域之上。国务院与国家安全委员会之间的关系一直都有些紧张，这种紧张关系在希拉里担任国务卿期间丝毫没有缓解，甚至愈演愈烈，原因在于国务院与国家安全委员会以及各自的领导都希望加强自己对政策的影响力，并取得总统的认同。奥巴马指定了一位不那么强势的国家安全顾问来负责协调政策，这就在其外交政策团队中空出了一个国务院与国家安全委员会都希望占据的核心位置，从而导致双方紧张关系的升级。奥巴马在就任第二天就做出了着手解决中东和平协议问题的承诺，并默许了希拉里·克林顿任命乔治·米切尔为中东特使。在此背景下，奥巴马突然公开主张以色列应为了安抚阿拉伯世界而放弃定居点建设。奥巴马在其办公厅主任拉姆·伊曼纽尔和高级顾问戴维·阿克塞尔罗德的陪同下与以色列总理内塔尼亚胡会晤时，其外交政策方面的空虚尤为明显。他的两位陪同者都不是外交政策专家，只负责在国内事务上为总统出谋划策，尤其是有关民意和人气方面的工作。椭圆形办公室的会议中缺少的人，包括国家安全顾问、国务卿、国防部长以及奥巴马亲自任命的中东特使。参议员米切尔任职于国务院，而丹尼斯·罗斯则是国家安全委员会一员，两者矛盾重重，中东政策的制定又面临诸多挑战，导致两者不管是个人关系还是工作关系都相当紧张，从对和平的追求变成了尖刻的争吵，最终二人不得不同时离任。理查德·霍尔布鲁克的情况更让奥巴马政府雪上加霜。理查德·霍尔布鲁克可能是他们那一代中最具天分的外交官，可是却因为个人脾性始终没有得到重用，因而也一直没有在国务院担任要职。拿杰夫·麦卡利斯特（希拉里担任国务卿期间，《时代》周刊在白宫的通讯记者）的话来说，理查德·霍尔布鲁克"从来没有在国务院担任过要职，原因在于终其一生他都是个令人讨厌的家伙"。但尽管他声名狼藉，希拉里仍然选择动用其政治资本，确保他在奥巴马政府中占得一席之地，虽然他在那儿也招人讨厌。根据詹姆斯·曼的评论，霍尔布鲁克是一位极为矛盾的人物。他的原话是："他既是保守势力的奉承者，又是保守势力的挑战人。对于政治精英与掌权人、名人以及记者来说，霍尔布鲁克无疑是热门人物。"尽管他在代顿取得了成功，但是却在 2008 年 10 月得知，如果奥巴马获胜，他不会被提名为国务卿。他的事业并未因为在总统竞选期间公开支持希拉里而有任何起色。据说，他曾代表希拉里游说外交政策委员会，提醒他们希拉里胜出是大势所趋，而站在将胜一方对他们而言至关重要。2009 年 6 月，希拉里受了伤，当时科林·鲍威尔就曾经因为霍尔布鲁克的野心问过希拉里他是否是希拉里受伤的元凶："希拉里，霍尔布鲁克真的陷害过你吗？开个玩笑。赶紧好起来吧，我们可还需要你四处奔波呐。"

奥巴马执政期间需要希拉里的帮助，但却不需要希拉里班底，因为奥巴马对这些人厌恶已久。白宫反对希拉里将霍尔布鲁克任命为她的副手，希拉里提出要任命的人中，也并非所有都得到了批准。霍尔布鲁克与阿富汗总统哈米德·卡尔扎伊谈判两年，却收效甚微，于是白宫高层公开指责霍尔布鲁克，并强烈要求希拉里取代霍尔布鲁克参与调停，以免霍尔布鲁克工作不保。而事实证明，这又是希拉里·克林顿政治生涯中的一出悲剧。2010 年 12 月 10 日，理查德·霍尔布鲁克在希拉里的办公室里倒下，并在短短两天后就死于主动脉破裂。希拉里刚刚失去文森特·福斯特，又不幸亲眼见到自己的盟友与顾问倒在自己的面前。2008 年总统竞选期间，萨曼莎·鲍尔曾经将希拉里称为"女魔头"。从这一点看来，萨曼莎·鲍尔进入国务院成为希拉里旗下一员，似乎是绝无可能的事。然而，萨曼莎·鲍尔却一步步坐稳了奥巴马政府的位子，先是任职于国家安全委员会，之后调任常驻联合国代表。这为二人埋下了和解的种子，也让希拉里再次证明了自己作为国务院一把手的气度。拥有这样的气度，意味着即使与曾经攻击过自己的人共事，希拉里仍然能公事公办，与之和平共处。随着鲍尔与苏珊·赖斯进入奥巴马政府，美国外交政策方面的要职几乎全由女性占据。除了担任国务卿（2009—2013）的希拉里，先后担任常驻联合国代表（2009—2013）与国家安全顾问（2013—　）的苏珊·赖斯，先后任职于国家安全委员会（2009—2013）与担任常驻联合国代表（2013—　）的萨曼莎·鲍尔以及担任国务院政策规划署主任的安妮-玛丽·斯劳特也都跟她一样是女性。

奥巴马总是喜欢将引人注目的人物放在相互冲突的不同立场之上，以达到相互牵制的效果，但是这种曾经也被亚伯拉罕·林肯、富兰克林·罗斯福等美国总统采用过的方法，却是个实实在在的悲剧制造器。"政敌团队"法并不总是能制造团队和谐，却可以确保总统得到更广范围的不同意见以做出决定。然而，人们广泛认为，奥巴马所执行的是中央集权外交。考虑到奥巴马在这个领域经验不足，这一点确实是耐人寻味。他的顾问（包括希拉里）负责提供指导性意见，由奥巴马在内部小型会议上做出最终决定，而内阁成员通常不参加这些会议。奥巴马的顾问多来自白宫与国家安全委员会。事实证明，这些顾问是奥巴马政府外交政策的主要驱动力，这也再次说明，接近权力就能获得权力。希拉里·克林顿也许从来未曾进入过奥巴马的核心权力集团，但她每周与奥巴马、国家安全顾问以及国防部长分别会面一次，确保自己不落人后，也确保自己的意见能被他们听到。然而，她的意见却从来不曾在奥巴马政府的外交政策方面成为唯一权威的主导意见。相反，包括国防部长盖茨、副总统拜登等在内的人都曾就不同问题为奥巴马出谋划策过。这样，在外交政策方面，奥巴马政府中不存在一枝独秀的局面，没有哪一位外交人员能以绝对优势压倒其他人，也没有哪一位在外交政策方面的名号比他人更加响亮。这样，奥巴马政府就只有一位闪闪发亮的明星了，这就是巴拉克·奥巴马总统本人。

重新洗牌

尽管媒体的注意力都在希拉里热烈拥抱新技术以及她与各国

的人际关系等问题上，但美国传统形式的外交与官僚作风却并未渐渐退出历史舞台，反而有越演越烈之势。奥巴马政府外交活动的主要目标是重新建立在乔治·沃克·布什担任总统的8年期间被弄得乌烟瘴气的外交关系。重新建交的重点对象包括俄罗斯。德米特里·阿纳托利耶维奇·梅德韦杰夫由弗拉基米尔·普京指定担任俄罗斯总统，而本质上行使总理权力。在任期间，梅德韦杰夫极力推动美国－俄罗斯关系的发展，力图将乔治·沃克·布什担任总统时破坏的两国关系置于更坚实的基础之上。在某种程度上，正如新上任的美国驻莫斯科大使迈克尔·麦克福尔所计划的一样，这样做明显是在全力实现奥巴马达成新的削减核武器条约的愿望。

考虑到其中耐人寻味的种种原因以及严肃的性质，恢复与莫斯科的友好关系仅仅是一场出了错的走秀而已。美国为了宣布美俄两国关系进入新纪元，专门开了一场新闻发布会。发布会上，希拉里隆重介绍了俄罗斯的外交部长谢尔盖·拉夫罗夫，并向其赠送了一个礼盒。礼盒的黄色底部上有一个大红色按钮，这个按钮是从日内瓦洲际酒店那儿弄过来的。按钮上刻有"peregruzka"一词，美国国务院认为这在俄语中是"复位"的意思。不幸的是，拉夫罗夫却向全世界的媒体指出，"复位"最准确的俄语翻译是"perezagruzka"。与其说"复位"与俄罗斯的关系，美国似乎比较倾向于向俄罗斯人"过度索求"他们没有的东西。尽管用词问题多多少少带有噱头之感，美国国务院确实未能在按钮上刻上准确的俄语词，而新闻发布会也仅仅是安排在酒店里，完全没有表达出对双方局面与正式恢复外交关系的重视。作为"复位"任务的焦点，这件事却没有给希拉里带来很好的影响，尽管她努力将那个小小的插曲一笑置之。

虽然出现了这些外交事件，美俄两国的关系在希拉里担任国务卿的前两年间似乎确实渐渐稳定下来了。奥巴马总统与俄罗斯总统之间也完成了一些互惠互利且结果让人满意的交易。二者就导弹防御问题达成协议，并于2010年签订了新的《战略武器削减条约》，该条约将战略核导弹发射装置减少了50%。希拉里在这一过程中也扮演了重要角色。她与拉夫罗夫之间的友好关系是美俄两国能在一系列领域——包括"阿拉伯之春"——展开合作的重要基础。然而，不管是希拉里与拉夫罗夫的友好关系，还是奥巴马与梅德韦杰夫的交好，都无法战胜俄罗斯自身的利益或弗拉基米尔·普京的政治利益。2012年，普京重新执政，担任俄罗斯总统，正式宣布"复位"计划的破产，美俄两国关系的持续恶化就此开始，这在希拉里·克林顿余下的国务卿生涯中也成为常态。

由于希拉里担任国务卿期间泄密事件越来越多，她在代表奥巴马政府改善与俄罗斯的关系时可以说是困难重重，尤其是在恢复与俄罗斯的外交关系方面。2010年维基解密网站上出现的大量资料对于希拉里来说简直是噩梦。这些材料中包含了大量美国国务院在世界各地的官员所发出的外交电报，其中甚至有许多针对美国外交首领的非外交性的言辞。在与前老板的邮件沟通中，民意调查人马克·佩恩明确地发表了自己对信息泄露的看法：

我认为政府的回应太平和了。这件事……完全是对美国外交资料的非法攫取。如果美国都能发生维基泄密事件，那中国或其他国家又要怎么保证信息安全呢？（马克·佩恩的原话是这样的）仅仅为泄密内容道歉是不够的，只有针对这个事件背后的安全问题，迅速反应，积极制定相关的主要准则，直接对问题进行处理，才是明智之举。

邮箱账号被外国情报组织渗入的问题，将成为希拉里在未来几年挥之不去的梦魇。之后，她使用私人电子邮箱服务器处理公事的细节，也渐渐被曝光。

维基泄密一事发生后，紧接着又出现了爱德华·斯诺登泄露机密资料的事件，这对于希拉里等人，可以说是雪上加霜。作为美国国家安全局雇佣人员，斯诺登有权访问与一系列计划相关的资料，包括美国的监控计划和来自国外的信息（如英国、澳大利亚、五眼情报联盟主要成员提供的信息）。据估计，斯诺登下载的以及之后爆料给媒体的资料数量相当可观，超过一百万份文件至少是完全没有问题的。这些资料的泄露所带来的破坏性影响可想而知，而斯诺登与美国司法部门的对战更让这件事的影响不断升级。之后斯诺登干脆到俄罗斯寻求避难，但这件事并没有让两国的紧张关系进一步升级。

重返亚太

希拉里·克林顿担任国务卿期间，其核心观念就是将战略重心转到太平洋地区。这个动议也是奥巴马初上任时国务院提出来的。在整个 20 世纪，美国基本上都将欧洲与大西洋作为自己的外交重心。因此，适当将重心转移到其他地区，对于美国来说是紧跟时代步伐的好现象。这项动议是以在亚太地区举办教育项目并发展经济为具体形式展开的，而由于美国巩固了在该地区的防卫联盟，因此在这个过程中"软实力"要素比较少见。巩固防卫联盟的具体措施是，签订美国－澳大利亚《军力态势协议》。根据该协议，美国在澳大利亚部署 2500 名海军陆战队员，并更加充分地利用已有的军事设施。此外，该协议还包括联合训练计划以及提升澳大利亚在弹道导弹防御计划中的参与力度。

正如希拉里在《外交政策》中提到的那样，将重心转向太平洋地区，意味着美国将"加强双边安全联盟"，深化与新兴国家（包括中国）的合作关系，与区域多边机构接洽，扩大贸易与投资，打造广泛的军事存在，并推动民主与人权的发展。希拉里·克林顿在太平洋地区的卫理公会派教徒式的作风以及使命感虽然不明显，但却值得思考。她下定决心推动美国对该地区的政策，尤其是针对缅甸的政策。为此，希拉里不遗余力地想在缅甸恢复美国的军事领导力，并与曾经因为政见不同而被捕、后又返回政坛的昂山素季频频接触。

她的这一举动以及其中的军事含义在两个大陆埋下了担忧的种子：在欧洲，随着冷战渐渐成为历史，美国的长期盟友担心美国在欧洲的活动会减少，不少国家甚至表示，其本身以及公众都担心美国的第一位非白人总统会在反殖民主义战略基础上制定外交政策；而在亚洲，中国将此举视为故意在北京发展成为区域乃至国际重要力量的当口进行阻挠与打击。不管是奥巴马主导的白宫，还是希拉里主导的国务院，都坚称将重心转移到太平洋地区，并不意味着将目光集中在某个国家，也不代表会减少在另一个区域的活动。尽管白宫和国务院都发表过上述言论，但相关方面仍然存在疑虑。

亚洲与欧洲都想弄明白的是，希拉里·克林顿的动议多大程度上反映了其丈夫比尔·克林顿担任总统期间的类似举措。比尔·克林顿未能在担任总统的第一年访问欧洲，当他在1994年1月最终穿过大西洋到达欧洲时，只是为了在北大西洋公约组织的总部发表讲话，而不是拜访欧洲某个国家的首都或领导人。

相反，克林顿及其政府在他担任总统的第一年里将精力集中在了太平洋周边地区，并极力与中国就人权发展问题积极接洽，最初是讨论该区域的贸易最惠国待遇问题。之后，随着奥巴马入主白宫，欧洲方面担心这位没有经历过"二战"的年轻新总统会对欧洲大陆食言，将美国发展成为一个太平洋大国，而抛弃其大西洋大国的身份。这些担忧在希拉里·克林顿担任国务卿期间却并没有成为现实，因为她极力证明，美国比人们想象的更加有力地执行了传统的亲欧外交政策，也确保白宫最终返回了亲欧外交的正轨之上。同样，在奥巴马的第二届总统任期内，希拉里·克林顿的接任者约翰·克里也悄无声息地实施着以欧洲为中心的外交政策，他担任国务卿后的首个外事访问目的地是伦敦。克里采用的外交方式甚至比希拉里的更为传统。

消失的米利班德

希拉里在担任国务卿期间，与英国外交大臣戴维·米利班德建立了十分友好的工作关系。戴维·米利班德被许多人视为英国工党的未来领袖以及首相接班人。他是布莱尔、比尔·克林顿以及希拉里·克林顿推崇的第三条道路理念的继承人。于是，当希拉里与米利班德发现双方的政治理念存在共同之处，且二人都有可能在未来成为一国领袖时，便自然而然地发展出了外交友谊。

然而，人们对戴维·米利班德的想法，却紧随着 2010 年英国大选以及工党的战败而崩溃。正如希拉里 4 月 13 日的邮件中提到的那样，这种结果带来的担忧几周都无法散去："刚刚与米利班德喝了点酒，他仍然十分焦虑。我为他祝福！"在选举结束后的那些日子里，希拉里收到了悉尼·布卢门撒尔发出的一系列邮件，当时他专门飞到了英国，为了能得到一手消息。5月9日，布卢门撒尔告诉希拉里，工党如果与自由民主党结盟，将成为"一股势不可当的力量，这股力量将会让托利党永远退出权力中心"。然而，他十分担心二者不能成功结盟，这样的话，戴维·卡梅伦即将成为英国首相，而戴维·米利班德也将极有可能连任外交大臣。

最终，威廉·黑格成了英国新一届外交大臣。布卢门撒尔认为此人"极度反对西欧国家联盟"，且会对希拉里"虚与委蛇"。布卢门撒尔警告希拉里，新的联合政府计划"将毁坏和平与经济复苏"。他还催促希拉里疏离与伦敦的关系，"公开向欧洲的默克尔倾斜"。尽管这些言论具有过于明显的党派倾向，希拉里仍然催促布卢门撒尔继续为她提供有关英国选举的信息，并告诉他自己已经将他的分析分享给了前总统。"我将你发过来的邮件分享给比尔了，他也觉得你的见解十分到位，继续为我提供这些信息吧。"2010年5月13日，布卢门撒尔给希拉里·克林顿发了一个备忘录，其中说到她与威廉·黑格隔天将要举行的会议。备忘录中是布卢门撒尔制定好的将与北爱尔兰刚下台的国务卿肖恩·伍德沃德讨论的话题。伍德沃德背叛托利党加入了工党，因此对于布卢门撒尔来说，他在政治上绝不可能是中立的。布卢门撒尔在备忘录中建议希拉里向黑格提问："新政府了解美国（对北爱尔兰）的兴趣吗？目前情势如一盘散沙，新政府乐意看到这样的局面吗？"此外，他还警告希拉里，新政府将"削减财政，大幅度砍掉政府项目。而如果不削减国防与外交方面的费用，是无法做到这一点的"。布卢门撒尔建议希拉里"弄清新政府是否真的会削减财政，削减对象具体包括哪些，削减是否会影响阿富汗政策，具体步骤又是怎样的，以及外交服务方面的削减对英国的全球影响力有怎样的影响"。他总结说，英国新政府背叛了自己的政治观点，"本身就是充满矛盾的"。

戴维·米利班德在2010年选举后未能成功连任外交大臣，但很多人预计他将成为新一届的工党领袖。在联盟的支持下，他的亲生兄弟成功当上了工党领袖，打破了他的政治梦想。按布卢门撒尔的说法，这是一种"退化现象"。希拉里最亲密的助手胡玛·阿贝丁在2010年9月25日的邮件中简单明了地表达了很多人的看法："哇哦。"

希拉里在戴维·米利班德连任失败后继续与他保持联系，并给他的妻子发短信表示祝福。2010年9月29日，戴维·米利班德最终回信给希拉里，强调自己最近觉得有成就感的是"看着您在过去几个月不断取得成功"。谈到自己未能成功担任工党领袖，他说：

> 当你已经赢得党内成员以及国会议员的支持，（但击败你的对手是自己的亲生兄弟……）这种失败确实让人苦不堪言。但是我依然为自己曾经争取过以及曾经提出过的问题而感到自豪。通过自己的努力，我让大家相信我们将建立新的工党平台，即一个现代化的平台。今天，我已经宣布继续留在议会里，但不会进入

影子内阁。感谢您过去几年对我的鼓励。如果到了华盛顿，我会联系您的。

有趣的是，当布卢门撒尔告诉希拉里他"刚刚与乔纳森·鲍威尔谈过话"时，戴维·米利班德的政治前途又有了起色。"戴维·赛恩斯波利（工党的主要赞助人，肖恩·伍德沃德妻子的表兄）想要成立一个新的第三条道路组织，并希望戴维·米利班德出任该组织领导人。米利班德接受了这一份委任。托尼十分感兴趣。"这样的安排最终让戴维·米利班德离开了英国议会，于2013年9月出任总部位于纽约的国际救援委员会主席与首席执行官。之后不到两年，他的兄弟带领下的英国工党遭遇了32年以来最惨烈的失败，于是当即辞任。

"阿拉伯之春"

在乔治·沃克·布什担任美国总统期间，美国曾经因为试图将民主作为自由议程的一部分输出而遭到严厉的批评。美国政府评论家或许忘了，也或许压根没有意识到一个事实，那就是美国推广并鼓励传播与捍卫民主已经有很长时间了。伍德罗·威尔逊在论证美国参与第一次世界大战的合法性之时说，这个世界需要安全的环境来实现民主，而比尔·克林顿也将推广民主作为其宏观战略的核心。根据乔治·沃克·布什的政策，将民主引入伊拉克，可以产生传导作用，带动民主在伊拉克周边国家的传播。冷战期间，共产主义从一个国家到另一个国家迅速传播的"多米诺效应"让西方惊惧不已；今天，美国也希望民主能通过同样的效应传播下去。然而，2011年的"阿拉伯之春"运动有力地证明了，将这个理念理论化与将其成功实践完全是两回事。

2011年，民主抗议在突尼斯、埃及以及利比亚爆发。人们认为，许多曾经在布什政府效劳现在已经退休的人此时应是哭笑不得，毕竟，他们曾经嘲讽不已的计划居然渐渐结出果实。当然，他们已经不再掌权，无法为民主抗议助长声威。这个任务，如今只能靠反对乔治·沃克·布什外交政策的当前政府完成，处理这些问题的重任就落在了作为国务卿的希拉里的肩上。然而，民主抗议活动让美国外交政策陷入了进退维谷的境地：美国在反抗镇压的革命中应运而生，支持民主与自由是美国的固有立场，尤其是最近，美国以捍卫民主与自由之名"解放"了巴格达。作为世界大国，美国在全球关键地区均享有诸多特权，因此，保持力量的微妙平衡以及现状是美国的责任。无论发生任何变革，美国都希望局面能在自己的掌握之中，当然，这是以自身的最佳长远利益为出发点的。

希拉里·克林顿在2011年1月举行的多哈论坛上就此问题发表了讲话。她提到，在中东，"人们已经厌倦了腐败的官僚机构以及死水般的政治秩序。他们急需一场改革，一场让政府更有效率、更负责任、更为开放的改革……但在许多方面，这个地区的根基均以多种方式沉入泥沙中不得解脱"。变革已经在路上，但几乎没有人可以预料到它将以哪种方式到来，又将以怎样的速度往怎样的方向发展。很明显，美国与希拉里·克林顿都已经意识到了自己在这场变革中尴尬的处境：

> 满足于现状的人也许能够在短时间内遏止国家问题所造成的不良影响，但却不能指望永远这样。如果领导人不能让人们看到未来的希望，不为年轻人提供充满意义的贡献方式，这样的领导人迟早会被他人取而代之。从绝望与贫困中滋生的极端主义以及恐怖组织虎视眈眈，时刻准备着呼吁他人加入，不断扩大自己的影响。

一边鼓励推广民主，一边不断加大对世界各地现有权力结构与基地的投入，这二者之间的冲突，就是美国在全球舞台上相互矛盾的缩影。从"阿拉伯之春"活动可以看出，这类矛盾不仅仅是理论上的，而且是存在实际影响的；一边推动民主发展，一边从现状中享有深远利益，二者明显无法相融。推翻利益与美国相左的独裁者（伊拉克战争就是最佳实例）是一回事，而解放全球被镇压的人民又是另外一回事。致力于前者的美国是没有办法兼顾后者的。

支持埃及的民主与人权对于美国来说似乎才是符合其逻辑的

正确立场，若根据此前 8 年提出的自由议程，这一点更是理所当然。然而，问题出在"阿拉伯之春"活动旨在反对美国坚定的同盟者穆罕默德·胡斯尼·穆巴拉克的统治，正是由于穆巴拉克的支持，美国的外交政策根基才能在阿拉伯地区屹立几十年而不倒。此外，穆巴拉克在《戴维营协议》（埃及总统萨达特和以色列总理贝京于 1979 年在戴维营签订的和平条约）的签订中发挥了重要作用，是维持埃及与以色列和平的大功臣。对穆巴拉克统治的大范围抗议活动让美国及希拉里·克林顿领导的国务院陷入两难的局面：一方面美国需要维持国家安全利益（这就意味着美国需要穆巴拉克的支持）；另一方面，美国又应当实践捍卫民主与自由的承诺（这就意味着美国应反对穆巴拉克继续执政）。不出所料，考虑到个中利益，美国只能选择搪塞过关，但这已经足以表明穆巴拉克的结局了。最终，他失去了白宫以及埃及军队的支持，结束了 30 年的埃及总统生涯。

2010 年 4 月 20 日一份题为《穆巴拉克夫人》的备忘录中，记载了埃及运动的发展速度。备忘录中，全球妇女事务无任所大使梅兰妮·弗维尔建议希拉里与埃及领导人的妻子见上一面。梅兰妮·弗维尔的原话是："她很希望您出访埃及，讨论一下她在 12 月即将展开的反贩运活动。另外，她让我代她向您问好。"弗维尔说："埃及在女性问题上已经取得不错的进展：对童婚提出起诉，战胜了女性生殖器切割的习俗。目前他们正致力于反贩运活动法的通过。穆巴拉克夫人现在是这方面工作的核心导向力。"

奥巴马政府与希拉里领导的国务院根据当时的事态明确表示站在民主的一方后很快便发现，如埃及人民获得自由，他们将承担风险。原因在于埃及人民将选举穆斯林兄弟会的穆罕默德·穆尔西为总统，而穆尔西继续维护民主以及与美国和以色列签订长期协议的承诺并不怎么可靠。这让作为国务卿的希拉里明显犯难了。然而，正如安妮-玛丽·斯劳特所说，希拉里的"巧实力"策略即使是在这个时候也能发挥出自身的优势，她的原话是："如今我们已经通过各个项目与女性组织、技术人员以及企业家建立了联系。如果希拉里的外交是逐渐建立在危机时可以仰赖的关系之上的，那么她此时可以说是已经搭好框架了。"最终，穆尔西政府被埃及军队推翻。这不能说是人人希望看到的民主的结局，也不能说终结了任何对民主的渴望，至少在短期以内是这样的。不幸的是，很快，局面在利比亚变得更加糟糕，而受到影响的各方中，包括希拉里。

利比亚

利比亚承诺竭尽全力将"巧实力"方法应用于外交之中，并在希拉里担任美国国务卿期间鼎力支持其在国际关系中的行事风格。不幸的是，一开始的成功仍然没有办法战胜无政府主义、相互指责以及生命的丧失。与其说利比亚事件是美国外交与国际干预发人深省的正面实例，不如说它证明了最好的初衷最后都可能走向致命的差错，从而造成难以预见的不可控后果，其影响也久久不能消退。

最初，利比亚的局势似乎很明朗：当穆阿迈尔·卡扎菲威胁强力镇压那些在与突尼斯和埃及类似的运动中挑战他领导地位的国人时，"巧实力"方法似乎为利比亚提供了一个可行的解决方案。奥巴马的白宫决定避免被牵涉进这场几乎就要演变成内战的冲突中，却极力想为世界带来变革的正面力量。在这种情况下，希拉里·克林顿发起了一项计划，即让美国成为利比亚进步与稳定的仲裁人。她积极奔走，确保阿拉伯联盟支持联合国规定禁飞区，并为美国在本地势力（包括约旦）的协助下对利比亚发起的罢工提供支援。此外，希拉里还利用自己与俄外交部长拉夫罗夫的个人关系确保俄罗斯不会反对联合国通过美国军队对利比亚实施军事干预的决定。美国通过迅速对阿拉伯联盟发出的"邀请"做出响应来避免如布什政府在伊拉克问题上给人们留下的那种印象，即避免让人们以为美国仅仅是为了争夺石油储备才对阿拉伯地区实施军事干预的。相反，美国政府声称此次仅仅会从"幕后领导"，且如果在过程中意图或角色过于谨慎，会公开接受批评。

不管采用的是哪一种军事方法，希拉里依然持续不懈地在发挥"巧实力"的作用。她聘用卡塔尔的艾米尔、哈迈德·本·哈利法·阿勒萨尼担任不同反叛团体间的中间人。希拉里持续运用"巧实力"，并将平民主义、现实以及政治元素融合在一起，以确保奥巴马政府可以实现利比亚政权更替。为此，叛军的通信网络始终能得到维护。然而，就像在伊拉克一样，最初的推翻政权以及独裁者的死亡并未如智囊团想象的那样会带来和谐美好的未来。相反，正如美国外交政策历史学家沃尔特·卢索·米德所说："利比亚军事行动的倡导者并没有学到在伊拉克最应该学到的教训，那就是：在阿拉伯世界，当你推翻一个独裁者，那么接踵而来的必然是动乱与暴力。"几十年的专政结束后形成的权力真空所带来的是令人难以接受但又无法避免的结果，而这种结果，注定是混乱。2012年9月11日，位于班加西的美国领事馆遭到袭击，给相关人员造成灾难，其造成的影响久久不能消散。在这次袭击中，美国驻班加西大使以及另外3名美国人不幸身亡，这让奥巴马不得不放弃在其第二届总统任期内继续任命希拉里为国务卿的想法，并决定不再干预叙利亚问题。班加西事件不断让希拉里·克林顿的总统竞选笼罩在阴影之中。

美国驻班加西大使史蒂文斯在希拉里的国务卿任期即将结束时遇袭身亡，只要再过几个月，这档子事就不归希拉里管了。而发生这件事后，整个华盛顿都在等着希拉里下台。奥巴马总统倾向于任命苏珊·赖斯博士为新一任国务卿，她曾担任过美国驻联合国大使，且与班加西发生的悲剧没有任何关系。9月16日，即袭击发生后的第5天，苏珊·赖斯受命参加美国周日电视访谈节目，负责为奥巴马政府辩护。之所以派苏珊·赖斯去，部分原因是如果奥巴马成功连任总统，将会让苏珊·赖斯代替希拉里成为新一任国务卿，而参加这次节目可为她继任国务卿做准备。面对质疑，赖斯否认袭击是事先计划好的，并将一切过错都推到一个将穆罕默德说成先知的视频身上。这样的言论让她本人以及奥巴马政府遭到强烈反对，也让她被迫从国务卿争夺战中黯然退场。希拉里·克林顿成功避免了苏珊·赖斯博士曾经在电视节目上遭到的拷问，但她却无法避免美国参议院对外关系委员会的传召。2013年1月，希拉里被该委员会传召作证，但她的作证被推迟到了奥巴马成功连任总统之后。延误的原因是希拉里的身体出现了问题。她在即将离开办公室时突然晕倒，并在跌倒后出现脑震荡。医生在之后的几个月里通过一系列检查发现希拉里的身体里出现了血块。她的最终证词似乎有政治马戏的意味。共和党总统候选人（包括议员兰德·保罗）利用这次机会，就希拉里在这出悲剧中扮演的角色，于2016年总统竞选中痛击希拉里。尽管国会对这次事故展开了8次调查，但仍然没有发现这次事故是由任何人实施的故意犯罪，更不要说跟希拉里本人有什么关系了。一连串听证会与调查并没能查出任何可疑的迹象，也没有任何听证会能成功证明希拉里在这起事故中存在任何犯罪行为或过失。

美国未能让利比亚真正走上民主之路，而美国在班加西的领事馆又受到袭击，这一系列事件让美国对叙利亚的干预显得毫无底气。1993年，美军在索马里的人员伤亡对美国此后对卢旺达的外交政策产生了影响。这次也一样，班加西事件的发生，让美国政府相信，美国人民以及国会代表不会再支持美国对叙利亚采取任何进一步行动。尽管美国总统奥巴马反复提到阿萨德政权不断跨越"红线"，且明显使用了化学武器，但美国在希拉里担任国务卿期间再没有对叙利亚采取过任何军事干预行动，而叙利亚人民也因为利比亚的一项错误计划付出了血的代价。采取军事干预，与奥巴马政府坚持的任何立场都是相反的，与奥巴马那些反对美国实施任何军事干预且鼓励奥巴马从美国对外干涉战争中撤军的核心支持者的意愿也是不一致的，而阿萨德政权的行动对奥巴马来说也进入了不稳定阶段。此时，奥巴马正处于2012年总统连任竞选过程中，他无意采取任何军事行动，因为这样有可能让他在对战米特·罗姆尼的过程中被对方抓到弱点而战败。国内政策以及班加西悲剧证明了，不管是"硬实力""软实力"还是"巧实力"，都无法帮助叙利亚人民摆脱面临的困境。

成功除掉本·拉登

尽管在希拉里担任国务卿期间国务院与国家安全委员会的关系仍然十分紧张，但国务院与五角大楼的关系却因为希拉里与国防部长罗伯特·盖茨以及他的继任者莱昂·帕内塔的良好关系而十分和谐。莱昂·帕内塔曾经在比尔·克林顿担任总统期间出任过其办公厅主任。盖茨曾经为乔治·沃克·布什所用，但奥巴马仍然选择任用他。希拉里的鹰派作风与前任国务卿一团和气的作风完全不同，他自然而然地与希拉里结了盟。

　　莱斯利·盖博将希拉里·克林顿与盖茨的结盟称为"方阵"，原因在于他注意到二人均是"中右翼分子，这是二人不可动摇的根基。此外，不管是因为伊拉克问题、阿富汗问题还是伊朗问题，只要你能说出的问题，他们都将受到右翼分子猛烈的攻击"。希拉里担任国务卿期间的情况与乔治·沃克·布什的第一任总统期间的情况已经不一样了。现在，国务院不再与政策的制定毫无关系。此外，如国务院与五角大楼联手，将达成统一战线，从而完全无须顾虑相对政策适当性而言更关心政策政治含义的国家安全委员会。尽管早在奥巴马第一届总统任期期间，白宫就不再使用"反恐战争"一词，但希拉里·克林顿与罗伯特·盖茨却依然携手处理着叙利亚问题、阿富汗问题，并不断与政治暴力斗争。

　　"反恐战争"一词的含义在乔治·沃克·布什担任总统期间就发生了变化，但美国情报部门的使命却并没有随之改变：那就是找到并消灭奥萨马·本·拉登。伊拉克战争并不能将美国的注意力从这一任务上转移，这一点几乎没有人会怀疑。随着美国从伊拉克撤军，奥巴马总统又让这些军队转而进驻阿富汗。在布什担任总统的8年里，本·拉登屡屡从追捕中逃脱。他几乎是美国最想抓住的通缉对象，而他不断逃脱也让人们产生了诸多怀疑：一个人是怎样在这么长的时间内依然能成功逃脱追捕，且不管是巴基斯坦政府还是阿富汗政府都没有人知道他的行踪。华盛顿当局担心美国的"同盟"收留了本·拉登，这也让理查德·霍尔布鲁克对

"阿富巴"地区的领导层更为失望。2011年，本·拉登的住所在距阿伯塔巴德巴基斯坦军事学院一英里处被发现，也证实了美国对伊斯兰堡领导层几年来对于恐怖分子本·拉登的存在故意视而不见的担忧是正确的。

"海神之矛"行动取得了巨大成功。2011年5月2日，本·拉登在该次行动中伏诛。但这次成功与国务院或者希拉里毫无关系，原因在于此次行动是由中央情报局以及美国总司令直接领导下的海豹突击六队发起的。然而，作为奥巴马政府的一员，希拉里在发现与消灭美国头号公敌的过程中也是付出了不少努力的。这件事也再次证明了希拉里十分谨慎的作风。由于这项任务的历史重要性，外交政策团队成员受命不得对该次行动做出任何评论。当巴拉克·奥巴马通知所有在世的美国前任总统行动取得成功时，他很惊奇地发现希拉里竟然没有将这个消息透露给自己的丈夫比尔。从白宫战情室拍摄的官方照片中，可以看出希拉里在本·拉登伏诛当晚表现得十分积极。基地组织对美国的攻击已经永远地改变了希拉里的命运，在本·拉登给纽约造成死亡与毁灭的10年后，他终于在这晚被"绳之以法"。希拉里从白宫战情室看到的现场情况，是美军自2001年9月11日开始追捕本·拉登以来的最后一轮攻击。希拉里说自己也是自"九一一"起，萌生了作为蒙受恐怖袭击灾难的一员竞选美国总统并为美国而战的雄心。

国务卿生涯

温斯顿·丘吉尔曾经说过，历史将在他的手中得到最真实的还原，因为他将亲自记录一切。尽管出版市场近年来在走下坡路，但政治回忆录却开始流行起来，原因在于现任领导人、准领导人以及前任领导人都想要传达其理念，对自己曾经的决定做出合理解释，并为自己的行动提供正当理由。这些出版物证实了，历史从来没有真正得到过终极解释，而政治遗产则珍贵无比，值得人们为之奋斗。希拉里从国务院卸任后，各种各样针对她在任期内的所作所为而发表的看法如雨后春笋般冒了出来。在接受《60分钟》时事杂志采访时，奥巴马总统说："我认为希拉里将是美国史上最优秀的国务卿之一。"她应该是美国最勤奋且出访最频繁的国务卿了。担任国务卿期间，她出访了112个国家，累积行程达到了上百万英里，每天日程安排的时间是18个小时。但付出如此多的时间与精力后，她获得了相应的成功吗？

在恢复被乔治·沃克·布什政府破坏的重要外交关系的过程中，希拉里·克林顿扮演了至关重要的角色，且取得了不可磨灭的成绩。然而，不管是她还是奥巴马总统，都未能完成美国外交政策的转型，也未能给美国的国家安全结构、全球格局以及国际社会带来彻底的变革。"希拉里·克林顿主义"并不存在，而如果在担任国务卿期间存在这样的主义，希拉里的上司奥巴马总统很有可能会承担此名。担任国务卿，让希拉里有机会建立稳固的外交政策基础，但却未能主宰、控制她的上司，或夺去他一丝一毫的风采。就像之前担任议员一样，希拉里的名人身份对她担任国务卿也十分有帮助，但哗众取宠却会让她倒台。因此，希拉里担任国务卿期间值得赞赏却又未被他人注意到的一点，是她利用自己的名人身份推动着美国政府的事业，同时又没有让人觉得她是为了一己之私才这样做的。

保密资料不断落入记者以及外国政府的手中，让希拉里开展工作更加艰难。此外，口无遮拦的美军指挥官斯坦利·麦克里斯特尔将军等人不断发表负面的评价，使整个政府面临挑战。2009年，麦克里斯特尔提到副总统乔·拜登在反恐问题上"没有远见"，可能会造成混乱。这样的评论在空军一号上遭到了指责。6个月后，麦克里斯特尔与麦克·赫斯汀斯一起撰写了将在《滚石》杂志上发表的关于美国反暴动政策的文章。文章讲述了奥巴马首次与麦克里斯特尔会面的细节。"'那是10分钟的拍照机会，'麦克里斯特尔的顾问说，'奥巴马显然对他没有任何了解，也不知道他是谁。这个人要为他去打仗了，可是奥巴马连他是谁都不知道。老大（麦克里斯特尔）简直失望极了。'"

赫斯汀斯还透露道，麦克里斯特尔团队老是爱在背后八卦奥巴马外交团队的顶尖人物。一名助手（詹姆斯）把已退休的四星将军以及冷战期间的越南老兵吉姆·琼斯称为"陷入1985年难以自拔"的"小丑"。从这篇文章可以看出，麦克里斯特尔因为希拉里早些时候曾支持过他而成了她的坚定拥护者，但对理查德·霍尔布鲁克却颇有微词，称霍尔布鲁克曾经拒绝阅读驻阿富汗的总统密使的邮件。希拉里高级顾问间通信内容的曝光，让麦克里斯特尔所带来的不良影响又一次在国务院上演。菲利普·莱因斯在2010年6月21日给胡玛·阿贝丁发送的邮件中写到，接下来将发布的文件将产生爆炸性效应："具体内容将在不久之后出来，但被泄露的内容简直可以说是不同凡响。"他在邮件中总结说："我就弄不清楚了，为什么还会有人愿意与《滚石》杂志合作。"有人说，希拉里·克林顿能够或应该已经在其任期内制定了美国新的外交政策，但这些人忽略了一个事实，那就是国务卿几乎没有提出什么新的计划，甚至在任期间也没有什么可以拿出来说的政绩。希拉里以前的美国国务卿很少直接在全球历史上留下印记，因为国务院固然重要，且曝光度极高，但终究只是从属机构。国务院领导人必须以尽可能有效的方式遵从奥巴马的命令，传达白宫的意愿与政策，确保所传达的信息准确反映奥巴马政府的想法与意图。巴拉克·奥巴马在第一届总统任期中获得了诺贝尔和平奖，而获得这一奖项的大部分原因是他的作风与乔治·沃克·布什完全不一样。不管希拉里在担任国务卿期间因什么原因受到诟病，却没有人指责她为了个人的政治私利去追逐诺贝尔和平奖。乔治·赫伯特·沃克·布什的国家安全顾问布伦特·斯考克罗夫特评论说："希拉里是一位优秀的国务卿。她自信而不傲慢，且自信的同时又表现得十分机警敏捷。"然而，希拉里却在美国政府与古巴和伊朗秘密协商的果实公之于众前就离任了。不管这些协议的长期影响如何，恢复与古巴的外交关系这个决定以及与伊朗就核问题达成协议将是奥巴马总统外交政策遗产的核心，而这些成果公布之前希拉里就已经卸任，因而无法成为希拉里国务卿生涯中浓墨重彩的一笔。希拉里·克林顿在担任国务卿期间最明智的举动之一，当属将一大批特使派往热门地区。正是因为这一步好棋，她才能够毫无后顾之忧地以美国全球大使的身份遍访全球，却没有在哪一个地区遇到什么阻碍。但即使这样，希拉里也未能实现自己最初的承诺。这个决定的绝妙之处，被奥巴马政府的外交人员与涉外部门（尤其是国家安全委员会）破坏得七零八落，也未能得到奥巴马的鼎力支持。确实，希拉里面临的关键挑战在于，奥巴马无法与她建立密切的工作关系。这就使得希拉里无法直接与奥巴马共事，同时也影响了她与那些因无法直接与美国总统搭上关系转而找上国务卿的其他国家领导人的工作效果。巴拉克·奥巴马的冷漠作风在他与国会的接触中也显露无遗。奥巴马未能与立法者建立密切的工作关系，而他又恰恰在国内问题以及关键外交政策问题上都需要这些立法者的支持，这也让担任国务卿的希拉里在开展外交工作的过程中格外吃力。

希拉里·克林顿身上的前总统夫人、前议员、未来总统候选人的独特地位，也大大影响了她担任国务卿期间的行为。凭借自身的地位，希拉里获得了国务卿的职位，而这也对她以何种方式展开相关工作以及人们对她的工作预期产生了很大的影响。希拉里身上常常被忽略的保守本性，其实在她担任国务卿的整个过程中都有所表现。比如，她在这期间并未做出任何哗众取宠的举动，也没有任何夸张的姿态。相反，她以温和的姿态展开外交，工作过程中沉着冷静，镇定自若。她试图恢复在几年前被毁坏或忽略的外交关系，一直做着外交修补工作，但她的举动并非给每个人都留下了好印象。2010年，朝鲜在视频网站YouTube上发布了一个视频，视频中，希拉里被戏称为"穿裙子的国务卿"，而国防部长盖茨则被讽喻为"战争狂人"。

但总的来说，希拉里在恢复外交关系方面的工作是比较成功的。根据皮尤研究中心（美国调查机构）的调查，在希拉里担任美国国务卿期间，整个世界对美国的印象有所好转，尤其是欧洲。这就意味着希拉里·克林顿与总统奥巴马在恢复美国国际地位方面取得了不朽的成绩。但美国在中东的名声丝毫没有好转。尽管美国为了稳定中东局势耗费了无数的金融资源与成千上万的生命，但中东地区的反美情绪仍然居高不下。只有以色列的公众对美国的看法比较正面，84%的以色列人民都对两国的同盟关系表示支持。"阿拉伯之春"的两个核心国家对美国的印象尤其差，原因当然是奥巴马政府对他们的搪塞。在突尼斯，47%的突尼斯人对美国持负面看法，而埃及则有近85%的人对美国持有负面看法。即使是在没有发生直接冲突或动乱的约旦，也有85%的人在2014年受访时表示不赞成美国的作风。

尽管存在这些问题，也不能将责任推给希拉里·克林顿或她领导的国务院。但近来，由于希拉里再次进入总统候选阶段，她的对手正有这方面的想法，打算以这一点攻击希拉里。关于班加西事件的听证会还在继续，而希拉里的政治对手已经决定将悲剧公之于众，并将希拉里与 1979 年来首次美国大使丧命的事件紧紧绑在一起。希拉里将"巧实力"法应用在了对班加西的外交政策之中，因此美国同胞在班加西的死亡以及利比亚国家的沦陷让她的国务卿生涯遭受重创，也给对手提供了一个绝佳的建立党派政治优势的机会。

　　希拉里实施并推崇的外交政策与丈夫比尔·克林顿的相似，这样的外交政策被人批评缺乏方向。约翰·刘易斯·盖迪斯曾说比尔·克林顿的外交政策为"特设"政策，而前国家安全顾问兹比格涅夫·布热津斯基也同样批评奥巴马的外交政策过于"即兴"。但不管是奥巴马还是比尔，两人都知道所有政府都是在事情发生时针对实际情况做出响应。正如比尔·克林顿曾经的国家安全顾问安东尼·莱克所说，"就我所知，除了苏联与毛泽东时期的中国，没有人可以在会议上说：'战略文件是怎么说的我们就怎么做，所以，我们就采取这项政策吧。'"书面外交政策文件仅能作为未来行动的指南，很多情况下，"文件与政策并没有直接关系"。如果在危机发生期间去参考外交政策文件，则既是对这类文件存在理由的误解，也是对政府在紧急情况下的本性的误解。宏观政策文件存在的理由仅仅是为了满足向国会报告的法律要求，也是为了让公众确信政府的意志。但是这些文件只能用来宣扬意志，并不能视作未来的行动蓝图。

2010年，斯蒂芬·克莱斯勒曾说"大多外交政策在通常情况下都不参照宏观政策"，且援引历史观点对解决现有问题基本都无所帮助。因此，书面的美国官方外交政策仅仅停留在理论层面，也只能作为方向性与准则性的参考物。前政策规划署主任莫顿·霍尔珀林曾说过："没有人能准确预料问题的发生，说政策会影响事件或人们行动的观念都是错误的。"

希拉里·克林顿担任国务卿期间的表现以及她在任期内取得的成功为她赢得了一系列的赞扬与荣誉，其中较为重要的奖励包括2013年的国际事务研究所奖。领奖时，希拉里说："美国的领导力不仅卓越而且必不可少……我们赖以生存的这个世界不断给我们提出新的难题，这就要求我们发展战略性思考与行为方式，而这种方式的起点与核心，就是我们所代表的民主。"这句话完美地诠释了希拉里·克林顿的过去、现在与未来，那就是战略性思考，同时也需记住所有政策都不是放之四海而皆准的，所有的政策，都必须由国民决定。

安妮－玛丽·斯劳特在回顾希拉里的国务卿生涯时曾说："她喜欢在人群中展开外交，她所采用的方式并不能直接得到任何条约或协议，但是对推进美国的长期利益而言却必不可少。"而最为重要的是，当希拉里为推动美国事业遍访全球112个国家，累积上百万飞行里程时，奥巴马总统坐镇美国，就所有问题做出"最

终决定"，是名副其实的决策者。也正是有了奥巴马对政策的最终
定夺，才会有国务卿希拉里的按令执行，而非自由发挥。那些在
2016年总统竞选中贬低希拉里的人士不妨思考一下这个事实。

小结

由于希拉里的个人秉性、政治敏感性以及她的工作领域，在她
担任美国国务卿期间，美国的外交政策可以说是束手束脚，其发展
目标是确保不会给美国的国际地位以及名声造成进一步的伤害。奥
巴马总统第一任期的主要目标是让此前8年形成的外交政策转向，
并开始扭转局势。到奥巴马第一届总统任期结束以及希拉里从国务
院卸任时，这项任务已经有所进展。他们打下的基础让希拉里的继
任者约翰·克里能够实施自身较为传统的、亲欧的外交政策。

希拉里明确表示，她相信美国在世界上的独特地位。她曾经
是美国的第一夫人，并在这期间近距离地看到了美国总统所面临
的压力与机遇。她也担任过参议院军事委员会委员，看到过立法
者在全球局势下立法时所面临的压力。而作为国务卿，她自身有
了影响并执行政策的机会。基于以上经历与身份，她拥有了得天
独厚的优势，并从她自身的视角形成了独特的世界观，也了解美
国应在世界舞台上扮演怎样的角色。她的个人价值观、政治理念
以及现实经历让她明白，美国在全球范围内扮演着强有力的角色，

而对全球事务采取被动、封闭的方法是毫无作用的。

希拉里是否能成为美国自内战前以来第一位成为总统的国务卿，内阁的职位是否会成为她政治生涯的顶点，这些，都只有时间才能证明。希拉里的国务卿身份，将比她前面的 66 位国务卿中的大部分人更加牢固地被人铭记在心，这一点，是毋庸置疑的。她的声望不会比亨利·基辛格、迪安·艾奇逊、乔治·卡特莱特·马歇尔、乔治·普拉特·舒尔茨等更高，但也不会像那些不露面、人们记不清其名字的官员一样默默无闻直至被人完全忘记。希拉里的国务卿经历将成为她下一步人生棋局中的又一重要筹码。如果她在 2016 年成功当选总统，那么在她追随着托马斯·杰斐逊的步伐从国务院踏上白宫的过程中，国务院将被视为她的总统职位训练场，而担任国务卿也会是她的一个明智之举。然而，如果她不能当选美国第一位女性总统，那么国务卿经历会被当作攻击她的理由，人们会认为担任国务卿是她的战略失误以及巴拉克·奥巴马的精心算计，是奥巴马为让他最强大的政治对手出局并离开政治舞台而采取的手段。

第 7 章

慈善家：设立基金会

　　就任美国国务卿不久后，希拉里·克林顿就宣布她只会效力到这一届政府任期结束时，所以，外界对她在 2013 年 1 月卸任后何去何从有各种各样的想法和期待。担任奥巴马政府的国务卿剥夺了她参与 2012 年总统竞选的机会。美国总统大选的时间表是一成不变的，所有怀抱雄心壮志想要参与竞选的人只能等待 4 年后（对于政治来说，似乎显得十分漫长）的下一届选举。然而，很少有人怀疑，这样的竞选终将启动，问题只是它何时开始。在它启动前，希拉里尚且有几年的时间来筹备她的第二次总统竞选。不言而喻，如果希拉里·克林顿 2016 年竞选失败的话，她将会仔细审视筹备期间的每一个瞬间，来面对自己决策上的潜在失误或机会的丢失。

　　在没有政府收入可依靠的情况下，希拉里需要一个工作来保证收入，并且为她的精力和能力提供施展的场所。希拉里曾经出过一本回忆录，即《亲历历史》。该书大卖，为她赚得了丰厚的预付版税和实付版税，总数达数百万美元。此外，鉴于公众的浓厚兴趣，另一本讲述她在国务院工作经历的书也获得了惊人的销量。然而，所有这些书在详细确凿地展现公众感兴趣的内容的同时，也不会泄露任何有关现任政府的敏感信息，因为希拉里需要借助总统的支持来实现自己的总统梦。当然，所有这些新书也都会被与先前的畅销书在内容和销量上进行对比。公众对《亲历历史》的兴趣在一定程度上是基于希拉里写了导致其丈夫遭受弹劾的事件，这些淫秽的内容将不会出现在任何以后出版的书中。由于没有个人丑闻，且出于保护目前她刚刚离开的美国政府机密（以及她自己的未来）的需要，在整个出版市场销售低迷的环境下，所有有关她的作品都将面临写作、经营和销售上的巨大挑战。

为了实现担任总统的梦想，希拉里·克林顿也需要保持政治上的专注度和良好的公众形象。巡回演讲为她提供了可两者兼得的选择，并且也为她带来了支撑未来选举的资金。不过，方便的是，希拉里早已拥有了实现其目标的现成道路：克林顿基金会。通过《克林顿全球倡议》，克林顿基金会展现了筹资和向弱势群体分配资金方面的强大力量。作为前参议员和前国务卿，并且在前总统兼丈夫比尔·克林顿的大力支持下，希拉里参与美国总统竞选，将她的力量注入克林顿基金会，这具有重要的意义。然而，她在克林顿基金会中也引发了和以前类似的问题，涉及金钱、权力、透明度和利益冲突等多个方面。虽然这些问题与先前在政府工作、目前已淡出公共生活并试图在私营部门利用其经历获利的希拉里，似乎没有多大的关联，但是，希拉里显然没有退出公众视线。克林顿基金会的巨大收入，也带来了有关她的作用以及与外国政府之间关系的尖锐问题，这一切都说明，对希拉里来说克林顿基金会是一把双刃剑。因此，在她生活和事业的所有阶段中，2013年至2015年是一段颇具挑战性、回报性和艰巨性的时期，在此期间，她四处奔波、创作、演讲，为第二次参加美国总统竞选做准备。

如何利用前（未来）总统的影响力？

如何处理与前总统的关系是华盛顿特区永恒的话题。在这个人均寿命普遍延长的时代，人们在办公室外度过的时间远远超过往届总统在办公室内停留的时间。有时候，某些总统会持续参加国家政治辩论：威廉·霍华德·塔夫脱在离开白宫7年后，被任命为美国最高法院的首席大法官；约翰·昆西·亚当斯在当了一届总统后，一直在国会中当议员，长达9届之久；安德鲁·约翰逊在离任总统后，担任了为期5年的参议员。然而，也有例外的情况。大多数总统在离任之后，都过着平淡普通的生活，近些年来，他们热衷于打高尔夫球、出版书籍以及举办巡回演讲。但若在职总统的年龄相对比较年轻的话，这个问题就会显得比较要紧。人们往往忽略了，比尔·克林顿是美国历史上继西奥多·罗斯福和约翰·肯尼迪之后第三年轻的总统，他在 2001 年 1 月离任时只有54 岁。虽然在 1992 年的竞选运动中，克林顿宣称自己为新民主党人，以划清自己同过往民主党平庸之士（如吉米·卡特）之间的界线，但是却发现自己在组织内阁时招了很多前卡特政府的官员。克林顿寻找自己后总统时代的职业生涯时的效仿对象也正是吉米·卡特。

1981 年 1 月，吉米·卡特在担任一届总统之后即卸任，公众普遍认为他的总统生涯是失败的。虽然《戴维营协议》取得了成功，但国内通货膨胀率飙升，失业率激增，美国公民被困在伊朗作为人质长达一年之久，苏联入侵阿富汗，美国饱受各种严峻问题的袭扰。尽管如此，人们也普遍承认，卡特于 1982 年在他的家乡佐治亚州建立的卡特中心，给他的后总统时代的生活带来了辉煌的成功。该中心位于吉米·卡特总统图书馆附近，是一个非营利性和非政府组织，致力于减轻人类痛苦，促进人权的发展，而此前，卡特正是通过倡导人权而成功当上美国总统的。卡特中心为 80 多个国家提供服务，它的成功对于重建吉米·卡特的声誉起着重要的作用，并且最终为他赢得了 2002 年的诺贝尔和平奖。

比尔·克林顿离开白宫时，好评率达到了 68%。尽管如此，克林顿的政治和历史地位显然还是被在他第二届任期内占有重要位置的弹劾听证会蒙上了不光彩的阴影。尽管希拉里巧妙利用了这个不幸的丑闻，帮助自己在 2000 年竞选上了参议员，但它仍然在克林顿的总统生涯中烙下了不可磨灭的暗影。无论公平与否，克林顿成了美国历史上第二个遭受弹劾的总统。虽然克林顿如今已无法挽救曾经的过失，但卡特中心的先例为他提供了一条进行政治和历史救赎的可行路径。因此，除了在阿肯色州的小石城内建立威廉·杰斐逊·克林顿总统图书馆和博物馆，来展示克林顿政府的相关文件和手工艺品外，他还创立了一家有远见的企业，来利用他作为前总统的能量和政治关系。

该中心作为非营利性组织建立于2001年，最初被称为威廉·杰斐逊·克林顿基金会，坐落在纽约和小石城内。以克林顿总统在任期内的工作为基础，该基金会致力于解决全球疾病和经济问题。运营于非政府、非营利部门，这个基金会竭力推进各种倡议和人道主义项目。该组织利用克林顿基金会旗下的越来越多的实体机构大力开展各类项目，比如"无天花板计划""克林顿健康保障计划（CHMI）""克林顿发展倡议（CDI）""克林顿气候行动计划（CCI）"和"克林顿全球倡议（CGI）"等。通过这些实体机构，克林顿基金会已经筹集了20亿美元的资金。这些资金来源于各个渠道，包括金融部门和政治捐助者，以及国际机构和外国政府。这些项目为前总统的能量和才能提供了一个施展的平台，更重要的是，它为建立一项关乎发展和慈善的持久事业提供了可能性，用以弥补因其曾经的过失而遗留的伤害。

根据美国的相关法律，诸如克林顿基金会这类非营利性组织不需要公开捐助人的身份信息。如果比尔·克林顿的总统生涯宣告了他家族的政治抱负的尾声的话，那么克林顿基金会所开展的各类行动无疑会受到许多人的忽视。然而，由于希拉里·克林顿担任了国务卿，并且参加了2016年的总统竞选，克林顿基金会的财务透明度就受到了公众极大的关注和质疑。2008年，希拉里被任命为美国国务卿后，克林顿基金会公布了一份全球赞助者的名单，其中包括外国政府和私人组织。同时，比尔·克林顿以财务透明度和避免不当行为的名义，同意放缓了基金会的各项活动。2013年，当希拉里结束国务卿任期后，"克林顿基金会"改名为"比尔、希拉里和切尔西·克林顿基金会"。此举标志着希拉里人生的又一个新纪元的开始，也象征着她踏上了自己梦寐以求的王朝问鼎之路。

因此，克林顿基金会为希拉里提供了一个现成的、自然的基地，通过它，希拉里能够在离开奥巴马政府之后从事自己的政治活动。然而，希拉里与克林顿基金会的关系进一步强化了人们长期以来的看法：希拉里最大的政治资产以及她最大的政治负担还是她的丈夫比尔·克林顿。比尔·克林顿从阿肯色州州长到美国总统的华丽转身，使得希拉里成为美国第一夫人，并为她在国内和国际上建立了良好的声誉。克林顿在白宫内的不检点行为可以说为希拉里博得了公众的同情，从而为她2000年竞选参议员提供了便利。克林顿庞大的政治关系网为希拉里2008年的首次总统竞选活动提供了一笔巨大的资产，但克林顿的不甘寂寞有时也为希拉里造成了不小的问题，导致她的选票流失。至少民主党对希拉里参加竞选的犹豫态度的部分原因在于克林顿如今已显露疲态和对他未来是否又会爆出个人丑闻的忧虑。最终，比尔·克林顿在建立和运作克林顿基金会上做出的巨大努力为希拉里提供了坚实的基础，使她能够开展总统竞选活动，但克林顿基金会的影响范围以及与外国政府和营利活动的关系，又总是使得外界对潜在利益冲突问题以及希拉里用于公众演讲的大量资金的来源表示怀疑。

艰难抉择，轻松获利

希拉里在 2003 年出版了她个人的第一本回忆录后，外界普遍认为她还会出版另一本描述她担任国务卿时期的所作所为的作品。这种做法并不少见，很类似于前国务卿康多莉扎·赖斯和马德琳·奥尔布赖特的做法。两人的作品没有取得满意的销量，但她们也没有参与总统竞选的计划。对于赖斯和奥尔布赖特来说，她们的作品实际上是对她们的公共生活的总结，展现了她们对于各类事件的看法，并不考虑作品的长期影响。然而，希拉里的情况则大为不同。她的上一本书《亲历历史》高居《纽约时报》畅销书排行榜榜首长达 18 周之久，并在 36 个国家相继出版，全球总销量几乎达到 400 万本。该书在 2003 年夏天出版时，没有人会想到这竟然标志着她公众生活的结束；的确，她最近才成功当选为参议员。公众对于希拉里第二部回忆录的热烈期盼，深深地影响了人们对她参与 2016 年总统竞选的广泛期待。因此，希拉里的第二部回忆录将不仅仅反映她目前的职业生涯，同时也应该展现出她未来的宏图。

2013 年 4 月，就在她离开奥巴马政府仅仅两周后，希拉里和与她长期合作的出版商西蒙·舒斯特出版公司签署了一份协议，将在未来出版个人的第二部回忆录，详细介绍她担任国务卿时期的个人生活。经过了 12 个月的苦心创作，在巨大的公众期待中，《艰难抉择》于 2014 年 6 月正式出版，并立刻占领了媒体头条，即便内容平淡无奇，也阻止不了巨大的销量。希拉里展开了马拉松式的巡回宣传活动来推广她的新书。此举更像是要拉拢政治合作伙伴，而不仅仅只是普通的新书签售活动。在纽约举行的首次新书推广活动吸引了 1000 名读者，他们中的许多人整齐地排着队，期待着与希拉里见面，但却失望地发现，购买签售的书并无权享受额外的献词，唯一能得到的只是一个词："希拉里"。此举是为了保证签售活动的秩序和效率，因此没有留出读者与希拉里交谈的时间。时间和金钱决定了新书签售活动的进程。随着巡回活动步伐的加快，希拉里在包括伦敦在内的几个欧洲国家的首都举办了新书发布会。新书签售会总共持续了 50 天，其间，她会见了世界各国的领导人、名人以及欧美两大洲的普通民众。

读者对本书的反应褒贬不一。反对者称此书不如预期，而支持者则大为赞扬，将此书与历届国务卿和总统候选人的书籍进行对比，凸显其出众的销量。这是希拉里·克林顿适用于不同法则的另一个例子。对于任何政治回忆录来说，首发后便牢牢占据《纽约时报》畅销书排行榜首位长达 3 周之久，无疑是作品的一大成功。然而，有人称，该书也引发了民众的失望，特别是在《艰难抉择》被爱德华·克莱恩的新书《血海深仇》挤掉榜首的位置以后。后者揭露了克林顿家族和奥巴马家族之间的关系，试图破坏希拉里为了消除与曾经的对手之间的隔阂所做的努力。不管怎样，《艰难抉择》的销量和她的演讲收入使得希拉里在离任之后的 16 个月里，赚得了 1200 万美元，成功加入了美国财富榜前 1% 的行列（年收入达到 45 万美元）。

创作第二本回忆录让希拉里·克林顿早在 2016 年大选开始前，就明确了她在国务院的任期以及与她的前竞争对手、美国总统奥巴马之间的关系，并且使她确保了这两个问题都能在首轮票选开展前得到彻底的讨论、辩论和处理。《纽约时报》特约作者彼得·贝克指出，迪安·艾奇逊凭借《创世纪亲历记》荣获普利策奖，该书详细介绍了他担任国务卿期间的生活。贝克总结道，希拉里"似乎心中憧憬着更大的荣誉"。在许多方面，《艰难抉择》是她筹备总统竞选活动的第一步。这本长达 600 页的著作明确详细地介绍了希拉里奔波于哪些国家、会见了多少人以及参加会议所用的时间，为希拉里的竞选奠定了基础。该书与克林顿于 2004 年出版的回忆录《我的一生》有许多相似的特点。《我的一生》中列举了克林顿在位期间会见的所有人，而没有对公开的事件提出任何深刻的分析和见解，因而受到了广泛的批评。

这两本书的最终失败都出自同一个原因：克林顿和希拉里皆奔波于未完成的公共事务中，因而都没有完成最后一章的创作。他们两人都不如其他作者诚恳。希拉里·克林顿在奥巴马政府中的同事罗伯特·盖茨因其引人入胜、发人深省的回忆录《责任》而大受赞扬。该书毫无保留地展现了盖茨任职于白宫期间所遇到的诸多挑战。然而，正如赖斯和奥尔布赖特的作品一样，没有人认为盖茨会重返白宫工作，更别提借此经历出版一本坦诚和率真的回忆录了。志在未来的克林顿家族不会重走那些人的老路。

闷声发大财：克林顿家族和财富

克林顿基金会的成功和公众对克林顿家族的兴趣为克林顿家族的生活带来了财务上的以及随之而来的政治上的变革。当比尔·克林顿于 1992 年首次竞选总统时，人们起初错误地认为，他只是一个富裕的政治家，习惯了奢华的生活，高高在上，与普通选民的生活脱节。产生这种看法的部分原因在于克林顿先后在乔治敦大学、耶鲁大学和牛津大学接受过高等教育，而一张他会见肯尼迪总统的照片则隐约透露出他作为内部人士的身份。然而，事实并非如此。比尔·克林顿出生于贫穷的阿肯色州，家庭并不富裕，但得益于美国的教育体系，他凭借出众的智慧，最终飞黄腾达。因此，选民起初都误解了他的勤奋和成功的决心，直到 1992 年的总统竞选活动，真相才浮出了水面。确实，比尔·克林顿可能是几十年来最穷的美国总统，他没有任何可以依靠的私人财产。据官方决定，比尔·克林顿的继任者将会得到翻倍的薪水，总统的年薪将在2000年的选举之后，从20万美元上升到40万美元。这被视为一项不明智的决定。克林顿家族在白宫期间所遭遇的许多法律挑战、随之而来的法律费用以及切尔西的教育费用进一步加重了他们的经济负担。种种经济问题使得希拉里·克林顿在2014年对黛安·索耶称，她与她的丈夫克林顿离开白宫时"身无分文"。

然而，自2001年1月起，克林顿家族不仅仅只是补上了以前的经济短板。据官方的纳税申报数据显示，2001年至2012年，克林顿家族的收入超过了1.63亿美元。不过，这个数据中还不包括未公开的收入，如投资、版税和房地产。在希拉里担任参议员期间，克林顿家族的收入几乎达到了1.09亿元，其中大部分来自克林顿的巡回演讲。2001年至2007年，克林顿家族向慈善机构捐赠了他们至少9%的收入，约1000万美元，缴纳收入所得税共计3300万美元。担任国务卿期间，希拉里的总薪酬是785,700美元，然而，在此期间，克林顿家族获得了超过5300万美元的收入，其中大部分的收入还是来自克林顿的演讲。但自2013年离开国务院之后，希拉里对其家庭的经济收入做出了巨大的贡献：每次演讲的收入可达20万美元，《艰难抉择》的预付版税达到了800万美元。在希拉里离开奥巴马政府之后的16个月里，她的收入共计1200万美元。因此，就像20世纪90年代克林顿的丑闻那样，希拉里的崛起也正开始吸引人们的眼球。

如今，希拉里·克林顿的经济活动一方面维持着其家族的长期稳定性，同时也引发了有关希拉里是否举止得体和判断力良好的问题。在20世纪80年代上映的电影《华尔街》中，"贪婪"被说成是一种"善"。几十年后，自诩为底层阶级护卫者的政治家希拉里·克林顿，也对这些"贪婪"的活动不以为意。相反，人们开始意识到，每当希拉里从事政府服务以外的活动时，她总能捞到获利的机会，并依靠自己在政府部门工作的经历而大肆吸金。正如20世纪90年代时那样，希拉里·克林顿的支持者们的担忧不在于害怕一项指控会毁掉希拉里的政治生涯，而在于连续不断的指控和不当行为显露出的隐约迹象将会使选民对她以及一连串的指控感到厌烦，不能保证她进行足够数量的演讲。到2015年，希拉里连续收到了诸多毫无根据的指控，声称比尔·克林顿的前竞选主管詹姆斯·卡维尔曾试图为"意大利面新闻"洗脱恶名以掩盖背后的事实。在有根据的新控诉出现之前，希拉里暂且可以避一避风头。

有趣的是，对希拉里的各项指控都将矛头指向了她在克林顿基金会里的经历，以及她作为阿肯色州第一夫人时期的活动。所有这些指控都集中体现了一个同样的话题：希拉里需要快速致富。在某种程度上，这可能源于她家庭的影响。她的父亲勤劳节俭，认为生活就是一项省钱的活动。从小到大一直受到节俭作风熏陶的希拉里似乎牢记着这些教训，竭力确保她的家庭免受曾经没有暖气而度过寒冬的痛苦。

希拉里在这方面的行动与她的丈夫克林顿形成了鲜明的对比。后者通常对获得个人财产没有太多的兴趣。他确实从书籍销售和巡回演讲中大赚了一笔，但在某种程度上他的努力似乎不仅仅是为了牟利。无论正确与否，希拉里在离任国务卿之后竭力地增加收入，这不断刺激着其竞争对手的神经，同时也为她招致了不少的问题。

弊大于利？

克林顿夫妇凭借着他们在美国政治生活中独特的地位而获利丰厚，那么与此同时，他们需要付出巨大的政治代价吗？克林顿夫妇获得的巨额收入以及他们受到的关于利益冲突的指控将对希拉里·克林顿参与 2016 年的总统竞选产生负面影响，或者至少将分散她的大量精力。民主党一直以来都在拉拢各个联盟和蓝领选民。作为民主党的总统候选人，希拉里将很难妖魔化任何共和党总统候选人，指责他们与选民脱节，正如米特·罗姆尼参与 2012 年总统竞选时做的那样。随着美国人的收入差距越来越大，希拉里·克林顿的个人财富问题在党内和国内都面临着危机。批评家彼得·施魏策尔对此颇为关注，并专门出书（《克林顿的资产》）来详细披露克林顿家族的发家历程。这仅仅是蓬勃发展的图书业中试图以出版物的形式不断公开有关希拉里负面的但通常是毫无根据的批评的书中的一本。这种以书籍形式对希拉里进行攻击的做法最早可以追溯到 20 世纪 90 年代。

尽管这其中的许多攻击一直以来都将矛头对准克林顿夫妇，但克林顿基金会的作用也引发了有关他们信誉的严峻挑战和对 2016 大选年期间的利益冲突的担忧。引发的问题主要集中在铀交易、俄罗斯原子能公司 Rosatom 以及克林顿基金会收到的共计 3100 万美元的捐款上。值得希拉里高度重视的是，其他国家可能会利用向克林顿基金会捐助资金的方式来影响未来的希拉里·克林顿政府。尽管希拉里在担任国务卿期间拒绝接受来自外国政府的捐款，但克林顿基金会仍然直接从沙特阿拉伯、乌克兰等十几个海外国家中获取捐款，总收入从过去的 3400 万美元提高至 6800 万美元。尽管希拉里宣布她要参与 2016 年总统竞选的决定后，克林顿基金会董事会说将减少六个海外国家的捐助，包括荷兰、德国、加拿大、澳大利亚、英国和挪威，但阿拉伯联合酋长国、沙特阿拉伯和阿曼过去都不断地为克林顿基金会提供着资金。虽然这些国家可能看起来很和善，但它们都有着自身的国家利益，希望在未来从以希拉里为首的美国政府中获利。

英国和德国在协商由各国提出的《跨大西洋贸易与投资伙伴协议》（旨在建立欧盟和美国之间的自由贸易区）期间，发生了潜在的利益冲突。美国 Keystone XL 输油管道计划也涉及加拿大的国家利益，该计划有可能需要在希拉里成功当选美国总统之后启动。

另一个需要重视的问题是，比尔·克林顿的演讲收入受到了希拉里作为国务卿时期所享受的职权的影响。此前，比尔·克林顿的平均收入为15万美元，但当希拉里·克林顿为奥巴马政府效力后，他曾以75万美元的酬劳受邀在一个于中国举办的通信会议上发表演讲，随后又以50万美元的酬劳在俄罗斯投资银行内发表演讲。克林顿夫妇的个人收入和直接流入克林顿基金会的费用之间的关系进一步恶化了事态。这两者之间的界线经常模糊不清。目前，尚没有一本书对此进行过严厉的抨击，但是，企图破坏希拉里信誉的种种举动已经影响了她2016年总统竞选的选票。然而，美国《宪法第一修正案》中规定的权利内容确保了作家对他人进行"千刀万剐"的权利将会继续得到法律的保障。

　　这到底在多大程度上减少了希拉里赢得2016年总统大选的可能性呢？对于支持者来说，这些问题仅仅只是证实了希拉里所指的"巨大的右翼阴谋"这个著名论断。自克林顿宣布参加总统竞选后，它就一直从负面影响着克林顿夫妇；而对于反对者而言，这些问题加深了人们对于希拉里是否能胜任总统一职的长期担忧。然而，希拉里2016年竞选活动所面临的潜在危险，在于这些持续的指控可能会影响中间选民，或者那些对比尔·克林顿任总统没有印象的选民。一小部分未发表意见的中间选民决定着大多数选举的结果，他们的忠诚度随每次选举活动而左右摇摆。希拉里所要做的就是让这部分选民相信，她希望成为美国第一位女性总统，这些所谓的指控都是毫无根据的。如果这个致力于传递比尔·克林顿（美国第三年轻的总统）的力量，通过一系列的发展计划帮助全球的妇女和儿童的慈善基金会阻碍了希拉里·克林顿竞选总统的道路的话，那么必然将引发轩然大波。

小结

对于大多数人而言，以 65 岁高龄离任作为总统第四号补位人的国务卿一职后，便可以放慢人生的节奏，去过安闲舒适的退休生活了。然而，大多数人毕竟不是希拉里。她的人生没有因此陨落，转而出版了她个人的第二本回忆录，详细介绍了她在国务院任职期间的点点滴滴。此外，她还连续奔波于国际巡回售书会来推销新书，为克林顿基金会筹集资金。可喜的是，她还当上了外祖母。希拉里大力借助她在国务院的工作经历来创造个人收入，同时为家庭建立了坚实的经济基础，以此来支撑她 2016 年的总统竞选。这使得希拉里每天都投入到繁忙的工作之中，如代表克林顿基金会处理事务，以及参加收入颇丰的巡回演讲。希拉里不是第一次发现，自己（实际上需要努力求财）和其他人（被鼓励着大胆地追求美国梦）适用着两种截然不同的法则。

如果当下有关克林顿基金会作用的问题因克林顿和他在政治上高度活跃的妻子希拉里而变得错综复杂的话，那么倘若希拉里最终在 2016 年当选美国总统，局势就将变得更加扑朔迷离。克林顿基金会是如何在没有比尔·克林顿的情况下正常运营的，或者说希拉里是如何发挥领导者作用的，这个问题至今鲜有人能够回答。很难想象，克林顿基金会是如何在明显的利益冲突下，名正言顺地接受外国政府的捐款的。但不可否认的是，外国捐款是该基金会收入的重要来源。虽然克林顿基金会建立已有十多年的时间了，但是它的未来似乎仍然悬而未定。克林顿基金会已经成了为克林顿救赎、正名并为其带来经济回报的工具。它在希拉里·克林顿未来的政治生涯中到底是多大的可能导致失败的因素，现在仍然是一个未知数。

— *第 8 章* —

克林顿王朝

作为一个国家，美国正越来越坚信，所有人都能成长为国家总统。因此，"王朝"是典型的非美国化的概念。事实上，美国这个国家建立的目的之一就是要摆脱弥漫在英国政治生活中的王朝性质，转而把权力交到普罗大众而非少数精英的手中。美国的历代王朝一直以来都将国家的意志寄托在民众的想象和投票意向上。纵观美国历史，一小部分的家庭曾经一度手握大权，他们代表着民主党和共和党的意志。

自早年共和党的亚当斯家族起，到罗斯福家族、洛克菲勒家族，再到肯尼迪家族，美国长期以来都在缔造一批批在公共服务中红极一时的富人家族。近来，布什家族凭借三位选举产生的领袖（参议员普雷斯科特·布什、总统乔治·赫伯特·沃克·布什和总统乔治·沃克·布什），在美国政治王朝史上占据了一席之地。随着希拉里·克林顿的总统竞选显露出无限的潜力，一个新兴的政治王朝的诞生即将成为可能。这个王朝凝聚了克林顿夫妇的力量以及他们的女儿在未来的潜在作用。随着希拉里 2016 年的竞选运动如火如荼地举行，她也将投身于另一个事业，以使克林顿家族立足于美国政治高层精英圈内。但是，克林顿王朝将在一些方面有别于以前的王朝。我们可以回想一下过去统治美国政坛的家族们，以便更好地理解希拉里·克林顿在 2016 年做出的努力是如何以及为什么使其家族脱颖而出的。

美国的政治王朝

当美国独立战争打响第一枪时，革命党人试图建立一个全新的政府体制，以避免重蹈英国王室和议会制度的覆辙。欧洲国家政治中一个固有的弊病就是少数的精英家族一直掌握着对普罗大众的控制权，不论政治风波多么剧烈，这些家族仍一代一代地世袭着这些权利。英国在这一方面不是特例。事实上，在英吉利海峡的对面，法国的情况也很类似。托马斯·杰斐逊在那里目睹了世袭政治制度的"祸害"，人民因这种制度承受着"被诅咒的命运"。1786 年，托马斯·杰斐逊撰文向乔治·华盛顿提出谏言，称在美国实行"世袭贵族制"将"使我们最完美的政府形式从顶峰跌入低谷"。

在杰斐逊表达其观点后不久，法国废除了世袭制。然而，英国并没有效仿这项会引起轩然大波的措施，英国的政治王朝继续蓬勃发展，并且对在《1787宪法》下建立新型的美国政府体系的举动表示反对。尽管有了新的认识，但这个托马斯·杰斐逊一直反对的"世袭贵族制"仍然出现在美国政治生活的早期阶段。美国的开国元勋们现在已经成为民主和自由的代名词，不过当时他们是地主中的精英，拥有广阔的土地和丰厚的资产。他们通常剥削着奴隶阶层，并且竭力确保这个新兴国家的控制权能一直掌握在富人阶级的手里。最开始起草的美国宪法严重限制了民众的政治参与度，它在某些州通过剥夺妇女、奴隶和黑人的投票权来限制他们的选举表决权。经历数次"宪法修正"后，美国宪法才最终废除了基于读写能力测试、智力、人头税、种族和性别的限制。

甚至在进行竞选的时候，也会进行各种限制。按照最初颁布的宪法，民众能直接进行投票的候选政客们都来自众议院。参议员由州立法机关任命的做法一直延续到1913年。总统选举也受到选举人团的不当操控。该体制有时会背离人民的普遍意志，甚至是选举的时间安排和各职位任期（国会、总统和参议员的任期分别为2年、4年和6年）也是对民主的约束，以此来维护现状，抑制美国政府在一个任期内的完全控制权。

美国的开国元勋们努力阻止政党的成立，因为他们担心这将破坏这个新兴国家的根基并使国家走向分裂。然而，亚当斯家族引领的美国第一个政治王朝让美国国父们的努力付诸东流，其家族首领约翰·亚当斯是美国第二任总统。在命运的驱使下，对把开国伙伴们神圣化感到失望的亚当斯缔造了美国历史上第一个政治王朝。亚当斯的堂兄塞缪尔·亚当斯曾担任马萨诸塞州州长。他的儿子约翰·昆西·亚当斯在历任美国驻伦敦大使和国务卿后，于1825年成功当选美国总统。然而，让约翰·昆西·亚当斯坐上总统之位的选举却被蒙上了争议的污点，因为尽管安德鲁·杰克逊获得了民众的选票和选举人团的最多选票，但仍在大选中落败。结果，根据《宪法第十二修正案》，众议院任命约翰·昆西·亚当斯为美国第六届总统，而他为期一届的总统任期中也充斥着不光彩的污点。

纵观美国历史，全美之内，先后有数百个家族在各自的所在地建立了持久、稳固的权力基础，其中就包括芝加哥的戴利（Daley）家族、加州的布朗（Brown）家族、马萨诸塞州的凯博特（Cabots）家族、亚利桑那州的戈德华特（Goldwaters）家族和乌戴尔（Udalls）家族，以及伊利诺伊州的史蒂文森（Stevensons）家族。近来的一些家族势力还包括戈尔（Gore）、罗姆尼（Romney）和保罗（Paul）家族。然而，正是这些在全国享有盛名的家族吸引了民众的眼球，激起了他们对美国政治王朝理念的兴趣。在这些家族中，有三大家族巍然耸立：罗斯福家族、肯尼迪家族和布什家族。这三大家族一共培养出了5位美国总统、4位参议员、4位州长和驻英国、日本大使，以及至少7位国会议员。然而，他们也都陷入了一系列的悲剧事件之中，使家族的名誉蒙上了阴影。这些事件包括：
20世纪80年代，尼尔·布什导致西尔维拉多储蓄和贷款公司瓦解；
1969年，爱德华·肯尼迪的女友玛丽·乔·科贝琴丧生于他所驾
驶的汽车内；三大家族中的成员接连遭遇各种控告。美国政治王
朝享有赫赫之名的声誉带来的利益，在许多时候，过去的辉煌和
选举成功的美好记忆也伴随着他们，但是政治王朝往往也摆脱不
了丑闻、没落、面临腐败和内外勾结的指控等尴尬处境。这些政
治王朝的特点，克林顿家族早已心知肚明。

克林顿王朝

　　许多评论者正试图为克林顿家族贴上伟大、正义但又不乏丑
闻的标签。然而，越来越明显的是，正是克林顿家族和其他家族
之间存在的差别铸就了美国历史上著名的政治王朝。这些差别不
仅仅呈现出了少数政治家族所掌握的权力，也展现了克林顿家族
是如何迅速崛起的。
　　美国政治生活中的这些著名家族有三个共同点：世代沿袭的
丰厚资产、选举的成功以及经久不衰的生命力。在某种程度上，
有三个要素不断地自我强化着：财富带来影响力和权力，从而获
得更多的政治机会，进一步带来选举的成功，这又为世世代代延
续伟大成就的家庭成员们创造了机会。财富、成功和权力成了政

治王朝的丰厚资产。王朝的后裔们不断发展、保护家族的遗产，并世世代代地传承下去。不仅在美国，所有成功的政治王朝都符合这条定律。这种基于原初的财富的获得而积累起来的丰厚遗产体现出一个统一的特点：丰厚的资产铸就巨大的权力，引领选举的成功，缔造政治影响力和统治力。例如，约瑟夫·帕特里克·肯尼迪的快速发家致富，为他带来了接近富兰克林·罗斯福的机会，进而成功当上了大使，为他自己、他儿子以及整个家族在20世纪的美国政治体系中谋得了一席之地。他的影响延续至今：孙女目前担任美国驻日本大使，而孙子则正效力于国会。

然而，重要的是，克林顿家族并没有走这条传统的老路。由于克林顿家族的特立独行，在竞选获得成功之前，财富和权力一直与他们失之交臂。考虑到比尔·克林顿的出身以及在1993年1月就职总统时的经济状况，克林顿王朝的诞生无疑是一次卓越的崛起。比尔·克林顿并非生来就家财万贯。他出生于一个赤贫的州的赤贫的镇——阿肯色州霍普镇（Hope），只能凭借过人的智慧和艰苦的努力使自己有机会能在全美最负盛名的学校学习，随后又在牛津大学做罗德学者。虽然希拉里·克林顿比她的丈夫出生在一个更加中产阶级的家庭里，但是她出生和成长的环境中也没有物欲横流和上流社会的奢靡。克林顿夫妇从美国教育体系中大为受益，但与既有的那些政治王朝的成员和很多其他美国人相比，他们的生活并不富裕。纵观他们在阿肯色州的岁月，希拉里当时效力于罗斯律师事务所，她是家庭收入的主要贡献者，而克林顿时任阿肯色州州长，靠政府的薪资为生。克林顿的宅第是他们当时在阿肯色州的唯一房产。布什家族在肯纳邦克波特拥有自己的住所，肯尼迪家族在海恩尼斯港享有豪华的宅第，林登·约翰逊总统或乔治·沃克·布什总统也都有着自己的大农场，而克林顿夫妇除了家之外，没有其他休闲的住所。

也许，这也显露出了在比尔·克林顿离开总统职位前，克林顿家族和其他政治王朝之间的差别。克林顿的总统薪资为20万美元，但他没有可以继承的家族财产。而希拉里在丈夫上台后，退出了律师事务所，成为美国第一夫人。他们的基金收入全部或者绝大多数都用于支付女儿切尔西的教育费用以及应对各种指控所需的法律费用，所以他们只能住在政府提供的房子（白宫）里。因此，当他们离开白宫时，克林顿夫妇不仅囊中羞涩，甚至负债累累。这种尴尬的处境几乎不可能帮助他们建立一个政治王朝。

但克林顿夫妇值得夸耀的成功，在于他们能最大限度利用他们的经历来解决在2001年面临的经济困难。通过一系列精明的商业运作和谈判，他们不仅确保了自己未来拥有良好的经济状况，同时也为他们的政治王朝奠定了基础。这一切与他们的努力密不可分。公众对他们的生活怀着极大的兴趣，而他们也愿意坦诚地分享自己的人生经验，克林顿夫妇从这两点中获益良多。2004年6月，克诺夫出版集团为比尔·克林顿的回忆录《我的一生》预付了1500万美元，这是他迄今为止收到的最大一笔预付版税。三年后，该公司又出版了克林顿的另一部作品《付出：我们每一个人如何改变世界》。该书详细介绍了如何建立伟大的事业以及参与其中的方式。该书为比尔·克林顿带来了 630 万美元的收入，他将其中的 100 万捐给了慈善机构。这两本书总共为克林顿吸金超过 3000 万美元。希拉里依靠她的第一本回忆录《亲历历史》，获得了 800 万美元的预付版税。该书最终为她赚得了超过 1000 万美元的收入。据不可靠消息称，她的第二本回忆录的预付版税为 1400 万美元。不断增加的巡回演讲的收入进一步增加了版税收入。2001 年至 2013 年，比尔·克林顿从 542 次演讲中总共获利 1.049 亿美元。自离开美国国务院起，希拉里·克林顿定期地参加数十个类似的演讲活动，出场费至少都要 20 万美元。哈里·沃克商业演讲公关公司代理了克林顿夫妇的演讲事宜，与他们签署了严格的合同，以防止他们演讲的文字资料或视频画面被非法传播，同时也确保了他们的媒体曝光度。书籍销售和公共演讲的收入使克林顿夫妇过上了大多数美国人难以想象的王朝式的生活。他们在纽约和华盛顿特区都有了自己的房子。

切尔西的崛起？

然而，要打造真正意义上的政治家族，历代的家族成员都必须在政治上具有影响力。因此，对于克林顿家族而言，他们期望自己的女儿切尔西能在未来飞黄腾达，为家族贡献越来越重要的力量。切尔西的人生一直呈现在公众的视线之内。她刚刚学会走路时，就在父亲的竞选集会上挥舞着国旗；在父亲的首次总统就职典礼上，她神情紧张地向迈克尔·杰克逊招手；在克林顿承认了与莫妮卡·莱温斯基的性丑闻后，她带着父母前往"海军陆战队一号"。此外，切尔西还为母亲2000年的参议员竞选和2008年的总统竞选活动忙前忙后。作为千禧年一代的一员，切尔西对克林顿的首次总统任期和家族声誉的平淡时期没有多少鲜活的记忆。

但几乎毫无疑问的是，切尔西·克林顿认识到了自己在竞选中的作用。她最近也公开确认，2016年是她自己和希拉里至关重要的一年。倘若希拉里竞选总统成功，切尔西将获得一个独特的殊荣，成为非连续的两届总统任期内的第一女儿。为了协助母亲实现总统梦，切尔西·克林顿在大学的校园里巡回演讲，以拉拢年轻一代的支持者。切尔西的这项演讲运动始于2007年，当时她多方奔走，为母亲希拉里·克林顿宣传造势。8年后，切尔西已成家立业，生有一女，目前在美国全国广播公司（NBC）工作，已出了一本自己的书。她还加入了克林顿基金会，担任全职董事会成员，这一点在该基金会的新名称上体现得淋漓尽致：比尔、希拉里、切尔西·克林顿基金会。切尔西最初的决定之一是要凭借她效力纽约麦肯锡咨询公司时期的简单经验，让基金会接受审计。这个重大变动在基金会内部引发了诸多层面上的变化，克林顿的一些长期合作伙伴减少了捐款额度，而唐娜·埃德娜·沙拉拉被任命为新的首席执行官。

毫无疑问，切尔西·克林顿在基金会里的角色将会使她遭遇类似母亲希拉里受到的各种指控。这些指控大多和她与外国政府的关系以及演讲出场费用有关。如果切尔西·克林顿参与政治竞赛或者未来在政府部门就职，这些问题就都会暴露出来。此外，切尔西·克林顿当然会面临最终的挑战：针对裙带关系的指控。目前，她担任基金会的董事会成员，并获得了外人看来可能与之能力不相称的权力：几乎没有任何经验的她竟然经营着一家总值达 20 亿美元的企业。

　　这不是切尔西第一次遭遇这样的指控。2011 年，美国全国广播公司以 60 万美元的薪资雇用了切尔西·克林顿，尽管她缺乏相应的媒体经验，同时也被父母有意地保护起来，减少暴露在媒体之下的几率。美国全国广播公司的这项决定并没有受到大部分人的支持，不久就宣告夭折。切尔西在该广播公司任职时的亮点当属一档超现实的采访秀，她的搭档是一只用电脑技术生成的保险公司吉祥物，名叫"GEICO 壁虎"。

　　离开著名的美国全国广播公司后，切尔西加盟了克林顿基金会。人们预期切尔西和她的父亲克林顿会在希拉里 2016 年的总统竞选中发挥重要的作用。吸取了 2008 年失败的教训，并且在 2012 年的民主党全国代表大会上倾情演说，安排评论员撰文称赞比尔·克林顿为"最伟大的沟通者"，这位前总统这次将会利用自己的力量来吸引关键的投票群体，获得有影响力的帮助。同样，希拉里会利用女儿切尔西来拉拢年轻的选民。先前，微软全国广播公司的戴维·舒斯特对希拉里2008年的总统竞选活动提出了指控，指责克林顿夫妇在"压榨"他们唯一的女儿，而这便是希拉里如今需要面对的一大挑战，以免重蹈覆辙。由于希拉里不断提及她作为外祖母的新身份，这个指控如今已经牵连到后代的成员，导致切尔西·克林顿的小女婴夏洛特在尚未学会走路或说话前就被卷入了政治生活之中。

如果希拉里·克林顿能在2016年的选举中胜出的话，那么切尔西·克林顿将有望在白宫中扮演相当强势的高层角色，并且很可能是在战略管理这一方面。这样，切尔西就有望在非正式场合下成为母亲希拉里关键的助手，继续发挥她在竞选运动中培养起来的作用。根据法律的规定，切尔西无法在希拉里政府中担任任何带薪职务，但她可以担任顾问或是领导一个专门的研究委员会，就像希拉里在20世纪90年代从事的医疗改革工作一样。不管担任什么职务，切尔西·克林顿都有希望像罗伯特·肯尼迪一样，成功地发挥出与众不同的作用——1961年至1963年期间，罗伯特·肯尼迪一直是肯尼迪总统的私人顾问。这样做可能会有力地防止希拉里成为经典的群体思维案例的受害者，否则，那些旨在确保政治关联性的顾问会使政治领袖们逐渐脱离现实。正如政治生活中经常发生的那样，追求权力会导致无知，同时会使人自卫性地不愿向权力说出真相。这会导致"茧封效应"，即总统候选人脱离现实，不愿接受顾问刺耳的实话，而这些顾问的唯一目标就是为他们的客户服务，帮助他们获得选举的成功，但他们的举动又往往阻碍了这一目标的实现。像从前的罗伯特·肯尼迪一样，切尔西·克林顿不会受到束缚，能够自由地表达事实，这有可能是她在未来希拉里政府中最重要的作用。而如果她能成功做到这一点，就将使人们期待，她能在选举政治中发挥最终的作用，建立一个真正意义上的美国政治王朝。

小结

　　虽然美国开国元勋们明明白白地宣扬民主平等的思想，但美国历史中的前前后后都不乏政治王朝的存在，无论是地方层面的还是国家层面的。这些强大的政治王朝经常对国家政策的方向产生前所未有的影响。克林顿家族究竟能在多大程度上融入这个模式，还是个未知数。的确，在20世纪80年代期间，比尔·克林顿和希拉里·克林顿主导了阿肯色州的政治生活，并且试图在20世纪90年代将此提升至国家层面。他们究竟能在政治上获得多大的成功，各方仍有不同的看法。然而，毋庸置疑的是，克林顿家族已经培养出了一位州长、一位美国总统、一位参议员、一位国务卿以及一位2016年总统竞选的重要候选人。仅此一点，就足以使克林顿夫妇成为在美国政治王朝权力榜上颇具挑战力的竞争对手。

　　然而，克林顿家族真正意义上的政治力量目前仅仅只能靠一代人来维系，家族的成员们无法同时声名鹊起。比尔·克林顿离开了总统职位，希拉里·克林顿的政治之旅正在起步。但是，我们不止一次地看到，克林顿家族不断制定着他们自己的规则，重新定义着政治王朝的形式。比尔·克林顿不再担任总统一职并不意味着他的政治影响力已经消失。他在克林顿基金会中的作用为他提供一个巨大的平台，使他能够影响全球的发展，提高民众对问题的认识。奥巴马总统曾希望他在2012年的总统竞选中助一臂之力，无疑是在这个进程中开出了一张有价值的政治借条。克林顿夫妇积累的财富不仅使他们能够在余下的生活中继续主导美国的政治，而且将会为切尔西·克林顿提供一块进入公共生活的跳板，让她不必再为钱操心。

尽管政治王朝在表面上似乎与美国梦背道而驰，但几乎没有选民对另一个克林顿坐进椭圆形办公室感到不安。同样，希拉里·克林顿的竞选活动看起来似乎也与王朝的理念并不相符，但希拉里选择在纽约市的罗斯福岛启动她2016年的竞选活动，由此实则不难看出她试图复兴家族的野心。希拉里竞选美国第一位女性总统期间不管遭遇怎样的挑战，因政治王朝而招致的指控似乎是她最不关心的问题。

— 第 9 章 —

最后的竞选

2015 年 4 月 12 日，希拉里·克林顿宣布，她打算再次争取民主党美国总统候选人的提名。这是继 8 年美国第一夫人、8 年美国参议员和 4 年美国国务卿的政治生涯后，希拉里·克林顿的最后一搏。2016 年的大选，希拉里不成功则成仁，67 岁的她已经没有退路：或者成为美国第一任女总统，或者毫无疑问将结束她的政治生涯。首先，她必须获得民主党的提名，然后，在 2016 年 11 月的大选中击败她的共和党对手，才能获得最后的胜利。要做到这两点，希拉里将要跨越一系列极难克服的障碍，其中包括她的年龄、她的性别、她的过去、她的反对者、美国多变的政治特性、她的政党、她的丈夫、她在奥巴马政府中的角色、她 2008 年的竞选表现和她个人的弱点。

前面的章节讲述了她决定争取 2016 年民主党问鼎白宫之战提名的过程，展现了她的一系列性格特征、政治承诺和外交手腕，以及在她的职业生涯中帮助过和阻碍过她的政治举措。然而，要理解这些特征的真实意义，就有必要全盘考虑这些因素在希拉里·克林顿参与 2016 年总统竞选时的影响，并吸取她上次竞选失败的教训。在她开始这一历史性的总统竞选活动的政治背景中，我们也不妨考虑一下成功的总统候选人所必需的特质，看看希拉里是否符合这些标准。

本章将着重分析 2016 年竞选时美国的国情、候选人的情况、世界的局势以及她的反对党的状况，这些因素将在决定希拉里·克林顿能否在 2017 年 1 月 20 日宣誓就任美国第 45 届总统发挥重要的作用。

国情 2015

2016 年，希拉里试图领导的美国与 2008 年她初次尝试竞选总统时的美国已经大不相同了。现在的这个美国已经告别了经济衰退期，它的军队不再积极参与伊拉克或阿富汗战争，它也不再是一个似乎普遍不受海外欢迎的政府领导的国家了，并且它还在社会包容性上取得了长足的进步。然而尽管如此，美国的政体并没有改善，种族分歧也没有因为备受期待的第一位非洲裔总统奥巴马的上台而弥合，经济差距继续扩大，全国领食品救济券的人口数创下历史新高，从 2000 年的 1700 万上升到 2015 年的 4600 万，每年耗资 761 亿美元；在国际上，美国的利益每天都在受到不断上升的世界和区域力量的挑战，中国的必然崛起和美国的衰落似乎已经成为各界公认的事实。

尽管民族情绪比较悲观，但和 2008 年相比，2015 年的经济数据还是有了明显的改善。美国劳工统计局的报告显示：2015 年 6 月美国全国的失业率下降至 7 年来的最低点：5.3%，低于 1948 年至 2015 年间 5.83% 的平均失业率。2015 年 1 月，美国的平均小时工资达到 10.55 美元的历史高位，这是国家持续繁荣的另一个标志。另外，美国妇女的生育率上涨了 1%，实现了自 2007 年开始的经济衰退后的首次增长，这也是市场情况好转的信号。

虽然美国不再处于经济灾难的边缘，但密苏里州和马里兰州的种族骚乱和示威表明，种族间的紧张关系已经不容忽视。虽然美国已经不积极参与伊拉克或阿富汗战争，但伊斯兰极端分子带来的威胁明显地危害了美国的利益，而目前还没有一个行之有效的政策来解决这一问题。虽然奥萨马·本·拉登集团被瓦解，表面上，来自基地组织的威胁也显著减少了，但极端的政治暴力威胁并没有结束，而且逐渐演变成了其他可能更不稳定的方式。这就是 2016 年美国总统大选前夕的国情。

竞选公告

在希拉里·克林顿正式宣布参加竞选前的很长一段时间里，人们就普遍猜测她将投身 2016 年的总统竞选。由于正式的参选公告将启动相关的联邦法规对竞选经费的约束，所以公告很晚才发布。但是，没有什么能够掩饰那些高层民主党人悄悄地从白宫转移到诸如"美国进步中心"以及与克林顿基金会密切相关的其他机构中的络绎不绝的身影。不需要希拉里宣布参选，也未必需要她的默许，现金就已经流入"为希拉里准备好一切"（Ready for Hillary）这个以她名字建立的超级政治行动委员会中了。2010 年，受司法判决的影响，竞选筹款方式发生了变化，这些"独立开支"的超级政治行动委员会可以在政治候选人和政党的自主管理下，代表他们募集和支出资金，没有固定的金额上限。现在回想起来，似乎希拉里·克林顿一直在参与竞选。由她丈夫的管理团队倡导的永恒竞选理念被希拉里·克林顿接受、发扬并实施，以至于观望者们都不想去区分"竞选"和"准备竞选"的差别了。最终，2015 年 4 月 12 日，希拉里正式宣布她打算竞选美国总统，为先前的种种猜测画上了句号。

显然，希拉里从过去的错误中吸取的教训，是她能否赢得总统职位的关键。没有什么比宣布参加 2016 年的竞选更能表明她修正错误的决心了。2008年，希拉里的宣传视频中只有她自己：她面对镜头，直截了当地告诉民众，她要参加竞选，并志在必得。视频中只塑造一个明星，传达一个消息，制造一个焦点：希拉里·克林顿。8年后，一切都发生了变化。两分钟的竞选视频里出现了一系列普通人的形象，他们都在为自己的新生活做准备：退休、创业、就业、再就业、结婚。这是1984年罗纳德·里根取得巨大成功的"美国之晨"宣传片的升级版，它面向认为异族交友和同性关系是理所当然的新千年一代。在这段两分钟的视频中，希拉里直到90秒的时候才出现，她站在市郊的一座普通房屋前，简单地介绍说"我也在做准备，我要竞选总统了"，以及她将如何迎接未来一年的竞选。她的语调平易近人，旨在塑造一个更柔和的候选人形象。"每一天，美国人都需要一个捍卫者，我愿意成为你们的捍卫者，"希拉里宣布，"我已经整装待发，准备争取你们的选票——因为这是属于你们的时刻，希望你们能与我一起踏上征途。"

　　通过社交媒体发布宣传视频，既反映了美国大选不断变化的本质，也能够看出候选人的偏好。在担任国务卿期间，希拉里·克林顿就有意识地活跃在推特（Twitter）上，并鼓励国务院使用这个平台作为一种软工具、巧实力。如今，作为总统候选人，她可以使用互联网把她的信息传达给她的支持者和媒体，而不需要举行记者招待会。因此，社交媒体使希拉里可以在一定程度上跳过中间人直接与选民互动，规避了一些困难问题。这也是一种联系低龄群体和不看电视新闻的人的巧招。

视频发布后，希拉里立即展开她的爱荷华州和新罕布什尔州的客场之旅。在此期间，希拉里·克林顿避开了媒体，抛开了那伴随了她 25 年的权力和名人的派头，从大众视线中消失了，她在 2016 年大选的第一站，投入到了当地居民和选民的选举活动中。唯一流出的影像来自商店的监控摄像头，那是她和助手们在一家墨西哥卷饼店（Chipotle）订购快餐时被拍到的。希拉里·克林顿在爱荷华州所做的一切努力与她在 2008 年的表现明显不同，当年她只专注于争取参议员的连任。希拉里已出席的活动也与 2008 年有明显的差别。这次她参加的是一小群选民的圆桌聚会，而不是以前的大型集会。她还参观那里的社区大学，会见学生和学者们，并且承诺支持这些教育机构免除学生的学费。这次竞选，她没有像 2008 年那样乘坐直升机（"希拉里机"）和湾流喷气式飞机参加活动，而是自驾一辆昵称为"史酷比"（Scooby）的厢型车，以传达一种脚踏实地的竞选态度。虽然是出于美国政治的需要，但是"史酷比"厢型车还是有些招摇。它是看起来像"史酷比狗"（因此得名）的车辆，但实际上是一辆价值 6 万美元的特勤车，车内配有电视、音响、沙发和转椅。不管你喜欢与否，作为前第一夫人、美国参议员和国务卿，希拉里·克林顿充分享有被特勤局保护的特权，就算她想脱离保护罩也是不现实的。

通过这段短视频，希拉里正式宣布参选，走上了她的问鼎白宫之路，也结束了大众几个月的观望。她的团队决定在 2015 年

6月13日举行一次大型户外集会来纪念竞选初始阶段的结束。内部辩论后决定，活动地址选在她做过8年参议员代表的纽约州的罗斯福岛。这个选择有点匪夷所思。首先，后勤组织工作很难开展。罗斯福岛在曼哈顿区和皇后区之间的东河地区，是个条形地带，交通并不便利。它因为环球影城中的金刚突袭缆车项目（Kongfrontation）和2002年的《蜘蛛侠》中的场景为游客所知。虽然纽约地铁有条线路可以到达那里，但人们通常会选择搭电缆车过去。因此，它作为预计有成千上万支持者参加的大型户外集会的地点并不合适。其次，在时机的选择上，集会的日期选在罗斯福岛日，而与政治或总统竞选活动完全无关的一年一度的庆祝活动会吸引走大部分的人群。时间和后勤方面都不理想，尤其演讲原本是定于5月进行的。从岛名来看，这也是一个奇怪的选择。考虑到民众对克林顿王朝这一话题的关注，在有"四大自由公园"的罗斯福岛举行活动无疑会加深而不是弱化王朝家族的印象。

希拉里的演讲如期举行，不出彩也没有出错。演讲稿由参与2008年竞选的同一组顾问以及新加入的曾为奥巴马工作的同僚们反复改写。这样一来，演讲就少了本该有的慷慨激昂。如若与罗纳德·里根1980年以自由女神像为背景的充满活力的竞选演讲相比，希拉里的演讲给人留下的是沉着能干的印象。显而易见，这不是8年前的希拉里可能做出的演讲。它充满了幽默和政治理念，并强调了她的性别和履历。她告诉大众："除非你们成功了，否则美国不能成功。""在这里，在罗斯福岛，我相信我们还会继续与命运相会……我参选总统，让我们的经济，为你，为每一个美国人服务。"希拉里·克林顿决心要让她的演讲在多个层面上产生共鸣，她提醒听众："我曾勇敢地面对像普京那样的对手，增强和盟友例如以色列的关系。在我们抓到本·拉登的那天，我就在白宫战略室。但是，我知道——我知道我们必须要聪明和坚强。"这些再次凸显了她作为美国国务卿所具有的软实力。

竞选演说中真正获得众多共鸣的是她对女性榜样的推崇。无论如何，希拉里·克林顿认为她在未来大选中所需要的决心和干劲来自她母亲对她的鼓励和灌输。她以一种2008年竞选时绝不会使用的方式坚持说："我母亲告诉我，每个人都需要一个机会，一个拥护者。她知道两者皆无是什么样子。"当年，希拉里试图表现得比其他男性竞选者更强硬。希拉里竞选团队在吸取了2008年的失败教训后，在决策上做出了明显的调整。在竞选演说中穿插她个人经历的叙述，让候选人显得更人性化、更亲切，这种思路还拓展到了对幽默的使用上。应对每天对于她过去活动的种种猜测，希拉里似乎很乐于用幽默作为挡箭牌："顺便，让我告诉你一个小秘密。我不可能一直都正确，上帝知道我所犯的错误带来的后果。嗯，到处都不乏指出它们的人！"甚至她使用的具体语言（"让我告诉你一个小秘密"）也瞬间拉近了她和观众的距离，这是2008年演讲中没有使用过的技巧。演讲使希拉里作为候选人的形象更加立体。演讲中充满了策略和幽默，还融合了地缘政治和性别问题："我们每位总统刚进办公室时都生机勃勃。然后，我们看着他们的头发变得越来越灰白。"她对集会群众如是说："好吧，我可能不是这场大选中最年轻的候选人，但我会成为美国历史上最年轻的女总统！以及第一位奶奶总统。有个额外的好处：你不会看到我的头发在白宫变白。好几年来，我一直在染发呢！"

所有这一切都与正规的总统竞选相差甚远。没有大型集会和满是政策的讲话，取而代之的是互联网上低调的宣告和没有媒体在旁的与选民的互动之旅。仅仅两个月后的 6 月 13 日，竞选以壮观的集会作为正式的开场，此时，希拉里已经在爱荷华和新罕布什尔这两个主战场州花费了大量的时间。2008 年竞选传递的信息是希拉里是强硬派，有最高统帅范儿。现在，2016 年竞选中传递的信息已经变成了：她富有同情心，关注改善每个普通美国民众的生活。至关重要的一点是她利用每一个机会提升自己的性别优势。最后，与她丈夫 1992 年竞选时一样，希拉里着重强调了经济问题，比如需要让美国陷入困境的中产阶级满血复活。比尔·克林顿赢得总统选举的 20 年后，也许还是"傻瓜，经济才是关键啊！"这句话才能帮助希拉里·克林顿赢得竞选。

希拉里班底：2016

随着希拉里·克林顿正式宣布参加 2016 年总统竞选，她的团队终于可以公开她位于布鲁克林高地皮尔庞特广场纵跨两层楼的竞选总部了。总部的位置选在纽约的中区而不是曼哈顿，刻意减少了商业气息，并意在拉近和选民的距离。除了这幢综合大楼，竞选团队还保留了曼哈顿的办公区作为竞选基地以确保希拉里不必一路跋涉到布鲁克林去会客。因此，有一个公开的总部和一个私人的运作区。这是一个务实的举动，但也引来了公众对希拉里竞选的诚意和形象的质疑。

无论是办公地点，还是希拉里·克林顿的履历和国际声誉都使她能够吸引众多能力高超、经验丰富又敬业的专业人士为她2016年问鼎白宫出力。来自不同背景、出于各种理由加入她团队的人们都力求希拉里·克林顿能够顺利当选，同时也在争取自己未来在她的领导班子中占有一席之地。她的竞选团队由巴拉克·奥巴马政府的前成员、比尔·克林顿的前任顾问和希拉里阵营的忠实成员组成，以图营造一支顾问梦之队，以免重蹈2008年的覆辙。

拥有一个能够确定基调、方向和策略的全国性竞选管理团队是至关重要的。为此，约翰·波德斯塔被任命为竞选团队主席，团队因此完美地融合了来自克林顿和奥巴马政府的经验。他在创建"美国进步中心"这一智囊团之前，曾在1998年至2001年担任克林顿内阁办公厅主任，随后，在2008年领导过奥巴马的过渡团队，后来又担任顾问，并于总统奥巴马卸任前，加入希拉里·克林顿的竞选团队。作为66岁的老团队成员，他的年龄几乎是竞选经理罗比·穆克的两倍。穆克希望能再现2013年帮助克林顿长期密友特里·麦考利夫成功竞选弗吉尼亚州州长的一幕。与比尔·克林顿那个招摇傲慢、性情急躁又开朗的竞选经理詹姆斯·卡维尔截然相反，慎重的穆克不太在电视上公开露面，他更注重处理数据。作为参加过 2008 年希拉里竞选活动的成员，穆克可以帮她重获在内华达州、印第安纳州和俄亥俄州的胜利，同样会考虑当年暴露的问题并纠正那些错误。有趣的是，希拉里有意招募奥巴马的首席民意调查员，其工作是调查选民的意向并提出应对措施。她在 2008 年任用曾担任其丈夫的民意调查员的马克·佩恩，被视为一个严重的错误。此次她聘用了约尔·本尼森这位在 2008 年竞选中帮助奥巴马击败她的前对立阵营的成员，此举意味深长。作为希拉里·克林顿的首席战略家和民意调查员，本尼森将与前奥巴马战略家戴维·宾德和约翰·安扎隆一起，帮助她完善新闻公报，尤其是在前期比较重要的爱荷华州和新罕布什尔州中活动的期间。

希拉里·克林顿在新闻发布以及和美国民众沟通方面的能力是取胜的关键。过去，她就因在沟通方面缺乏她丈夫那卓著的软实力而为人诟病。为此，她聘请了前白宫联络主任詹妮弗·帕尔米耶里来监督这些改进工作。和波德斯塔一样，帕尔米耶里也在美国进步中心就职，上世纪 90 年代还在克林顿政府里工作过，有来自克林顿和奥巴马两个阵营的经验。她会同 2012 年奥巴马资深媒体顾问吉姆·马戈利斯及 1992 年就与克林顿夫妇相熟的曼迪·格伦沃尔德一起为希拉里助选，整个公关团队还包括米歇尔·奥巴马的前助手克里斯蒂娜·舍克——她将出任执行外联主管，以及 2009 年在美国国务院与希拉里共过事的旅游新闻秘书尼克·梅里尔。少数希拉里的直属班底成员中还包括胡玛·阿贝丁（希拉里最信赖、最有影响力的助手，竞选副主委）、谢丽尔·米尔斯（希拉里 2008 年竞选时的总法律顾问、前白宫国务院官员，随后加入克林顿基金会）、杰克·沙利文（希拉里 2008 年总统大选副政策主任，是她国务院班底的主要成员）。如果希拉里当选总统，作为她竞选核心的外交政策顾问的沙利文将无疑会被任命为国家安全顾问。

紧随沙利文加入希拉里·克林顿竞选外交团队的还有来自美国进步中心的人权问题高级研究员玛雅·哈里斯，以及希拉里前任立法主任安·奥利里，她主要专注于幼儿教育。来自美国进步中心的力量不容小觑。托尼·卡尔科曾是中心的行动基金主管，现在希拉里·克林顿团队里担任研究主管，中心的总裁尼拉·坦登也是其建议和政策的固定来源。作为一个在政治上切合候选人政治诉求并实现想法和意愿的重要顾问中心，有如 2000 年"美国新世纪计划"之于小布什一样，美国进步中心已迅速为希拉里制订了新计划。

希拉里 2016 年大选班底的成员们的工作集中在纠正希拉里 2008 年失利的错误上，主要侧重于两个方面：社交媒体的应用和筹款。为此，竞选团队挖来谷歌前高管斯蒂芬妮·汉农担任首席技术官，还聘请了前国务院和克林顿基金会助理凯蒂·多德担任数字战略总监，另外还有奥巴马竞选时的两位数字战略策划主力特迪·戈夫和安德鲁·布勒克尔。希拉里聚集了两个超级政治行动委员会的优势。在过去的两年中"为希拉里准备好一切"超级政治行动委员会募集了大量竞选资金。创始人亚当·帕克霍曼克负责指导竞选的基层工作，试图复制2008年奥巴马通过多渠道小额捐赠获取巨额资金的成功。在奥巴马和卡梅伦手下工作过的吉姆·梅西纳正在运作"优先美国行动"超级政治行动委员会，与巴菲·威克斯一起为2016年希拉里竞选活动融资近25亿美元——这是有史以来最昂贵的总统竞选。

在希拉里刻意安排下，她的竞选顾问团成员很多元化，共有三支重要的基础力量：奥巴马团队的前成员、她丈夫团队的前成员、自己的以及来自克林顿基金会或者美国进步中心对自己效忠的顾问团。与破坏了2008年大选的内斗相反，在这次竞选中，希拉里的顾问团要致力于打造一个和谐团队，如罗比·穆克在周末发表的使命宣言中提出的"统一家庭"。团结意识表现在不同的焦点上。在2008年的竞选活动中，希拉里是唯一的焦点。2016年这次竞选着力于聚焦美国人民和国家所面对的挑战，扭转在2008年盛传的希拉里有望毫无压力地拿下民主党总统候选人提名这一印象。在2008年的竞选宣言中，希拉里·克林顿的一句"我参选，就是为了赢"被认为过于傲慢。当然，这句话表明了希拉里的立场和目的，她不是单纯地追求关注或者希望被视为2008年副总统候选人。如果类似的声明出自男性候选人之口，无疑会有不同的解读。希拉里已经不是第一次遭遇民众对候选人采用双重标准了。在2016年的竞选中，她不会给民众以曲解文字的机会。如备忘录中所言：竞选"不是为了希拉里，也不是为我们自己，是为了那些希望为自己和他们的家庭建立一个更美好的生活的普通美国人"。为了实现这一目标，她已经建立了这个满是成功业绩，旨在为希拉里·克林顿2016年当选美国总统而奋斗的团队。

她能赢吗？

希拉里宣布参选后，哥伦比亚广播公司的新闻部门晒出的调查结果表明：81%的民主党人会考虑在春季选举时为她投票。虽然她有普遍的知名度，但是并不意味能确保党内的提名，或者说，总统还不是"囊中之物"。希拉里在2016年大选中有巨大的优势：她不但没有经济负担还有巨大的财富储备以支撑她拿下党内提名；她多年从政期间建立的由全国各地的拥护者组成的庞大网络，都渴望为她的成功效力；她拥有99%的知名度，以及无论是在国内还是民主党内部都仍然广受欢迎的丈夫。她的竞选优势已经让许多潜在的候选人望而却步，避开2016年与她同台竞技。这意味着在初选中，她将像被侏儒围绕的巨人一样所向披靡。如果像预期的那样，她能够获取民主党的提名，她将面对在选票极度分散的初选中战胜其他16个提名者的共和党对手。所有共和党候选人还需要说服选民相信2016年不是选举首位女总统这一历史性创举的好时机，而这恰恰是希拉里·克林顿在竞选时的中心议题。

为了取得 2016 年竞选的胜利，在拥有巨大优势的同时，希拉里也有一系列和她的性格、事业、政治理念相关的问题亟待解决和克服。她如何处理这些问题，将决定她是作为第一位女总统还是仅仅作为选举中一个伟大的有力竞争者被载入史册。正如前面所说的，胜利不是绝对的，2016 年的大选可能如 2008 年一样是以希拉里·克林顿落选告终。考虑到她丈夫任职时的情况，希拉里·克林顿问鼎过程中最大的挑战，将来自典型的克林顿家族的致命弱点：他们自己。

年龄、健康和性别

克林顿夫妇一直代表时代变革的进步力量。然而，自 1992 年起，希拉里就一直生活在华盛顿特区，如果她在 2016 年 11 月的大选中胜出，2017 年 1 月宣誓就职时，69 岁的她将成为美国第二高龄的总统。希拉里·克林顿所代表的婴儿潮这一代人正在退出历史舞台，千禧一代已浮出水面。新一代选民并没有关于希拉里作为参议员或者第一夫人在华盛顿生活的鲜活记忆。在她担任国务卿的最后几个月里，希拉里多次患病，被送进了医院。她的竞选团队想方设法减少大众对她的年龄和健康问题的关注，并采用了最简单的做法，主动出击，讲述候选人富有生机与活力的故事，同时避免她任何健康问题的复发。

很明显，在 2008 年的竞选中，希拉里不希望打性别牌，并且试图塑造自己和其他男性对手一样彪悍的形象。在这场总司令的争夺赛中，希拉里几乎抛弃了她独特的女性特质，而美国女性在总人口中占 51% 的比例。相反，同一年，历史性的总统候选人奥巴马，成功地动员了占美国公民 14% 的非洲裔美国人社区。很显然，在 2016 年，希拉里·克林顿不会允许自己再次被挫败。在这点上，在 2008 年竞选的最后一天承认自己败给了奥巴马时，她同时也开始了新的征程，引用"玻璃天花板"的比喻来动员她的美国女性同胞们。

那一次，她的竞选对手自身的族裔身份本就与众不同，虽然奥巴马没有在竞选中公开以"黑人候选人"自居，但他的种族特征并不会因此被削弱或者忽略。确如 1960 年约翰·肯尼迪利用对自己有利的反天主教偏执一样，奥巴马的竞选团队能够小心地抓住种族问题和选出第一个非白人总统候选人这个历史机遇。这是希拉里·克林顿得到的一个教训。在当前的 2016 年竞选中，她不仅反复强调她是外祖母，她的竞选团队也接二连三地放出了她的老照片，努力把她描绘成一个普通的美国女人，而不是一个担任要职环游世界的外交官。

希拉里很乐于利用性别问题来助力 2016 年的大选。选民提到年龄、健康和性别问题时，希拉里都明智地用幽默的言语化解掉了。1984 年，里根总统在他的第一任期结束时，在与沃尔特·蒙代尔的第一次辩论中的不佳表现，引起了民众对他健康问题的关注。在随后的论战中，里根直接回应了这一问题，幽默地强调，他不准备把他对手的年轻和缺乏经验作为政治优势来看，从而结束了争论。2015 年 6 月，希拉里在四大自由公园集会上告诉观众，她"会成为美国历史上最年轻的女总统"。希拉里以这样一种方式取得了其他方法达不到的效果，使她显得更有人情味，也给竞选带来了轻松的氛围。

竞选也因希拉里·克林顿的独生女切尔西的婚姻和生儿育女这一最自然又不可预知的情况而受益。作为克林顿家族的第三个成员，1992 年随父母一起出现在政治舞台上的切尔西·克林顿才12 岁。经过白宫 8 年的动荡生活，如今，她已经在公众注视中成长为一个稳重而自信的年轻女人，这无疑是对她父母的安慰；有时，她还是他们之间的情感桥梁。2014 年，她生下女儿夏洛特，这个曾经 12 岁的小女孩已经是一个 35 岁的已婚妈妈。不考虑这对切尔西·克林顿意味着什么，即使是对希拉里的影响也是显而易见的。外孙女的到来使希拉里更有人气，也柔化了她相当严厉而又易怒的外在形象。她完美地重新定位了自己的角色：不仅是一个公共生活的高效管理者，还是一个充满爱心和关怀的女性家长；不仅关爱她个人的家庭，也关爱所有的美国家庭。

自己的外孙女，这个完美和忠实的后盾，已经巧妙地提醒选民们，希拉里·克林顿的职业生涯代表了妇女和儿童这两者的权利。外祖母的角色为希拉里提供了一个全新的、简单而直接的、不需要过多解释的、柔和的形象。在选举中，拉美裔的选票将是非常重要的，而这个新角色可以带来选举红利。由于希拉里与拉美裔社区没有明显的关联，把自己定位为一个女性家长在拉美裔社区中会显得特别有魅力。如果她避开马可·鲁比奥或者讲西班牙语的杰布·布什的锋芒，提名一位拉美裔的副总统候选人，那将提高她的吸引力。

事实上，希拉里的祖母级的新地位对她的共和党对手们也构成了潜在的威胁。在大选开始、她获得党内提名前，希拉里竞选团队就凸显了她在妇女问题上领先共和党的投票记录。杰布·布什也曾在 1994 年发表评论说："领救济的妇女应该找个丈夫一起过活。"难怪来自亲女性候选人的政治行动委员会埃米莉名单（Emily's List）的杰丝·麦金托什坚持认为共和党已经"对妇女问题充耳不闻"。考虑到 2012 年奥巴马得益于 20% 的全国性别差距，把希拉里定位为一个富有同情心和爱心的祖母很有助于她在 2016 年问鼎白宫。

过去、丈夫和政党

对于希拉里·克林顿来讲，她不存在大多数公职候选人缺乏广泛的知名度的问题。2015 年，希拉里在选民中就已经有了 99% 的知名度。也许最值得关注的不是数字如此之高，而是竟然有 1%

的人声称不认识她这一事实。美国有 3.21 亿人口，这意味着，超过 300 万的美国人不知道希拉里·克林顿是谁。然而，尽管她的名字给她的竞选带来了巨大的好处，但也带来了令人气馁的负面影响，过去的丑闻可能会影响她在竞选活动中的宣传。她的过去、她的丈夫和她的政党都会使她面临严峻的挑战。

在所有的选举中，候选人都喜欢谈论他们的成就，而他的对手们则会强调他必须受到追究的事故。因此，当希拉里·克林顿企图凸显她在担任国务卿期间的政绩时，遇上了关于班加西事件的指控。她的共和党对手重演了 20 世纪 90 年代的类似情节，试图在国会听证会上让她难堪。在这些会议上，她保持了镇静，并继续她的总统竞选。在 2013 年，她出席参议院外交关系委员会的听证会时，论及班加西悲剧。面对威斯康星州共和党参议员罗恩·约翰逊的质疑，她失望地说："我无意冒犯，但事实是，我们死了 4 个美国人！这到底是因为案发前的示威活动所导致的，还是因为一群家伙决定晚上出门走走，并临时起意要杀几个美国人？在这个节骨眼上，还有什么差别吗？"这也许是她在公职生涯中对愤怒和烦恼最直率的公开表达，而且无疑会在她 2016 年作为民主党候选人参加竞选时被共和党对手利用。

针对希拉里的另一个明显的攻击点将会是她的丈夫和克林顿家族基金会。在 2000 年的选举中，民主党因为没有重视比尔·克林顿的这一因素而败北。在 2008 年，他又太高调，这无疑导致了希拉里·克林顿的竞选失败。显然，在竞选中如何打好比尔·克林顿这张牌，这个问题需要妥善处理，以免出现 2008 年的情况：他因对种族方面问题的反思极大地破坏了他在美国种族关系处理上的模范记录，无意间把竞选带入了困难的局面。作为前总统，比尔·克林顿仍然是竞选活动和筹款的巨大筹码，希拉里·克林顿竞选团队需要明智地和创造性地利用他，并确保他不会再次同时成为妻子的正资产和负资产。

事实上，2015 年，比尔·克林顿无声无息地回归了他妻子的竞选阵营。但是，他在 1992 年发表的言论极有可能成为被用来反对她的工具。作为总统候选人，比尔·克林顿就世代交替问题提出了很有说服力的论点，坚持认为 68 岁的乔治·赫伯特·沃克·布什（老布什）已经年迈，无法领导一个年轻的国家。在 2016 年他的妻子将成为美国历史上第二高龄的总统的时候，一些共和党候选人，特别是参议员马可·鲁比奥，完全有条件用比尔·克林顿在 1992 年所说的话来攻击希拉里，并提出合乎逻辑的问题："如果你的丈夫过去是正确的，为什么他现在是错的？"这样几次三番之后，希拉里·克林顿无疑会发现自己面临"比尔·克林顿困境"：没有他，希拉里不会走到竞选总统的位置，但也是他，不断地制造着足以危害她竞选成功的高风险难题。她一生都在为丈夫收拾政治残局，如果他的活动是她当选总统的最后一个障碍的话，将是个很大的悲剧。

民主党的领导层共同承受着这一焦虑，结果对希拉里·克林顿的竞选结果仍持怀疑态度。尽管她在参议院任职期间竭尽全力争取他们，2008年，党内的高层领导还是不得不另寻新的候选人，最终选定了奥巴马。对克林顿的厌倦和对他不时闹出新丑闻的担忧，使得查尔斯·舒默和哈里·里德等人倾向于寻找奥巴马这样稚气未脱的候选人。不论这样做正确与否，他至少不会像希拉里·克林顿这样时常处在被指控的舆论漩涡中。这两人都不是希拉里凭资历能够说服的。对于民主党内的大多数人来说，她和她丈夫在上世纪90年代采取的新民主党的做法同英国的社会主义者的新工党计划一样不受欢迎，他们被认为是为了攫取权力而背叛了党纲。

从1992年开始远离权力中心12年的民主党倾向于接受这一做法。然而，在2016年，民主党已经执政近8年，这已不再是问题。这在某种程度上可以解释为什么民主党的许多成员渴望有一位政治上偏左的候选人。因攻击华尔街而出名的参议员伊丽莎白·沃伦被公开示好，但她不想参加竞选。令人难以置信的是，没人认为会对希拉里构成威胁的、来自佛蒙特州的参议员、自称社会主义者的伯尼·桑德斯会在最初的关键的州战场上领先于她，并吸引了全国各地数万人参加集会。他提倡的做法与克林顿阵营的竞选主张全然不同。虽然他不太可能赢得提名，但是他的尝试已经迫使希拉里不得不站在政治左翼以获得党内提名，从而使得她在秋季大选中难以把自己再重新调整回政治中心地带。

美国人口结构的变化

美国是一个不断变化的国家：白人出生率的迅速下降和亚裔/拉丁美洲裔出生率的翻番，不仅在文化和社会上，而且在政治上都产生了深刻的影响。在2012年的竞选中，虽然米特·罗姆尼赢得了59%的白人选票，仍不敌奥巴马。白人中产阶级选民的选票已经不足以确保一位候选人当选总统了。

2012年，奥巴马再次当选，因为除了固定的41%的白人选票，他还获得了亚裔、拉美裔和非洲裔社区的支持。显而易见，在竞选的策略中，要特别重视这些日益壮大的群体，尤其在南部拉美裔人口较多的州。美国人口普查局估计，截至2013年7月1日，有大约5400万拉美裔人居住在美国，约占美国总人口的17%。这使得拉美裔成为美国最大的少数族裔或种族，他们中间墨西哥人占64%，比例最大。美国拉美裔人口预计在2060年将达到1.288亿，大约占美国人口的31%。 2012年，拉美裔学生占所有小学和初高中学生的23.3%，但大学生中仅有6.8%。2013年7月，拉美裔人口最多的是加州，达到1470万，这个州是总统选举中能贡献55张选举人票的重要大州。新墨西哥州,拉美裔人口比例最高(47.3%)的州，也是非常重要的，将提供5张选举人票，这很可能在激烈的选举中起决定性作用。

从这些数字可以清楚地看到为什么候选人都在积极争取拉美裔的选票，并努力满足拉美裔人口的需求。早在 2000 年，小布什就已经在竞选宣传中使用西班牙语了。在 2016 年，讲一口流利的西班牙语，并有一个墨西哥妻子的杰布·布什，预计是希拉里难以对付的对手。同时，来自佛罗里达州的参议员马可·鲁比奥，有古巴血统，讲一口流利的西班牙语，也在争取拉美裔的选票。为了应对这些挑战，希拉里需要公开讨好拉美裔社区。她不能通过强调自己的过去和文化来达到这一点，但她可以利用她在任期间的活动，还有她选择的副总统候选人来促成此事。从她担任国务卿期间就开始的古巴和美国邦交正常化活动，尽管在她离开奥巴马政府时才取得外交突破，但已使她在支持关系正常化的拉美裔社区成员中获得青睐。最后，如果希拉里选择拉美裔的竞选搭档，如奥巴马的住房和城市发展部长朱利安·卡斯特罗，她很可能能够获得来自妇女、非裔、拉美裔和 50% 的男性白人选票。共和党人几乎不可超越这样一个能玩转 2016 年美国人口统计数据的核心小组。

为了在 2016 年总统选举中问鼎白宫，希拉里·克林顿仍需采取和 2008 年奥巴马发动非洲裔美国人投票时一样的方式，锁定少数群体和摇摆不定的女性选民，获得他们对民主党的选票。她在努力拉票时，有几个优势。首先，早在奥巴马上台前，托妮·莫里森就因为比尔·克林顿与黑人社区向来关系不错，在文化上也很契合，称他为"第一位黑人总统"。据莫里森所说："毕竟，他是一个来自单亲家庭，出身贫寒，工薪阶层，吹萨克斯，喜欢吃麦当劳垃圾食品的阿肯色州男孩，从孩童时代就有黑人所独有的特征，克林顿比任何黑人更像黑人。"利用她的丈夫和奥巴马总统取悦非洲裔美国人社区将是希拉里在 2016 年竞选中的重要筹码，尤其是在南卡罗来纳州这样的关键州，此举对确保获得民主党的提名将起到至关重要的作用。在大选中，美国总统奥巴马将对非洲裔美国人社区产生巨大影响。虽然，这次竞选不太可能像 2008 年竞选那样让非洲裔社区备受鼓舞，但如果奥巴马能说服他们投出跟 2012 年竞选差不多的票数，加上希拉里动员的女性投票，锁定白宫将不成问题。

选举历史

希拉里·克林顿争取在党内继任已经连任两届的总统，这是美国政治史上一直没有成功的壮举。通常情况下，被提名人会在自己党内取代现任的副总统位置。当代只有老布什做到了，他在 1988 年赢得了大选，但在争取连任时输给了比尔·克林顿。上一次这种竞选获得成功的是 1836 年的马丁·范布伦，在美国的整个历史上也只有托马斯·杰斐逊在担任副总统后连任两届总统。当然，希拉里并没有担任过副总统，这也使她得以与奥巴马始终保持距离。由于她在拉拢选民的关键环节上需要他的支持，所以她将不得不走拥抱奥巴马政府并强调它的成功的路线，但同时她又要有自己的主张，而不仅仅是试图完成奥巴马（或她丈夫）的第三个任期。当过国务卿并不会给希拉里·克林顿当选总统增加筹码。自美国内战之前的詹姆斯·布坎南总统之后，就没有一个国务卿再成功当选过总统。因此，希拉里担心的是她一直被视为一个称职的管家，而不是一个合格的领袖。从理论上说，她的经验使她成为最高职位的理想人选，但很难摆脱前总统的影子。内阁领导人的能力与国家领导人必备的领导力并不一样，只有极少数美国副总统能顺利过渡为总统。最近英国的戈登·布朗就表明，无论二把手多想领导国家，结果并不总是令人满意的。

选举过程

不考虑已经存在的这些挑战，希拉里仍可能在 2016 年的总统大选中落败，在初选和大选中都可能被击败。首战是争取民主党在 2016 年 11 月 8 日大选中的席位。为此，希拉里需要在 2016 年 1 月到 6 月期间的每个州的初选中召开党内会议，届时她将面临来自党内的同样志在必得的提名者的挑战。这次党内初选，没有 2008 年时年轻有活力的候选人来挑战她作为她所在的民主党的代表权威。相反，初期，她面临的挑战只来自佛蒙特州的参议员伯尼·桑德斯、前马里兰州州长马丁·奥马利、前弗吉尼亚州参议员吉姆·韦布和罗德岛前州长林肯·查菲。2015年7月，蒙茅斯大学的民调显示韦布和奥马利的支持率为1%，查菲支持率为0，桑德斯支持率17%，15%的人不置可否，而希拉里的支持率是51%，遥遥领先。

这样的数据清楚地表明了希拉里·克林顿在全国民调中的领先优势。在2015年8月进行的萨福克大学的民调中，希拉里在爱荷华州以54%比20%的得票率领先桑德斯34个点。另一方面，在8月关于公共政策的投票调查中，希拉里在2008年获胜的新罕布什尔州落后桑德斯7个点。失去新罕布什尔州对希拉里来说是很尴尬的，但考虑到竞选方向，现在下定论还为时过早。作为本地的候选人，佛蒙特州参议员在新英格兰州有望胜出，但随后的形势将有利于希拉里。即使在爱荷华州和新罕布什尔州的投票情况相近，只要竞选转到南部和西部，对她有力的人口特征就会凸显出来。考虑到希拉里的对手们在黑人社区中有限的号召力，特别是在多数民主党选民是非洲裔美国人的南卡罗来纳州，这一因素似乎会在她最终获胜中发挥关键作用。

参议员桑德斯一直倡导的是竞选资金改革和约束华尔街，而不是关注社会或种族政策。他代表白人占95%、非洲裔美国人只占1.2%的州。马里兰州前州长马丁·奥马利一直努力争取非洲裔美国人的选票，他在巴尔的摩采取的打击犯罪的强硬措施，特别不受欢迎，并引发了骚乱，也没有帮助他在社区中站稳脚跟。前参议员吉姆·韦布在2015年10月退出了竞选，早先，他保守的投票记录和对于2015年6月17日伊曼纽尔非洲裔卫理圣公会教堂的谋杀案的立场已经影响了他赢得非洲裔美国人选票的能力。林肯·查菲紧随韦布参议员退出竞选，加大了希拉里·克林顿获得提名的胜算。

爱荷华州的胜利以及南卡罗来纳州的强劲表现使希拉里作为领头羊，几乎不用考虑在新罕布什尔州的结果，就能进入3月1日的"超级星期二"初选。她的强势信心表明竞争终将如她所愿地结束。她的竞选团队已经把"超级星期二"的初选作为一个有效的"防火墙"，旨在把所有竞争对手都踢出局。

如果这一战略失败，将动摇希拉里·克林顿的竞选前景。许多被说服放弃寻求提名的人会重新考虑自己的决定。例如，许多民主党左翼曾拉拢参议员伊丽莎白·沃伦，并开始以她的名义筹集资金。但一切都是徒劳的。对希拉里而言，最危险的对手是现任副总统乔·拜登。作为总统奥巴马副手的拜登本来很有希望获得民主党的提名。事实上，他并没有在奥巴马的第二个任期中展现出希拉里式的强悍。据称，如果希拉里在前期的辩论中因表现不佳受挫，他将尝试争取提名，然而，这并没有发生。

作为重要的候选人，拜登本该在奥巴马的第二个任期内组建一个试探性的委员会，并且定期前往最早投票的爱荷华州和新罕布什尔州活动。事实上，他并没有表明自己有意竞选的态度，偶尔还唱反调。2015年5月，他儿子的死亡也排除了他后期参选的可能性。回顾1988年和2008年的参选过程，第三次乏善可陈的竞选无疑会让拜登的这一年更显不幸，也只会分散民主党的选票。他在 2015 年 10 月 21 日做的不参选决定增加了希拉里·克林顿胜出的几率，同时也解决了美国总统奥巴马该支持谁的难题。这是 8 年来第二次出现两届总统任期结束时没有副总统参选的情况。

必须牢记，即使希拉里保有民主党的提名，她还将面对奥巴马执政 8 年后急于获胜的共和党对手。因此，不论民主党的候选人是谁，大选的胜利都不是唾手可得的。民主党内希拉里·克林顿的候选资格呼声有多高，她的对手共和党"阻止希拉里"的计划就有多周密。希拉里宣布参选时，还不是候选人的杰布·布什立即发布声明，指责"奥巴马-克林顿的外交政策摧毁了美国的联盟，并让美国的敌人更加大胆"，为即将对她展开的攻击画下了蓝图。

然而，杰布·布什只是寻求 2016 年共和党提名的众多候选人中的一个。共和党内部的这些候选人，要花更多的时间相互攻击，注定比民主党确定提名要晚一些。假使希拉里能拿到民主党的提名，那共和党的内斗将是她的优势。由于现金将很快从不出众的候选人流向成功的候选人，共和党的内斗会很快结束。2015 年 9 月，里克·佩里和斯科特·沃克宣布退出竞选；11 月鲍比·金达尔退出竞选。前参议员桑托勒姆和前州长乔治·帕塔基很可能因为初选中领先者的胜出，成为下一波败下阵来的候选人。

领先的共和党候选人中，还有几个会对希拉里在普选中构成相当的挑战。最初的领头羊、前佛罗里达州州长杰布·布什具有广泛的知名度，他在初选中提出了一揽子选战计划，并努力把自己定位为前总统的弟弟。杰布·布什目前的竞选进程以龟速推进，诚然，初选更像马拉松而不是冲刺跑，但与他的竞争对手相比，他的精力和驱动力的匮乏也是显而易见的。若反对希拉里参加大选，他需要说明为什么这次要选第三位"布什总统"，而不是第一位女总统。不过，他显然会赢得佛罗里达州的选票，他的墨西哥籍妻子也会帮助他赢得拉美裔选民的支持。这让希拉里·克林顿的问鼎之路愈加坎坷。

杰布·布什有实力赢得共和党的提名，然而，并不轻松。来自佛罗里达州有古巴血统的参议员马可·鲁比奥与布什不同，他年轻（44岁）有活力，在共和党的初选辩论中，毫发未损并赢得喝彩，凭借在年龄和血统上的优势，形成了潜在的对抗希拉里的可能性。如果他能够在共和党领导阵营中脱颖而出，作为来自共和党的声音和力量，他将成为普选时一个强大的候选人，并且利用类似奥巴马争取非洲裔选票的方式来争取拉美裔选票。如果他提名俄亥俄州州长约翰·卡西奇作为竞选搭档，共和党就有很大的可能获取佛罗里达州和俄亥俄州的选举人票，这将是希拉里当选总统的严重障碍。

其他几个参选人并不代表共和党的主流，其中包括得克萨斯州的参议员特德·克鲁兹和肯塔基州参议员兰德·保罗。尽管他们在政治上很激进，也有改变制度的决心，但是历史不会给他们提名，他们也不可能在大选中撼动希拉里。共和党提名人往往出自有领导背景的候选人，这似乎是历史悠久的传统，他们并不想打破这一传统，因为一个明显的非保守的做法，往往会吓跑选民。共和党面临的富有诱惑力的困境是温和的保守派更可能在大选中从独立选民中获得支持，从而有可能击败希拉里，但这些人不太可能赢得提名。例如，新泽西州的共和党州长克里斯·克里斯蒂，他所在州的选民常投民主党的票，可见他动员社会大众的能力有限。然而，他并没有取得右翼共和党人的信任，也没能让人相信2012年飓风"桑迪"来袭时是他与奥巴马总统合作击败了米特·罗姆尼。

最大的黑马，当然是唐纳德·特朗普。他没有从政经验，他的竞选虽然应该只是一个笑话，但已经很清楚，事实并非如此。进入2016年，他在全国性的民调中一路领先，在爱荷华州、新罕布什尔州和南卡罗来纳州甚至领先其他人20个点。所有竞选"专家"都认为他不可能赢得共和党的提名，但没有人愿意解释原因。特朗普有足够的资金，至少20亿美元，自费参加他的首次竞选。他有知名度和媒体关注度的优势。他对移民和媒体人物如福克斯新闻的玛丽·凯利的攻击也没有损害他的形象，反而有助于他的事业。他的共和党内的对手不愿公开攻击他，生怕引来他的破口大骂。先前，他对他的批评者们曾毫不客气地谩骂回去。随着初选的临近，特朗普的竞争者已经意识到，他们别无选择，只能去质疑他在一系列问题上的立场。曾经的民主党人，新近才注册成共和党人的特朗普，被认为只是"名义上的共和党人"，但这种说法到目前为止都未能在党内产生共鸣。

共和党最恐惧的并不是唐纳德·特朗普赢得提名，而是如果他没有拿到提名，会不支持最终候选人。特朗普自费并以个人名义参选将是共和党的噩梦。普遍的共识是，如果他这样做，他将分流共和党的选票，并将白宫拱手送给民主党候选人。这是有先例的。1992年，另一个没有任何从政经验的美国巨富罗斯·佩罗如风暴般横扫了总统竞选活动。一开始，罗斯·佩罗比在任的老布什和民主党候选人比尔·克林顿都更受欢迎，并最终在大选中获得了19%的选票。其结果是，由于共和党的选票被分流，克林顿以43%的选票当选美国总统。

选举数学

虽然所有人都在谈论个性、政治和政策，但是，美国总统大选是和选举数学密切相关的。"270"是一个神奇的数字，事实上，这是唯一重要的数字。所有的考虑都必须着眼于获得这赢得白宫所需的270张选举人票。正如阿尔·戈尔在2000年的大选中发现的，获得普选票固然很好，但选举人票才最终决定选举结果。每个州的选举人票数取决于该州的人口数量。人口最多的加利福尼亚州有最多的选举人票（55张），也是作为民主党总统候选人的希拉里·克林顿希望拿下的州。

任何选票的计算中都不能忽视俄亥俄州和佛罗里达州。希拉里最大的挑战来自如何获取俄亥俄州占大多数的白人、男性和工薪阶层的选票。两个强大的共和党对手,佛罗里达州籍的参议员马可·鲁比奥和前州长杰布·布什,如果他们中的任何一个获得共和党的提名,希拉里就几乎不可能获得来自他们家乡选民的选票,问鼎之路将更加艰难。然后,自 1988 年总统选举以来,民主党 7 次大选 5 次获胜,在 6 次普选中 5 次获胜。共和党只在一届总统竞选中获得普选的胜利。

尽管做了 12 年阿肯色州的第一夫人,希拉里可能会发现,直到 2016 年的投票日,她都无法扭转与该州的僵硬关系。这次,与个人无关,完全是出于政治问题。克林顿时期的阿肯色州早已成为过去。现在,在奥巴马的两届总统任期中,坚定的共和党人横扫了该州的 2 个参议院席位、4 个众议院席位以及州长职位,并在州议会中占多数。阿肯色大学的政治学教授珍妮·帕里指出:"阿肯色州白人和乡下人占绝大多数,而奥巴马两者都不是。他是这里的乡亲们眼里的陌生人,他们就是无法认同他,尤其在一个民众习惯于能认同候选人的州。"在 2016 年大选中,这个州更亲近迈克·赫卡比而不是希拉里。最近阿肯色州选民的民意调查显示,她只有 33% 的支持率,而那个不知名的共和党候选人有 50% 的支持率。

因此,希拉里·克林顿需要获得在奥巴马两届任期中支持他的绝大多数少数族裔的支持,并确保她在 2008 年初选时获得的广大女性选票的基础。这样一个混合了拉美裔、非洲裔和女性以及通常一定比例的给民主党投票的白人男性的组合，才足以确保希拉里在 2016 年入主白宫。

"邮件门"？

希拉里采用常规的竞选套路：确保女性选民基础，争取非洲裔美国人社区的大力支持，通过从拉美社区选出副总统候选人来提高拉美裔社区的支持率，同时保有白人男性的强大份额。还会有什么糟糕的事发生吗？

希拉里最大的政治策略是说服选民承认她独立问鼎的合法性。她的反对者将攻击她习惯于维持现状。共和党很可能利用比尔·克林顿 1992 年的演讲进行攻击，质问他呼吁的世代交替为什么在 2016 年的大选中不适用了？他们会提及上世纪 90 年代的丑闻，对克林顿已成强弩之末的前景加以利用，并会把她与奥巴马政府的社会计划和医疗政策捆绑在一起。最后，批评者会指责她在班加西事件中作为国务卿所扮演的角色。民意调查表明，美国公众仍然对希拉里·克林顿的诚实有所怀疑，她的对手将尽一切可能扩大这样的疑虑。

尽管她尽了最大努力，希拉里似乎也无法摆脱丑闻这个一直存在的幽灵。在她的职业生涯中，她一直被有关她自己的行为的攻击或对她丈夫的指控所困扰。在她最后一次努力保护她在历史中的地位时，丑闻仍然层出不穷。最近的丑闻是她在担任美国国务卿期间使用私人服务器来管理她的电子邮件。她被曝出在这段时间里使用她 @clintonemail.com 的邮箱地址，并且经常使用她在特勤处的代号"长青"（Evergreen）发消息。希拉里没有使用设在华盛顿总部的服务器，而是使用了位于纽约查帕瓜的家里的私人服务器，并且付费给一位国务院官员维护这台服务器。她从奥巴马政府离任后，服务器交给普拉特河网络公司维护管理，她声称所有邮件已经被移到了一个新的服务器上，随后由她的法律顾问删除了。

对许多人来说，这听起来很像一个技术性问题，并不值得关注。但是，根据美国法律，包括国务卿在内的政府官员的各种文字和官方记录，包括电子邮件，都是联邦财产，根据《联邦档案法》，它们属于政府的行政管理记录的一部分。因此，这些记录必须被保留并且官员无权自己保留、删除或者销毁记录。卸任后，她的30000 封电子邮件被草率地删除了，谁都无法获取美国第 67 任国务卿的日常记录，并了解她的家族基金和外国政府的关系。

希拉里·克林顿 2015 年的全年电子邮件已经被授权公布，从中可以看出几点：首先，邮件内容大多是与日常的琐事相关的，比如关于航班时间询问、会议日程安排和离开办公室的具体时间等。在一封电子邮件中，希拉里要求给她的办公室提供脱脂牛奶和专用的茶杯。其次，显然很少有人能直接连线国务卿。尽管广大民众试图接近希拉里，但即使不是全部也是大多数都被包括杰克·沙利文、谢丽尔·米尔斯和胡玛·阿贝丁在内的把关的人挡住了。第三，很明显，她收到的许多电子邮件只是重要的新闻报道，可见，尽管情报机构花费了巨额资金，美国政府似乎还依赖媒体作为开放的情报来源。第四，读者可以看到电子邮件有多么管闲事儿，例如转发或者要求得到诸如身处国际政治无休止的权力游戏中的人如何行事以及别人如何看待他们的细节。特别值得注意的是，可以看到，英国前首相夫人试图通过美国国务卿与卡塔尔王储取得联系，尽管切丽·布莱尔在邮件里拼错了美国最高外交官的名字，称她为"希拉丽（Hilary）"。

由于涉及国家机密，并没有公布希拉里全部的电子邮件。在2010年12月希拉里与办公厅主任谢丽尔·米尔斯和克林顿的律师戴维·肯德尔来往的邮件里，他们谈及《华盛顿邮报》刊登的发生在弗吉尼亚州的银行抢劫事件，肇事者当时套了个橡胶的希拉里·克林顿面具。肯德尔问，"嗯，我想她有不在现场证明吧？"米尔斯回复："谁知道呢……"邮件随后转发给国务卿，希拉里回答说：

我应该受宠若惊？哪怕是一点点？我的不在场证明？好吧，就看积雪和特勤局的了。因此，说到确定，你说有没有可能是个跟风的？你觉得这个家伙是有选择地戴面具的，还是随手拿起了离自己最近的一个？请一定要告诉我后续情况。

"邮件门事件"免不了被拿来与尼克松总统的"水门事件"做对比。由于尼克松总统职位不保，他试图对世界掩盖他的秘密录音带的内容，似乎删除了一段能让他身败名裂的 18 分钟长的录音。同样，由国务院公布的这些电子邮件也有许多被删节过，特别是那些涉及俄罗斯及其大使的。年轻时的希拉里是听过尼克松的录音的，她后来说："你能听到尼克松说话，然后你会听到先前对话中很微弱一个声音，你会听到（总统）说，'我的意思，当我说这是……'这令人难以置信。"40 年后，希拉里自己破坏政府官方通信规则的行为受到美国联邦调查局越来越严格的审查和调查，在大选的当口，这可能会让她的竞选活动失控。如果她的投票数降低，就会有其他人加入竞选。

　　希拉里发现与自己的困境有相似之处的不仅是尼克松总统，还有她的丈夫。在弹劾事件的高潮期，比尔·克林顿被迫向全国发表讲话，承认他与莱温斯基小姐的"不恰当"的关系。然而，舆论认为他的言论中缺少足够的忏悔和愧疚。因此在大众改变看法前，他在随后的数次演讲中为他的行为做了一系列的道歉。在她关于电子邮件服务器事件的公开评论和接受的深度采访中，希拉里发现自己处于类似的境地。一开始她认为自己没有触犯法律，拒绝道歉，然后，她试图用幽默来带过这一事件，而最终，终于公开承认错误，并为带来了不必要的混乱而道歉。

竞选议题：经济、外交

除了"邮件门事件"，她在经济和外交事务这两个主要领域的竞选政策对她当选也并不有利。奥巴马政府时期，这两者就都不好控制，充满了未知数。正如英国前首相哈罗德·麦克米伦指出的，"大事，老弟，大事"仍然是对所有政治家前途的最大的潜在威胁，希拉里·克林顿也不例外。

进入 2016 年总统大选后，美国经济似乎正步入正轨，利率一直保持在创纪录的低点，失业率下降到以前的水平，新一轮的市场复苏也开始了。当然，由于全球经济形势的脆弱性，局面也可能因为中国股市的突发事件而发生改变。但是，只要美国经济保持强劲，希拉里就可以大胆谈论维护经济复苏的必要性，并且帮助那些被甩在后面的国家。她声称曾参与上世纪 90 年代美国历史上长时间的经济增长政策的制订和实施。当时，失业率跌至 3.8%，经济增长率提高到了 4.5%。不管克林顿执政时期发生了什么事，经济表现一直很出色。福利改革方面执行了"开端计划"；实施了《北美自由贸易协定》，扩大了与墨西哥和加拿大的贸易往来；对不太富裕的美国人施行劳动所得税扣抵制。尽管共和党暗示克林顿从中获益，反对他的经济措施，但是，1993 年他的旨在削减赤字的综合预算协调法案获得了不止一位共和党人的支持。通过挖掘上世纪 90 年代的经济繁荣的回忆，希拉里应该能够消除任何由于解除管制而使市场陷入后续的低迷状态所带来的负面影响。

希拉里·克林顿在外交政策上也遭遇了类似的情况。进入 2016 年后，奥巴马政府在尽力减少而不是增加美国的对外干涉。和奥巴马相比，希拉里似乎更喜欢强硬的外交政策，但不论是她还是她丈夫也都没有因纸上谈兵，急于号令美国的青年人到全世界去做无谓的牺牲而被指责过。无论在理论上还是实际上，与共和党总统及其候选人惯用的武力外交相比，克林顿在外交上一直在呼吁谨慎干预和使用软实力。

虽然共和党候选人都没有外交事务的经验，但这不一定是他们的短板。在美国，经济问题往往主导选举结果。如果国际舞台保持平静，专注于国内问题的选民会完全忽视共和党人缺乏外交政策经验这一劣势。同样，希拉里的国务卿经历也有可能被无计可施的对手用来歪曲攻击她。希拉里处在一个极力把她在国务卿任职期间的积极影响最大化，远离所有负面报道，同时还要把自己与奥巴马和比尔·克林顿区别开来的困境中。

最后，绝不能忘记，只有美国公民才能参加美国大选，不论候选人在海外多受欢迎，决定他们命运的还是美国国内的选民，外国人的看法在选举当天并不作数。这就是说，如果国外环境稳定，希拉里就将处于有利的位置，就可以宣称在她任国务卿期间自己是现代世界的设计师，并将有希望于 2017 年 1 月承接美国总统的权杖。

希拉里·罗德姆·克林顿是谁?

也许,希拉里·克林顿需要克服的最大障碍是她对自己的看法。在公众眼中,也许只有麦当娜改变造型、重新介绍自己的次数比希拉里多。2015 年,当希拉里·克林顿宣布要竞选总统时,《纽约时报杂志》做了一期封面故事,问:"美国最有名的女人会如何重新介绍自己?"事实上,在 2016 年的大选中,希拉里·克林顿面临的最大挑战之一就是要克服民众对克林顿的厌倦以及对于她是谁、她代表谁的猜测。

1992 年的竞选备忘中记录过:"选民要看到真实的希拉里·克林顿。他们对她只有片面、歪曲又过于政治化的印象。"24 年后,那些对她魅力的挑战几乎没有变化。对大部分美国人来讲,她留给他们的还是那个冷酷的、与主流保持距离的超然形象。美国选民更喜欢投票给能和他们一起喝酒的候选人而不是一个优秀的领导人。基于此,希拉里将从头做起,塑造一个友善又有吸引力的个人形象。2008 年,她刻意地进行"中性"竞选,几乎不提及自己的女性身份并且抛弃了她特有的女性特质。在 2016 年的竞选中,一切都改变了,她曾多次提到自己作为一个新晋外祖母的身份,虽然她的竞选活动还远远没有让人感到温暖和感动。当她要真正显示自己的决心时,她可能会疏远了那些想了解候选人作为普通人的一面的选民。萨莉·比德尔·史密斯指出："像少女一样叽叽喳喳会显得很轻佻……这缺点意味着她无法像她丈夫那样亲民。她别无选择，只能在公众面前闭起嘴巴，这样她就更不可爱了。"

人们公认希拉里有个性，她给人的感觉总是只有在需要的时候才会流露真情。例如，她在2014年做新书巡回展的时候，透露过她喜欢游泳，喜欢看《与星共舞》；她对黛安·索耶描述了她理想的一天。希拉里还讨论了她过去的音乐品味，年轻时喜欢滚石乐队、谁人乐队、大门乐队和甲壳虫乐队以及各种古典作曲家，但这并没有使她与新一代建立起联系。可笑的是，这些乐队远远比许多参加2016年投票的人要老得多，这令她和她的选民更加疏远了。希拉里·克林顿的国务院电子邮件出卖了她圈子里少有的情趣，其中有摇滚乐王族成员的邮件："最亲爱的希拉里，生日快乐！很抱歉那晚没见上面，我们从西海岸过来时迟到了，我们会在纽约待一个月……如果你和比尔有空来聚个会，请告诉我们。爱你的波诺和艾利。"U2乐队的主唱从草根地位到对前总统和现任国务卿直呼其名（违反礼节）显然是费了一番功夫。

发布的电子邮件还透露了她的瑜伽锻炼和收看电视的习惯，展示了她不为人知的日常生活的一面。在一封邮件里，她问她的助手莫妮卡·汉利："你能给我点儿时间看两个电视节目《公园与休憩》和《傲骨贤妻》不？"她透露，不再喝咖啡或减肥饮料，而是尽可能多喝水。她的亲密朋友讲到了她的幽默：虽然不常见，但偶有发挥。"她喜欢听，而不是讲笑话。她本人挺古怪的，比起平淡的社交，她更享受孤独。"她的气质不是个天生政治家的气质。

希拉里·克林顿欣赏电影的品位可以从电影大亨哈维·韦恩斯坦写给她办公室的一封非常诚恳的电子邮件中窥见端倪：

> 我不知道，电影制片人在你们的世界里是否还有一席之地，但下一次你来纽约时，我很想见见你。我还记得和你们一起看《恋爱中的莎士比亚》的美好时光。我拍了另一部电影《国王的演讲》，讲爱德华退位、乔治六世继位的故事……这是一部有趣的电影，和《恋爱中的莎士比亚》一脉相承。我想你们都会喜欢看的。（希拉里会喜欢这部没有太多脏话的 PG-13 级电影的）

相当阳春白雪的品位表现出对庸俗的不屑，由此可以看出她比预想的还要保守，这让她又一次远离了主流观众。

2014 年，《纽约时报》采访她时，问及她喜欢看的书。她说在读或者准备读的有唐娜·塔特的《金翅雀》、玛雅·安吉洛的《妈妈和我，我和妈妈》以及哈兰·科本的《想念你》。她提到会读一系列主流作家的书，包括沃尔特·艾萨克森、约翰·勒·卡雷、约翰·格里森姆、希拉里·曼特尔、托妮·莫里森和艾丽斯·沃克等。她还喜欢读卡明斯、艾略特、谢默斯·希尼、巴勃罗·聂鲁达、玛丽·奥利弗和叶芝的诗。她认为，学生都该读一读简·奥斯汀的《傲慢与偏见》、迪内森的《走出非洲》和托马斯·肯尼利的《辛德勒的名单》。她同时承认看烹饪、装饰、饮食和园艺书籍让她有种罪恶的快感。她还强调《圣经》仍然给她思想带来"最大的影响"。
2011年，希拉里给奥普拉·温弗瑞提供过截然不同的书单，其中
包括亨利·卢云的《浪子回头》、艾丽斯·沃克的《紫色》、路易
莎·梅·奥尔科特的《小妇人》、琼·奥尔的《洞熊家族》、瑞尔·马
卡姆的《夜航西飞》、谭恩美的《喜福会》和芭芭拉·金索沃尔的《毒
木圣经》。因此，很难确定希拉里·克林顿的文学品位究竟是怎样
的，但看起来，她相当主流，而且基本上是保守的，这显露了她
作为伊利诺伊州中产阶级的成长背景。

小结

　　与政治纠缠了一生，希拉里·克林顿如今走到了伟大的门槛
前。白宫在召唤，美国人民却还不清楚该如何对待她。她的一生
强硬又有韧性，坚定的意志把她排除在美国选民的生活之外。无疑，
她因此受到残酷的双重标准的对待。如她丈夫的前任内阁成员米
基·坎特所说："男人可以发表感慨，但是对于女政治家而言，表
露情感并不好，这使她显得很软弱，不会控制情绪。"纵观希拉里
的一生，不论是在现实中还是在给人的印象中，她都表现出很强
的控制力。考虑到她有个冷漠而感情疏远的父亲，又嫁给了世界
上最著名的偷腥的丈夫，这并不稀奇。她几乎给自己塑造了一个
看似完美又无人能敌的公众人物形象。

作为美国的总统候选人，希拉里·克林顿需要提出更加人性化的政策。因为选民已经反复表明他们需要一个随和的候选人，而不是特殊的政治承诺。当希拉里开始展示她的人格魅力时，她受到了公众的爱戴，并得到了热情的回应。要在 2016 年的竞选中胜出，她需要做到一直保持亲和力而不是在危机时刻才如此。除了反复被提起的她的个性以及私人电子邮件问题，经济、国际环境，尤其是美国的人口成分，在 2016 年大选中都有利于希拉里·克林顿。虽然没有万事俱备，但帮助希拉里问鼎白宫的东风已经吹起。

— 结 语 —

希拉里·克林顿会问鼎白宫吗？

希拉里·黛安·罗德姆·克林顿已经很成功了，从伊利诺伊州的共和党大本营帕克里奇一路走来，成为阿肯色州和美国的第一夫人，当选参议员，出任国务卿。她周游世界，被责问过也得到了很多的好评。她写的书行销数百万册，本人也成为全世界数百万人的榜样。

无论怎么看，希拉里都已经拥有了超凡的生活。很多人都想当然地认为她结束备受吹捧的职业生涯后，会乐于享受环游世界、含饴弄孙的退休生活，但是，希拉里可没想戴着桂冠就此隐退。她深知通过 2016 年的大选成为美国的第一位女总统，是她创造历史的最后一次机会。不似 8 年前，这次她没有具有划时代意义的年轻民主党候选人这一障碍。最起码，她也将作为第一个获得全美投票的女性被载入史册。

　　如果她争取到了民主党的提名，她就能成功问鼎吗？冷冰冰的选举数字说明她可以。共和党只在 1988 年的普选中获胜过，相比之下，民主党在 7 次大选中有 5 次获胜，6 次普选中有 5 次获胜。无论候选人是谁，从国家的人口结构来看也是民主党将取得胜利。凭借希拉里独特的吸引力，这次很可能是民主党当选。保住女性投票并积极获取犹太裔、拉美裔和非洲裔社区的支持，同时保持白人选民中预期的票数，就足以保障她成功问鼎白宫。

　　但是，在选举日，美国采取的办法是按各州的选票分别进行统计。不是由一场全国大选，而是由 50 场独立的选举来决定最终的获胜者。正如阿尔·戈尔所遇到的那样，由于选举人制度的原因，作为 12 年来最热门的总统候选人他依然落选了。因此任何想要胜出的候选人都必须要保住俄亥俄州和佛罗里达州的选票。希拉里最大的挑战来自如何获取俄亥俄州占大多数的白人、男性和工薪阶层的选票。她还有两个强大的共和党对手，佛罗里达籍参议员马可·鲁比奥和前州长杰布·布什。如果他们中的任何一个获得共和党的提名，那希拉里都不会轻易获得来自他们家乡选民的选票，问鼎并非不可能，但道路将险阻重重。

　　希拉里·克林顿的持续应变能力将是一个关键的决定性因素。2008 年，她完全忽视了自己的性别优势，选择以最有资格的候选人身份参选。2007 年 7 月，她在爱荷华州展览会上对她的支持者说："我不是作为女人来参加竞选的，我参加竞选是因为我相信我是最有资格又最有经验的人。"她重在突出自己坚韧的性格和外交政策方面的优势。很明显，在上次竞选中，她花了太多的时间才意识到，因为过于聚焦于她本人，她错过了当上总统的机会。在2016年的大选中，希拉里很少提及外交政策，她将自己定位成一位乐于解决性别歧视问题并且重视美国国内选民的民生问题的祖母级人物的形象。以女性身份来参选，希拉里能够突破通向白宫的最后一关：性别阻碍。可以说从上次竞选后，她就带着"玻璃天花板"上那1800万道裂痕踏上问鼎之路了。"玻璃天花板"会被希拉里在历史上的创举彻底击碎。她必须牢记这个与2016年竞选相关的建议，就像1992年时所写的那样："白人选民们由衷地钦佩希拉里·克林顿的智慧和坚韧，但他们并不喜欢她的这些特质。她需要表现出柔和的一面，要幽默一些，随意一些。"

2016年选举中另一个关键的不同是希拉里反击的能力和意愿。2008年，奥巴马的对手们不知道如何应对他的竞选攻势。在2016年，这都不是问题。希拉里一直认为有一股聚集在一起的力量在她和她丈夫的整个政治生活中搞破坏。她在回忆录《亲历历史》中指出，"我一直相信，过去存在，现在仍然有这么一个由一伙个人和团体勾结而成的网络"用钱和影响力来挑衅自由议程并坚持"毁灭个人的政治"。不断被传唤和无休止地参加班加西事件听证会证实了她的顾虑。这些事使得媒体关注毫无根据的指控，而不是她的竞选消息。戴维·布洛克点明："简单地说，班加西事件不是一个丑闻，而是一个骗局。"比之2008年，希拉里此次的竞选团队拥有雄厚的竞选资金并且会巧妙地使用社交媒体，已经做好了迎接选战炮火的准备，并且随时可以进行反击，以免传闻成为公认的事实。

希拉里·克林顿的名人效应和她对美国政治的影响力也成功使她获得财富的机会最大化了。她的家族财政状况已经不是第一次影响她的总统竞选了。1992年，比尔·克林顿就努力传达自己是出身卑微、成长于物资匮乏的阿肯色州的人这一信息。但是命运弄人，他上过乔治敦大学、耶鲁大学法学院和牛津大学，再加上1963年与肯尼迪总统的会面，这一切使公众认为，他是另一个与普通选民很少有共同点的富有的政治家。24年后，希拉里发现自己处于类似的境地，高额的公开演讲费和图书版税使她的收入和个人净资产又拔高到了超乎很多美国人想象的水平。她在公共舞台上花的时间聚集成了她的财富。1992年，当比尔·克林顿第一次出现在国家舞台上时，他还不为人所知，对美国公众来说他几乎就是一块空白的画布。然而，在随后的四分之一个世纪里，克林顿夫妇就再也没有离开过公众的视线，这很难让在2016年参加投票的选民们接受一个"新"希拉里。自1992年起，她丈夫任总统8年，她当参议员8年，参加2008年竞选以及高调出任国务卿4年，她的身影无处不在。第一次参与2016年大选的选民从来不知道美国政治版图上的哪个部分是希拉里·克林顿没到过的，因为她已经成为版图的一部分了。对于她的急于塑造一个积极变革的进步候选人形象的竞选团队来说，这是个难题。

说这是个难题有两个理由。首先，她在试图追随她的民主党同僚、老上司奥巴马。她对这个曾在 2008 年竞选中击碎她总统梦的家伙心悦诚服。她过去的政治生涯与他的领导紧密相连，她将来也不会否定他在任时的政策，但这将削弱她作为改革推动者的号召力，2016 年参选的共和党竞争者也很容易抓住这点进行宣传。第二个因素是希拉里的年龄。如果当选，2017 年 1 月宣誓就职时，69 岁的她将成为仅次于罗纳德·里根的美国第二高龄的总统。希拉里怎样向被世代交替观念左右的美国选民交代也是个难题。在 1992 年时，46 岁的克林顿以此击败了 68 岁的布什。然而，命运、生育率和克林顿家族的第三代作为秘密武器，将会协助希拉里·克林顿跨越所有这些潜在的障碍。一个外孙女的到来和美国人口结构的变化已经为希拉里问鼎白宫铺好了路，也会协助她走上美国政治历史上第一位女总统的位置。

致谢

　　这本书写于 2015 年这个炎热又漫长的夏天，这也是个人经历剧变的时期。我生命中的人来了又走了，但写这本书一直是一件愉快的工作。虽然封面上只写了我的名字，但整本书是大家通力合作的结果。我深深地感谢伊恩·戴尔、奥利维亚·比蒂、阿什利·拜尔斯、山姆·迪肯、维多利亚·戈登以及 Biteback 的出版团队。他们为这本书的问世做出了巨大的努力。如果没有我的责任编辑卡罗琳·温特斯吉尔的影响，这本书也将不会面世。我们曾经合作了我的上一本书《克林顿的大战略》，我很高兴她能让我继续和 Biteback 出版社合作。

　　我还要感谢给予我支持的伦敦里士满大学，尤其是我那些在学术上卓有成就的朋友和合作伙伴：迈克尔·基廷教授、马丁·布朗博士、尤尼斯·胡斯博士、克里斯·怀尔德博士。还要感谢克莱尔·洛夫林－周博士多年来对我的支持以及给我第一个全职教职的亚历克斯·席格教授。我还想说，我感谢已故的朱莉娅·珍妮特。我在里士满生活的第一年中，她给予了我极大的帮助。她的友谊和支持帮我度过了人生最大的低谷。还要感谢在过去的数年里让我感到自豪的许多积极支持我的优秀学生们。特别感谢帕特里夏·斯库克从华盛顿源源不断地给予我的见解和看法。感谢来自奥巴马政府的阿丽亚·穆罕默德的鼓励以及奥利维亚·韦斯特布鲁克－西沃德的支持和反馈。

在学术界，我首要感谢的是帮我校对稿子的，来自新人文学院的乔安妮·保罗博士，还有戴安娜·波茨洛娃博士，她们给予我莫大的支持和鼓励。同时还有皇家霍洛威大学的林赛·菲茨哈里斯博士（又名外科医生的学徒）和米歇尔·本特利博士、伯贝克学院的罗伯特·辛格教授、国王学院的约翰·罗宾博士、埃克尔斯中心的菲利普·戴维斯教授达勒姆大学的约翰·达姆瑞尔教授。还要感谢萨尔茨堡研讨会美国研究协会对这个项目提供的支持，特别是根特大学罗斯福研究中心的马蒂·吉塞克、罗恩·克利夫顿和科内利斯·范·米恩教授。还要感谢来自美国政治集团的戴维·摩根和克洛达赫·哈灵顿，他们盛情邀请我参加 2015 年在伦敦的美国大使馆举办的座谈会并交流我的研究成果。

就我个人而言，我必须感谢我的好母亲宝伶。在我小时候，她就给我灌输了对文字的热爱，培养我阅读，指导我写作。多年来她一直坚定地支持我，是我最好的母亲。她在晚年患有老年痴呆症，她以这种特别残忍的方式离开了我。还要感谢丽兹·罗珀，她多年来深厚的友谊给我带来莫大的安慰。她是一个真正的斗士、慈祥的母亲和可爱的妻子，是优雅和幽默的缩影，是一个很好的朋友。她以及独特的帕特·惠尔，在上世纪 80 年代的家庭晚宴中，她们和我的母亲一起构成了幸福的铁三角。

我还要向音乐天才迈克尔·罗伯茨脱帽致意。他的友情和细腻的音乐是我过去黯淡的 12 个月里的曙光。还有加里·詹姆斯尽他所能地从我喜爱的电视转播员那里得到赞誉。加油，加里！还要感谢我的法律顾问们，罗伯·琼斯和约翰·多尔蒂，感谢他们不断地支持和提醒我，钱只是钱，它不能从根本上给人带来快乐。还有布利斯的金伯利·皮尔斯，要感谢她的工作，让我近年来尽可能看上去能穿着体面。

还要感谢我的众多媒体朋友，特别是奥地利 FM4 台的乔安娜·博斯托克和里姆·海格吉，还有天空新闻台和《眼镜 24》栏目，尤其感谢安德鲁·穆勒持续为我提供美国的政治素材。感谢我推特上持续关注我的粉丝还有其他社交媒体上的联系人，你们的关注对我是莫大的鼓励。感谢我埃普瑟姆的家庭办公室里播放的布莱恩·法伦、"煤气灯圣歌"乐队、"可怕的乌鸦"乐队和泰勒·斯威夫特的配乐，还有本和杰瑞的巧克力饼干冰淇淋和黑咖啡的陪伴。

往事不易回味，正如歌中所唱的："记忆的代价是它带来的悲伤。"成功都伴随着巨大的痛苦，在过去的日子里我看到了太多的苦难。不论取得了什么成就，都不意味着要付出这么大的代价，而使成就最终可悲地减少。

然而，生活还要继续。最后我感谢在此书出版过程中认识的两位杰出的女性。一位是安德森·希伦·弗格森，她设法在2015年的头几个月里，让我在一切都分崩离析的生活中保持清醒并不断给我以鼓励、热情和情感支持，是一个真正的救星，我将终生感激她为我做的一切。另一位是莎拉·福勒，在2014年的夏天，她自愿做我的研究助理并反复为我校对这份书稿，为此书最后的完成做了极大的贡献。她是一位出色的年轻姑娘，她身上有海明威笔下的"在压力下优雅地生存着"的特质。做没有痛苦的工作是不需要勇气的，在日常生活中，带着个人的痛苦工作并坚持下去才是对勇气的定义。在我经历巨大的个人痛苦的时刻，莎拉一直激励着我，是我在暴风雨中的避风港。对此，我很感谢，并很高兴将这部作品归功于她。

詹姆斯·博伊斯
埃普瑟姆镇
2015年夏

参考文献

___

Documents / Speeches

A full record of Hillary Clinton's legislative accomplishments can be found at https://www.congress.gov/member/hillary-clinton/C001041

Materials from Hillary Clinton's time as Secretary of State can be accessed at the State Department website: http://www.state.gov/secretary/ 20092013clinton/

Diane Blair's papers are available at the University of Arkansas's Special Collections Library in Fayetteville. A selection is available at the Free Beacon website: http://freebeacon.com/politics/the-hillary-papers/

An archive of Hillary Clinton's speeches since leaving the State Department is available at: http://hillaryspeeches.com

Previously declassified materials relating to Hillary Clinton from her time as First Lady are being released on a rolling basis and can be accessed via the Clinton Library website: http://www.clintonlibrary.gov/previouslyrestricteddocs.html

Hillary Clinton's emails as Secretary of State are being released on a rolling basis and can be accessed via the State Department at: https://foia.state.gov/search/results.

aspx?collection=Clinton_Email

The Public Presidential Papers of Bill Clinton are available as part of the Presidential Papers series, maintained by the US Government Printing Service: http://www.gpo.gov/fdsys/browse/collection.action? collectionCode=PPP

The Presidential Papers of US administrations dating back to Hoover can be accessed via the University of Michigan Digital Library: http://quod.lib.umich.edu/p/ppotpus/

A range of presidential materials is available at the Clinton Presidential Library website: http://www.clintonlibrary.gov/

Books/Reports/Papers

Albright, Madeleine. *Madam Secretary* (New York: Miramax Books, 2003)

Aldrich, Gary. *Unlimited Access* (Washington, DC: Regnery Publishing, 1998)

Alinsky, Saul. *Rules for Radicals: A Practical Primer for Realistic Radicals* (New York: Random House, 1971)

Allen, Brooke. *Moral Minority* (Chicago: Ivan R. Dee Publisher, 2006)

Allen, Charles F. and Jonathan Portis. *The Comeback Kid: The Life and Career of Bill Clinton* (New York: Birch Lane Press, 1992)

Allen, Jonathan and Amie Parnes. *HRC: State Secrets and the Rebirth of Hillary Clinton* (New York: Hutchinson, 2014)

Ashmore, Harry. *Arkansas: A Bicentennial History* (New York: W. W. Norton, 1978)

Baker, Peter.'Calculated Risks: Hillary Rodham Clinton's "Hard Choices"', *New York Times*, 6 July 2014

Balz, Dan and Haynes Johnson. *The Battle for America: The Story of an Extraordinary Election* (London: Penguin Books, 2009)

Becker, Jo and Mike McIntire. 'The Clintons, The Russians and Uranium', *New York Times*, 24 April 2015

Bedell Smith, Sally. *For the Love of Politics: The Clintons in the White House* (New York: Aurum Press, 2008)

Berek, Richard L. 'Judge Withdraws From Clinton List For Justice Post', *New York Times*, 6 February 1993

Bernstein, Carl. *A Woman In Charge: The Life of Hillary Rodham Clinton* (New York: Alfred A. Knopf, 2007)

Beschloss, Michael and Strobe Talbott. *At the Highest Levels: The Inside Story of the End of the Cold War* (Boston, MA: Little, Brown, 1993)

Blumenthal, Sidney. *The Clinton Wars* (New York: Farrar, Straus & Giroux, 2003)

Boys, James D. 'What's So Extraordinary About Rendition?' *The International Journal of Human Rights* 15, Issue 4, May 2011, pp. 589–604

———. 'A Lost Opportunity: The Flawed Implementation of Assertive Multilateralism (1991–93)', *European Journal of American Studies* 7, No. 1, December 2012, pp. 2–14

———. 'Exploiting Inherited Wars of Choice: Obama's Use of Nixonian Methods to Secure the Presidency', *American Politics Research* 42, No. 5, September 2014, pp. 815–40

———. *Clinton's Grand Strategy: US Foreign Policy in a Post-Cold War World* (London: Bloomsbury, 2015)

———. 'The Presidential Manipulation of Inherited Wars of Choice: Barack Obama's Use of Nixonian Methods as Commander in Chief ', *Congress & the Presidency* 42, No. 3, October 2015, pp. 264–86

Branch, Taylor. *The Clinton Tapes: Wrestling History with the President* (New York:

Simon & Schuster, 2009)

Brock, David. *The Seduction of Hillary Rodham* (New York: The Free Press, 1996)

———. *Blinded by the Right* (New York: Crown, 2002)

Bruck, Connie. 'Hillary the Pol', *New Yorker*, 30 May 1994

Brummett, John. *Highwire: From the Back Roads to the Beltway – The Education of Bill Clinton* (New York: Hyperion Books, 1994)

Calabresi, Massimo. 'Hillary Clinton and the Rise of Smart Power', *Time*, Vol. 178, No. 18, 7 November 2011, pp. 18–25

Campbell, Colin and Bert A. Rockman (eds). *The Bush Presidency: First Appraisals* (Chatham, NJ: Chatham House, 1991)

Carpozi, George, Jr. *Clinton Confidential: The Climb to Power* (Del Mar, CA: Emery Dalton Books, 1995)

Carson, Clayborne (ed.). *The Papers of Martin Luther King, Jr. Vol. VI: Advocate of the Social Gospel September 1948 – March 1963* (Berkley, CA: University of California Press, 2007)

Carville, James and Mary Matalin. *All's Fair* (New York: Simon & Schuster, 1995)

Chernow, Ron. *Alexander Hamilton* (New York: Penguin, 2004)

Clarke, Richard A. *Against All Enemies: Inside America's War on Terror* (New York: Free Press, 2004)

Cleave, Maureen. 'How Does A Beatle Live? John Lennon Lives Like This', *Evening Standard*, 4 March 1966

Clinton, Hillary Rodham. *Hard Choices* (New York: Simon & Schuster, 2014)

———. America's Pacific Century', Op-Ed, *Foreign Policy*, 11 October 2011

———. *Living History* (New York: Simon & Schuster, 2003)

————. *Dear Socks, Dear Buddy* (New York: Simon & Schuster, 1998)

————. *It Takes a Village, and Other Lessons Children Teach Us* (New York: Simon & Schuster, 1996)

Cole, Steve. *Ghost Wars: The Secret History of the CIA, Afghanistan, and bin Laden, from the Soviet Invasion to September 10, 2001* (New York: Penguin Press, 2004)

Conason, Joe. *The Hunting of the President* (New York: St. Martin's Press, 2000)

————. 'The Third Term: The Dawning of a Different Sort of Post-Presidency', *Esquire*, December 2005

Cunningham, Noble E. Jr. *In Pursuit of Reason: The Life of Thomas Jefferson* (New York: Ballantine Books, 1987)

Drew, Elizabeth. *On the Edge: The Clinton Presidency* (New York: Simon & Schuster, 1994)

Dumas, Ernest (ed.). *The Clintons of Arkansas* (Fayetteville: University of Arkansas Press, 1993)

Ellis, Joseph J. *American Sphinx* (New York: Vintage Books, 1996)

————. *American Creation* (New York: Alfred A. Knopf, 2007)

Esler, Gavin. *The United States of Anger: The People and the American Dream* (London: Michael Joseph Ltd, 1997)

Flinn, Susan K. *Speaking of Hillary: A Reader's Guide to the Most Controversial Woman in America* (Ashland, Ore: White Cloud Press, 2000)

Fortini, Amanda. 'The Feminist Reawakening: Hillary Clinton and the Fourth Wave', *New York Magazine*, 21 April 2008

Friedman, Thomas L. 'Clinton Backs Raid but Muses About a New Start', *New York Times*, 14 January 1993

Fulbright, J. William. *The Arrogance of Power* (New York: Random House, 1967)

Gallen, David. *Bill Clinton as They Know Him* (New York: Gallen Publishing, 1994)

Gates, Robert M. *Duty: Memoirs of a Secretary at War* (New York: Alfred A. Knopf, 2014)

Gergen, David. *Eyewitness to Power* (New York: Simon & Schuster, 2001)

Ghattas, Kim. *The Secretary* (New York: Time Books, 2013)

Gitlin, Todd. *The Sixties: Years of Hope, Days of Rage* (New York: Bantam, 1987)

Glasser, Susan B. 'Was Hillary Clinton a Good Secretary of State? And Does it Matter?', *Politico*, 8 December 2013

Goldenberg, Suzanne. *Madam President* (London: Guardian Books, 2007)

Griffin, Michael.'Smith Rips Bush's "Find A Husband"Tip For Women On Welfare', *Orlando Sentinel*, 7 September 1994

Green, Joshua. 'The Front-Runner's Fall', *The Atlantic Monthly*, September 2008

Halley, Patrick S. *On the Road with Hillary* (New York: Viking, 2002)

Hamilton, Nigel. *Bill Clinton: An American Journey* (New York: Random House, 2003)

Hartmann, Margaret. 'Hillary Admits Her Comments About Wealth Were "Inartful"', *New York Magazine*, 26 June 2014

Hastings, Michael. 'The Runaway General', *Rolling Stone*, 22 June 2010. Available at http://www.rollingstone.com/politics/news/the-runaway-general-20100622. Accessed 20 October 2015

Healy, Patrick D. 'Senator Clinton Calls for Withdrawal from Iraq to Begin in 2006', *New York Times*, 30 November 2005

Heilemann, John and Mark Halperin, *Game Change* (New York: HarperCollins, 2010)

Henriksen, Thomas H. *Clinton's Foreign Policy in Somalia, Bosnia, Haiti and North Korea* (Stanford, CA: Stanford University Press, 1996)

Hirsh, Michael. 'The Clinton Legacy: How Will History Judge the Soft-Power Secretary of State?' *Foreign Affairs*, Vol. 92, No. 3, May/June 2013, pp. 82–91

————. 'The Talent Primary', *Newsweek* 150, Issue 12, 17 September 2007

Hirshman, Linda. '16 Ways of Looking At A Female Voter', *New York Times Magazine*, 2 February 2008

Isikoff, Michael. *Uncovering Clinton: A Reporter's Story* (New York: Crown, 1999)

Jackson, Robert L. 'Pace of Clinton Appointments not E-G-Gs-actly Swift', *Los Angeles Times*, 12 May 1993

Johnson, Rachel. *The Oxford Myth* (London: Weidenfeld Nicholson, 1988)

Karini, Annie. 'This time, Hillary Clinton embraces "gender card"', *Politico*, 21 July 2015

Kelley, Virginia. *Leading with My Heart* (New York: Simon & Schuster, 1994)

Klein, Edward. *Blood Feud* (Washington, DC: Regnery Publishing, 2014)

Klein, Joe. 'The State of Hillary', *Time*, Vol. 174, No. 19, 16 November 2009, pp. 16–25

————. *The Natural: The Misunderstood Presidency of Bill Clinton* (New York: Doubleday, 2002)

Krasner, Stephen D. 'An Orienting Principle for Foreign Policy', *Policy Review*, October 2010, No. 163, pp. 3–5

Landler, Mark. 'Scare Adds to Fears That Clinton's Work Has Taken Toll', *New York Times*, 4 January 2013

Leibovich, Mark. 'Being Hillary', *New York Times Magazine*, 19 July 2015, pp. 32–7,

52, 55

Levin, Robert E. *Clinton: The Inside Story* (New York: S. P. I. Books, 1992)

Limbacher, Carl. *Hillary's Scheme* (New York: Crown Forum, 2003)

Lizza, Ryan. 'The Iron Lady: The Clinton Campaign Returns From the Dead, Again', *New Yorker*, 17 March 2008

Luce, Edward and Daniel Dombey, 'US Foreign Policy: Waiting on a Sun King', *Financial Times*, 30 March 2010

Mann, James. *The Obamians* (New York: Viking, 2012)

Maraniss, David. *First in His Class* (New York: Simon & Schuster, 1995)

Margolick, David. 'Blair's Big Gamble', *Vanity Fair*, No. 514, June 2003

McCullough, David. *Truman* (New York: Simon & Schuster, 1992)

———. *John Adams* (New York: Simon & Schuster, 2001)

———. *1776* (New York: Simon & Schuster, 2005)

Mead, Walter Russell. 'Was Hillary Clinton a Good Secretary of State?' *Washington Post*, 30 May 2014

Milton, Joyce. *The First Partner* (New York: William Morrow, 1999)

Moore, Jim. *Clinton: Young Man in a Hurry* (Fort Worth: The Summit Group, 1992)

Morris, Dick. *Behind the Oval Office* (New York: Random House, 1997)

———. *Off with Their Heads* (New York: Regan Books, 2003)

Morris, Roger. *Partners in Power: The Clintons and Their America* (New York: Henry Holt, 1996)

Morrison, Toni. 'Talk of the Town: Comment', *New Yorker*, 5 October 1998, pp. 32–3

Morton, Andrew. *Monica's Story* (New York: St. Martin's Press, 1999)

Nelson, Rex. *The Hillary Factor* (New York: Gallen Publishing, 1993)

Newton-Small, Jay. 'How Clinton Lost Her Invincibility', *Time*, 23 December 2007.

Nye, Joseph. 'Get Smart: Combining Hard and Soft Power', *Foreign Affairs*, July/ August 2009, pp. 160–63

Oakley, Meredith L. *On the Make: The Rise of Bill Clinton* (Washington, DC: Regnery Publishing, 1994)

Olson, Barbara. *Hell to Pay* (Washington, DC: Regnery Publishing, 1994)

Osborne, Claire G. *The Unique Voice of Hillary Rodham Clinton* (New York: Avon Books, 1997)

Packer, George. 'The Choice', *The New Yorker*, 28 January 2008

Pear, Robert. 'A Go-Slow Plan on Health Gains Support in Congress', *New York Times*, 5 May 1994

Peretz, Evgenia. 'How Chelsea Clinton Took Charge of Clintonworld', *Vanity Fair*, September 2015

Radcliffe, Donnie. *Hillary Rodham Clinton: A First Lady for Our Time* (New York: Warner Books, 1993)

Rauch, Jonathan. *Demosclerosis* (New York: Random House, 1994)

Reeves, Richard. *President Kennedy: Profile of Power* (New York: Simon & Schuster, 1993)

Remnick, David. *The Bridge: The Life and Rise of Barack Obama* (London: Picador, 2010)

Renwick, Robin. *Ready for Hillary?* (London: Biteback Publishing, 2014)

Sang-hun, Choe. 'North Korea Takes to Twitter and YouTube', *New York Times*, 16 August 2010

Sanger, David E. *The Inheritance: The World Obama Confronts and the Challenges to American Power* (New York: Harmony Books, 2009)

Senior, Jennifer. 'The Once and Future President Clinton', *New York Magazine*, 21 February 2005

———. 'The Politics of Personality Destruction', *New York Magazine*, 11 June 2007

Sheehy, Gail. *Hillary's Choice* (New York: Random House, 1999)

———. 'What Hillary Wants', *Vanity Fair*, May 1992

Smith, Ben, Jen DiMascio and Laura Rozen, 'The Gates–Clinton Axis', *Politico*, 24 May 2010

Stephanopoulos, George. *All Too Human* (New York: Little, Brown, 1999)

Stewart, James B. *Blood Sport: The President and His Adversaries* (New York: Simon & Schuster, 1996)

Sullivan, Andrew. 'Goodbye To All That: Why Obama Matters', *The Atlantic Monthly*, December 2007

Walker, Martin. *The President They Deserve* (London: Fourth Estate, 1996)

Warner, Judith. *Hillary Clinton: The Inside Story* (New York: Penguin Publishing, 1993)

Willis, Gary. 'Reagan Country', *New York Times Magazine*, 11 August 1996

Woodward, Bob. *The Agenda: Inside the Clinton White House* (New York: Simon & Schuster 1994)

———. *Shadow: Five Presidents and the Legacy of Watergate* (New York: Simon & Schuster, 1999)

———. *Plan of Attack* (New York: Simon & Schuster, 2004)